Economica Laterza
472

*Dello stesso autore
in altre nostre collane:*

Tutti pazzi per Gödel!
La guida completa al Teorema di Incompletezza
«i Robinson/Letture»

Francesco Berto

Logica da zero a Gödel

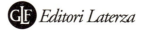
Editori Laterza

© 2007, Gius. Laterza & Figli

Nella «Economica Laterza»
Prima edizione 2008
Terza edizione 2010

Edizioni precedenti:
«Manuali Laterza» 2007

www.laterza.it

Questo libro è stampato
su carta amica delle foreste, certificata
dal Forest Stewardship Council

Proprietà letteraria riservata
Gius. Laterza & Figli Spa, Roma-Bari

Finito di stampare nel gennaio 2010
SEDIT - Bari (Italy)
per conto della
Gius. Laterza & Figli Spa
ISBN 978-88-420-8634-5

È vietata la riproduzione, anche parziale, con qualsiasi mezzo effettuata, compresa la fotocopia, anche ad uso interno o didattico. Per la legge italiana la fotocopia è lecita solo per uso personale *purché non danneggi l'autore*. Quindi ogni fotocopia che eviti l'acquisto di un libro è illecita e minaccia la sopravvivenza di un modo di trasmettere la conoscenza. Chi fotocopia un libro, chi mette a disposizione i mezzi per fotocopiare, chi comunque favorisce questa pratica commette un furto e opera ai danni della cultura.

*a Luca e Laura
felici macchine di Turing,
con affetto*

Prefazione

Ci sono libri che propongono piacevoli escursioni turistiche nel territorio della logica, ma non consentono di impadronirsi davvero della disciplina. E ci sono manuali di logica scientificamente validi, ma difficili e faticosi. Questo volume ambisce a percorrere una via media fra i due approcci, evitandone i difetti. Si rivolge a chi non sa nulla di logica, e vorrebbe condurlo fino alla vetta forse più elevata della materia: i teoremi di incompletezza di Gödel. Lungo il percorso panoramico si potranno scorgere altre figure decisamente interessanti – ad esempio, la contraddizione scoperta da Bertrand Russell nella cosiddetta teoria «ingenua» degli insiemi; la concezione del significato su cui si fonda il *Tractatus logico-philosophicus* di Wittgenstein; la teoria della verità di Tarski, e il problema del «paradosso del mentitore». Giunto sulla cima gödeliana, il lettore dovrebbe anche scoprire di non essere più un mero turista della logica. Dovrebbe conoscere la morfologia, la sintassi e la semantica della logica elementare, ed essere in grado di comprendere scritti di logica non troppo specialistici.

I contenuti del manuale sono quelli raccomandati dalla *Association for Symbolic Logic* (cfr. ad esempio A.S.L. [1995]) per un corso zero di logica destinato a studenti di tutte le facoltà umanistiche. I concetti essenziali della logica – enunciato dichiarativo, ragionamento, inferenza, verità e correttezza, forma logica – vengono esposti, informalmente e senza eccedere in rigorismi, nell'Introduzione. Nel primo capitolo si presentano i simboli enunciativi; il significato dei connettivi logici viene caratterizzato vero-funzionalmente. Si espone quindi il calcolo mediante tavole di verità. Il secondo capitolo, rilevate le insufficienze espressive del linguaggio enunciativo, introduce simboli e regole di formazione per il linguaggio del primo ordine con quantificatori e identità. Nel terzo capitolo viene descritto il sistema formale: per esso ho utilizzato la deduzione naturale di Gentzen, preferendola sia al calcolo delle sequenze sia all'assiomatica alla Hilbert-Frege. In particolare, la formulazione delle regole di derivazione riprende quella di Troelstra-van Dalen [1988] (tranne per la negazione, per cui ho seguito Sundholm [1983]), che è a mio parere la più perspicua ed elegante. Anche se la logica trattata nel libro è pienamente classica – fatto salvo qualche accenno a prospettive non standard –, penso che la deduzione naturale abbia il pregio di mettere in risalto il carattere *produttivo*, o *costruttivo* (in senso lato, non in senso stretto o intuizionistico), delle deduzioni: privilegia cioè la prospettiva che vede nella logica più la teoria dell'argomentare e ragionare dimostrativamente che non la mera presentazione sistematica delle «leggi logiche».

L'esposizione del secondo e del terzo capitolo mette in primo piano questioni di morfologia e sintassi, mentre solo col quarto si introduce una vera semantica elementare sistematicamente sviluppata. Questa strategia (seguita ad es. in Casari [1997]), che antepone una presentazione in termini di teoria della dimostrazione, può destare qualche perplessità perché, ovviamente, obbliga in ogni caso a fare appello a varie intuizioni semantiche. Tuttavia, ho sperimentato a lezione che gli studenti si trovano a proprio agio se il calcolo logico viene presentato loro con un approccio sostanzialmente *proof-theoretic* e facendo appello alle loro intuizioni naturali sulla bontà delle regole. Inoltre, l'esposizione separata conferisce una certa autonomia ai singoli capitoli: ad esempio, un filosofo del linguaggio che non ami la deduzione naturale potrebbe saltare il capitolo 3 e occuparsi del capitolo 4. Qui, dopo aver introdotto alcune nozioni fondamentali di ontologia insiemistica, ho presentato (rifacendomi a Chierchia-McConnell-Ginet [1993], capitolo 3, e Casalegno [1997], capitolo 4) la semantica tarskiana standard per il linguaggio elementare, la cui conoscenza è spesso presupposta nelle trattazioni logiche più avanzate. Una volta inteso il funzionamento della semantica formale nel suo caso più semplice, la comprensione delle sue estensioni a linguaggi e modelli più complessi e strutturati non dovrebbe essere troppo faticosa. Nel quinto capitolo, infine, ho introdotto alcuni risultati di metalogica: ho enunciato i metateoremi di coerenza e completezza per la logica elementare, ed esposto in modo informa-

Prefazione IX

le (riprendendo soprattutto Kleene [1976], Smullyan [1992]) i teoremi di Gödel, spiegandone la rilevanza filosofica. Nel complesso, dopo aver studiato l'*intero* libro il lettore dovrebbe essersi fatto un'idea abbastanza equilibrata dei rapporti fra aspetti sintattici e semantici della trattazione logica elementare.

Contrariamente a quanto avviene in molti testi specialistici di logica, ho cercato di non sacrificare mai chiarezza espositiva e intuitività all'esattezza: da filosofo, penso che il rigore non dovrebbe mai diventare *rigor mortis*. Questo ha portato, fra l'altro, a non curarsi troppo della distinzione fra uso e menzione: oltre a evitare cose come le quasi-virgolette quineane, quando le virgolette sembravano appesantire troppo il testo le ho tralasciate, usando alcune espressioni (anche del linguaggio formale) in modo autonimo. Nonostante venga stigmatizzato nei vecchi manuali, quest'uso è del tutto innocuo nella grande maggioranza dei casi e diffuso nei testi più recenti (cfr. ad esempio Guttenplan [1997], Mondadori-D'Agostino [1997], Palladino [2002]): risulta chiaro dal contesto se il simbolo viene usato o menzionato, e nessuna grave confusione ha luogo.

Nella stesura di varie parti di questo libro ho potuto utilmente sfruttare dispense dei corsi e moduli di logica tenuti negli anni, in collaborazione con Luigi Vero Tarca, presso il corso di laurea in Filosofia dell'Università Ca' Foscari di Venezia e presso la Scuola Interateneo di Specializzazione del Veneto. Vorrei ringraziare di cuore Vero per avermi consentito di rielaborare e riutilizzare quel materiale e, soprattutto, per avermi dato fin dai tempi della mia tesi di laurea l'opportunità di svolgere quell'attività didattica di base senza la quale il presente libro non sarebbe stato semplicemente possibile.

Il formidabile Matteo Plebani ha curato l'eserciziario e le soluzioni e mi ha fornito brillanti spunti anche per il corpo del testo (se qualche frase vi risulta divertente, è probabile che sia stata suggerita da Matteo). Gli esercizi, come si noterà, non sono troppo numerosi, allo scopo di non appesantire eccessivamente il libro. Proprio per questo, andrebbero eseguiti *tutti* e attentamente: il loro svolgimento è parte integrante della comprensione delle nozioni teoriche presentate nei vari capitoli.

Ho un debito speciale verso Diego Marconi, Marcello Frixione, Achille Varzi e Luigi Perissinotto, cui ho sottoposto singole parti o precedenti versioni del libro, e che lo hanno migliorato in molti modi. Grazie infine a Graham Priest, Massimiliano Carrara, John

Woods, Paul Redding, Andrea Tagliapietra, Mauro Nasti, Neil Tennant, Enrico Bellinelli, Luca Illetterati, Emanuele Severino, Giuseppe Barzaghi, Vittorio Hösle e Silvia Gaio, che hanno influito sul mio *philosophical development* nei modi più belli e luminosi.

F.B.

Logica da zero a Gödel

Introduzione

> Occorre dire, anzitutto, quale oggetto riguardi ed a quale disciplina spetti la presente indagine, che essa cioè riguarda la dimostrazione e spetta alla scienza dimostrativa; in seguito, bisogna precisare che cosa sia la premessa, cosa sia il termine, cosa sia il sillogismo...
> *Aristotele*

1. *Che cos'è la logica?*

Definiamo la logica a partire da quelli che secondo molti (ancorché non secondo tutti) sono il suo oggetto principale e il suo scopo. *La logica è la disciplina che studia le condizioni di correttezza del ragionamento.* Il suo scopo è dunque elaborare criteri e metodi, attraverso i quali si possano distinguere i ragionamenti *corretti*, detti anche *validi*, da quelli *scorretti*, o *invalidi*.

Ma cos'è un ragionamento, e in cosa consiste la sua correttezza o validità? Consideriamo un ragionamento, o *argomento*, come un gruppo strutturato di *enunciati*. Precisamente, un ragionamento è costituito da un insieme di enunciati, detti *premesse*, e da un enunciato, detto *conclusione*. Ad esempio:

(P1) Tutti gli uomini sono mortali;
(P2) Socrate è un uomo;

quindi,
(C) Socrate è mortale.
(P1) Se questa luce è emessa da una sorgente con un intenso campo gravitazionale, allora lo spettro di questa luce presenta uno spostamento verso il rosso;
(P2) Lo spettro di questa luce non presenta uno spostamento verso il rosso;
quindi,
(C) Questa luce non è emessa da una sorgente con intenso campo gravitazionale.

Il primo suona un po' funebre, ma è forse il più classico dei ragionamenti filosofici. Il secondo appartiene alla moderna scienza fisica, ed è basato sulla teoria della relatività di Albert Einstein. Entrambi contengono due premesse, costituite dagli enunciati (P1) e (P2), e una conclusione (C), introdotta dall'espressione «quindi».

Espressioni come «quindi», «dunque», «di conseguenza», «perciò» sono dette *indicatori di conclusione*, e vengono utilizzate (quando non sono sottintese) per segnalare, per l'appunto, il *passaggio* dalle premesse alla conclusione. Fra premesse e conclusione vi è infatti un certo nesso: in generale, si può dire che la conclusione di un ragionamento sia l'enunciato che viene affermato sulla base delle premesse. Viceversa, le premesse sono enunciati che vengono asseriti o assunti, in quanto forniscono, o dovrebbero fornire, il fondamento per affermare la conclusione. Quando ciò accade, si dice che la conclusione *segue* dalle premesse.

Indagare se un ragionamento è corretto o valido significa allora, in prima approssimazione, indagare se la sua conclusione segua effettivamente dalle premesse o meno, ossia se le premesse costituiscano un buon fondamento per accettare la conclusione. Se per *inferenza* intendiamo il *processo con cui si giunge ad accettare la conclusione di un ragionamento sulla base delle sue premesse*, si può anche affermare che *la logica studia le condizioni di correttezza delle nostre inferenze*, discriminando le buone inferenze dalle cattive. Spesso, peraltro, si usano «ragionamento» e «inferenza» semplicemente come sinonimi.

Parlare di ragionamenti e inferenze, naturalmente, richiama certe procedure del pensiero; e infatti, un'antica tradizione definiva la nostra materia anche come la «scienza delle leggi del pensiero». È una caratterizzazione plausibile dato che, come vedremo ampiamente in seguito, l'individuazione delle «leggi logiche» è uno dei compiti fondamentali della disciplina, e le «leggi logiche» sono state considerate le regole più generali del pensiero raziocinante. Tuttavia, naturalmente non ogni pensiero è ragionamento o inferenza. E soprattutto, occorre tener presente che la logica non si occupa propriamente dell'attività *psichica* attraverso cui si produce l'inferenza: si disinteressa, di norma, degli eventi mentali che dovrebbero aver luogo quando ragioniamo o inferiamo. Lo studio del processo mentale del pensare compete alla psicologia e alle scienze cognitive. Caratterizzando i ragionamenti attraverso il riferimento al linguaggio, come gruppi strutturati di enunciati, possiamo mantenere una posizione abbastanza neutrale rispetto allo statuto e alla natura della loro realizzazione mentale.

2. Enunciati dichiarativi e altri pezzi di linguaggio

Abbiamo detto che i ragionamenti sono composti da enunciati; non da qualunque enunciato, tuttavia, bensì soltanto da quelli di un certo tipo, ossia gli *enunciati dichiarativi*. Già Aristotele sosteneva che «dichiarativi sono non già tutti i discorsi, ma quelli in cui sussiste un'enunciazione vera oppure falsa. Tale enunciazione non sussiste certo in tutti: la preghiera, ad esempio, è un discorso, ma non risulta né vera né falsa. Prescindiamo dunque dagli altri discorsi, dal momento che l'indagine al riguardo è più pertinente alla retorica o alla poetica. Il discorso dichiarativo spetta invece alla presente considerazione [scil. alla logica]» (*De int.* 17a).

Dunque, possiamo dire che *l'enunciato dichiarativo è quel tipo di discorso che ha la proprietà di essere vero o falso* (e poiché la logica si occupa solo di tale tipo di discorso, in seguito useremo quasi sempre solo il termine «enunciato», per riferirci agli enunciati dichiarativi). Ad esempio:

(1) La finestra è chiusa
(2) Non piove
(3) Il 16 giugno del 335 a.C. Aristotele aveva una rana sotto la tunica

sono enunciati dichiarativi, e si distinguono dagli imperativi, dalle esclamazioni, dalle domande, come:

(4) Chiudi la finestra!
(5) Accidenti a questa pioggia!
(6) Perché Aristotele fuggì da Atene?

Gli enunciati (1), (2) e (3) sono usati per affermare, o negare, che le cose stanno in un certo modo. E naturalmente, le cose possono stare o non stare come quegli enunciati dicono. Ciò non accade con (4), (5) e (6). In altre parole: mentre di discorsi come (1)-(3) possiamo sensatamente chiederci se le cose stanno effettivamente come essi dicono – ossia possiamo chiederci se tali enunciati siano *veri* o *falsi* – non possiamo fare lo stesso con (4)-(6), che in sé non sono discorsi veri né falsi.

In molti testi classici della logica filosofica si considera «enunciato dichiarativo» come sinonimo di «proposizione». Tuttavia, noi useremo sempre il termine «enunciato», a indicare una configurazione linguistica di cui ha senso chiedersi se è vera o falsa. Nella logica più recente il termine «proposizione» ha acquisito infatti un significato differente e un po' più tecnico. La relazione fra «enunciato» e il senso tecnico di «proposizione» viene manifestata dicendo che un enunciato *esprime* una proposizione o, talvolta, che una proposizione è il *senso* di un enunciato. Di norma le proposizioni, ossia ciò che viene espresso dagli enunciati, sono introdotte nel discorso mediante la clausola «che»: l'enunciato «Piove» esprime la proposizione *che piove*, e l'enunciato «La finestra è chiusa» esprime la proposizione *che la finestra è chiusa*. In quest'accezione, una stessa proposizione può essere espressa da enunciati diversi, formulati in lingue diverse, o che hanno differente forma grammaticale. Ad esempio:

(7) Robin ama Batman
(8) Batman è amato da Robin
(9) Robin loves Batman

sono enunciati diversi: (7) e (9) sono composti da tre parole, (8) da cinque; (7) è in forma attiva, (8) in forma passiva; (7) e (8) sono in italiano mentre (9) è in inglese, etc. Tuttavia, esprimono o significano la stessa proposizione, ossia parlano della stessa cosa: dell'amore di Robin per Batman. Si discute se sia più opportuno ascrivere verità e falsità direttamente alle proposizioni anziché agli enunciati, ossia alle loro espressioni linguistiche (è il problema di quali siano i «portatori di verità», ossia di quali tipi di cose possono propriamente avere un valore di verità). Tuttavia, noi attribuiremo sempre verità e falsità direttamente agli enunciati, per semplicità.

3. Essere corretti, essere veridici

Sulla base di quanto affermato finora, di un *ragionamento* si dice che è corretto, oppure scorretto; invece, di un *enunciato* (e *non* di un *ragionamento*) si dice che è vero, oppure che è falso. I ragionamenti sono composti da enunciati, e gli enunciati che li compongono possono essere veri o falsi, ma i ragionamenti non sono né veri né falsi. Reciprocamente, la correttezza o validità non riguarda tanto i singoli enunciati, quanto una certa *relazione* fra gli enunciati di cui si compone un ragionamento, ossia fra l'insieme delle premesse e la conclusione: quella relazione per cui si dice, per l'appunto, che la conclusione *segue* dalle premesse se il ragionamento è corretto.

Ora, dobbiamo tenere ben distinte la questione della correttezza o non correttezza dei ragionamenti e quella della verità o falsità degli enunciati che li costituiscono. Si tratta di una distinzione essenziale, anzitutto perché la verità degli enunciati di cui si compone un argomento non è condizione *necessaria* della sua correttezza. Un ragionamento può essere corretto, e costituire una buona inferenza, anche se uno o più degli enunciati che lo compongono sono *falsi*. Ad esempio:

(P1) Tutti i cavalli sono mortali;
(P2) Socrate è un cavallo;
      quindi,
(C)   Socrate è mortale,

è un ragionamento intuitivamente corretto, ossia la conclusione appare seguire dalle premesse, e inoltre la sua conclusione (C) è un enunciato vero. Tuttavia, una delle sue due premesse, ossia (P2), è falsa. Inoltre, un ragionamento può essere corretto anche se è composto da enunciati che sono *tutti* falsi. Ad esempio:

(P1) Tutti i cavalli volano;
(P2) Socrate è un cavallo;
 quindi,
(C) Socrate vola,

è un ragionamento intuitivamente corretto, ma sia la sua conclusione che le sue premesse sono false. In particolare, dunque, la conclusione *segue* dalle premesse anche se *è falsa*.

Viceversa, un argomento può essere *scorretto* anche se gli enunciati che lo compongono sono tutti *veri*. Dunque, la verità degli enunciati di cui si compone un ragionamento non è neppure condizione *sufficiente* della sua correttezza. Nel ragionamento:

(P1) Tutti i cavalli sono mortali;
(P2) Furia è un cavallo;
 quindi,
(C) Socrate è ateniese,

sia le premesse che la conclusione sono enunciati veri. Tuttavia, nessuno direbbe che la conclusione *segua* dalle premesse, ovvero che le premesse forniscano un buon fondamento per affermare la conclusione.

Nonostante quest'indipendenza, vi è anche un'importante *connessione* fra la correttezza di un argomento e la verità degli enunciati che lo compongono: tanto importante che la nozione di verità entra nella *definizione* della nozione di correttezza del ragionamento. Finora, in effetti, abbiamo risposto soltanto genericamente alla questione posta nel primo paragrafo, ossia: in cosa consiste la correttezza del ragionamento? Abbiamo solo detto che un ragionamento è corretto quando la conclusione *segue* dalle premesse. Ma cosa significa che «segue»? Rispondiamo indicando il *criterio generale di correttezza logica*: *un ragionamento è corretto se e solo se non può darsi il caso che le sue premesse siano tutte vere e la sua conclusione falsa.*

Un'argomentazione corretta non dovrà *mai* condurci da premesse tutte vere a una conclusione falsa. Dunque, se un ragionamento è corretto o valido, e le sue premesse sono tutte vere, certamente anche

Introduzione 9

la sua conclusione sarà vera. E, reciprocamente: se un ragionamento ha premesse tutte vere ma conclusione falsa, certamente sarà scorretto. Inoltre, come si è visto nel caso del terzo argomento illustrato in questo paragrafo, possono esserci ragionamenti composti da enunciati tutti veri, eppure scorretti. In base al nostro criterio, infatti, un ragionamento è corretto non solo se non *si dà* il caso, ma se *non può darsi* il caso che le premesse siano tutte vere e la conclusione falsa. Il criterio generale di correttezza logica ci fornisce così una strategia intuitiva per capire perché quel terzo argomento sia scorretto, anche se è composto solo da enunciati veri: infatti, le sue premesse *possono* essere vere anche *senza che* lo sia la sua conclusione. Siamo in grado di *ipotizzare* e descrivere una situazione in cui ambo le sue premesse sarebbero vere, ma la sua conclusione falsa. Possiamo cioè fornire, come spesso si dice in logica, un *controesempio*. Anche se di fatto Socrate è ateniese, si può immaginare che non lo sia (ad esempio, si può immaginare che sia spartano) in una situazione in cui, tuttavia, i cavalli sono mortali e Furia è un cavallo. Un simile stato di cose è una situazione possibile che *invalida* quel ragionamento.

Spesso si dice che un enunciato – poniamo: P – è *conseguenza logica* di certi altri enunciati – poniamo: $P_1, P_2, ..., P_n$ – se e solo se *in ogni circostanza o situazione* in cui $P_1, P_2, ..., P_n$ sono veri, anche P è vero (o, equivalentemente: se e solo se *non può darsi* il caso che gli enunciati $P_1, P_2, ..., P_n$ siano tutti veri mentre P è falso). In questo senso, possiamo anche dire che *un ragionamento è corretto se e solo se la sua conclusione è conseguenza logica delle sue premesse*. La nozione di conseguenza logica, tuttavia, sarà caratterizzata in modo più rigoroso nel capitolo 4, dopo che avremo acquisito alcuni essenziali concetti semantici formali.

4. *Induzione e deduzione*

I ragionamenti si distinguono tradizionalmente in *induttivi* e *deduttivi*, e così la logica, che si occupa della correttezza del ragionamento in generale, si distingue in logica induttiva e deduttiva. Questo libro è interamente dedicato allo studio delle sole inferenze *deduttive* (e di solito, quando i logici parlano di «logica» *simpliciter*, senza ulteriori qualifiche, intendono riferirsi alla logica deduttiva). La stessa definizione di correttezza logica che abbiamo appena fornito riguarda proprio i ragionamenti di tipo deduttivo.

Che differenza c'è in generale fra induzione e deduzione? Un modo tradizionale per spiegare la distinzione fa appello a una classica suddivisione degli enunciati in *universali, particolari* e *singolari*.

(a) Si chiamano *universali* gli enunciati che iniziano di norma con espressioni come «tutti», «ogni», «ciascuno» (o anche con «i», «gli», «le»), e che riguardano un intero gruppo di individui. Ad esempio: «*Tutti* gli uomini sono mortali»; «*I* cavalli sono perissodattili».

(b) Si chiamano *particolari* gli enunciati che iniziano con espressioni come «alcuni», «certi» o «qualche», ossia che riguardano *una parte* di un gruppo di individui. Ad esempio: «*Alcuni* uomini sono calvi»; «*Certi* politici non cambiano mai».

(c) Infine, si chiamano *singolari* gli enunciati che hanno come significato del soggetto grammaticale singoli individui. Ad esempio: «Socrate è un uomo»; «Socrate è calvo».

Ora, si dice spesso che i ragionamenti deduttivi procedono dall'universale al particolare, ovvero da premesse generali a conclusioni più particolari o anche singolari, mentre i ragionamenti induttivi vanno dal particolare all'universale, ossia traggono conclusioni generali da premesse particolari o singolari. Se consideriamo ancora il nostro primo esempio:

(P1) Tutti gli uomini sono mortali;
(P2) Socrate è un uomo;
      quindi,
(C)   Socrate è mortale,

vediamo che sembra supportare quest'idea: infatti, contiene una premessa universale, ossia in cui si parla di *tutti* gli uomini, e trae una conclusione che riguarda un solo uomo, Socrate. Viceversa, consideriamo questo ragionamento, che è di tipo *induttivo*:

(P1) Socrate è mortale;
(P2) Cartesio è mortale;
(P3) Leibniz è mortale;
(P4) Hegel è mortale;
(P5) Wittgenstein è mortale;
      quindi,

(C) Tutti i filosofi sono mortali.

Esso procede effettivamente da premesse singolari a una conclusione universale. Tuttavia, la distinzione non vale sempre. Ad esempio:

(P1) Se Dio può ingannare, allora Dio è malvagio;
(P2) Dio non è malvagio;
quindi,
(C) Dio non può ingannare,

è un ragionamento di tipo deduttivo, ma non muove da premesse universali, essendo composto solo di enunciati intorno a un unico individuo.

Sia per i ragionamenti induttivi che per quelli deduttivi vale l'idea generale che le loro premesse dovrebbero fornire un fondamento per l'affermazione della conclusione. Una più precisa caratterizzazione della differenza fra inferenze deduttive e induttive, però, riguarda il *modo* con cui le premesse fondano la conclusione. Infatti, in un ragionamento induttivo le premesse non forniscono ragioni *decisive* per la conclusione. La verità di questa è garantita dalla verità delle premesse dell'induzione solo in modo probabile. E la probabilità è questione di gradi: tant'è vero che, se consideriamo il nostro argomento induttivo concludente che tutti i filosofi sono mortali, possiamo *rafforzare* questa conclusione aggiungendo a (P1)-(P5) premesse le quali affermano che anche altri filosofi sono mortali (infatti sono tutti morti):

(P6) Aristotele è mortale;
(P7) Marx è mortale;
(P8) Heidegger è mortale;
(P9) ...
(P10) ...

In un argomento deduttivo, al contrario, la correttezza non è questione di gradi. Secondo il criterio di correttezza logica formulato sopra, un ragionamento deduttivo è corretto o valido se e solo se *non può* darsi il caso che le sue premesse siano tutte vere e la conclusione falsa. Dunque le premesse di un argomento deduttivo valido, se vere, forniscono un fondamento infallibile o *definitivo* per la verità della conclusione. Una conseguenza di ciò è che nessun'ulteriore premessa può essere aggiunta come rafforzamento a un ragionamento deduttivo corretto. Tornando ancora all'altro nostro esempio iniziale:

(P1) Se questa luce è emessa da una sorgente con un intenso campo gravitazionale, allora lo spettro di questa luce presenta uno spostamento verso il rosso;
(P2) Lo spettro di questa luce non presenta uno spostamento verso il rosso;
       quindi,
(C)   Questa luce non è emessa da una sorgente con intenso campo gravitazionale,

non vi è alcuna premessa da aggiungere a (P1) e (P2): se accettiamo (P1) (in base a un principio che appartiene alla teoria einsteiniana della relatività), e accertiamo (P2) (ad esempio, in base a un esperimento), dovremo senz'altro accettare anche la conclusione (C). Come si diceva, in questo libro ci si occuperà solo di inferenze deduttive e ragionamenti deduttivi; dunque, d'ora in poi torneremo a parlare semplicemente di «inferenze», o «ragionamenti», intendendo quelli deduttivi.

5. *Il tabernacolo: la nozione di forma logica*

La nostra disciplina viene anche chiamata logica *formale*, e l'aggettivo «formale» appare quanto mai adeguato: l'idea di rintracciare ed esprimere una *forma logica* dei ragionamenti per controllarne le condizioni di validità, infatti, è addirittura costitutiva della nostra disciplina. Per cominciare a capire cosa si intenda per forma logica, riprendiamo ancora una volta il nostro funebre esempio iniziale:

(P1) Tutti gli uomini sono mortali;
(P2) Socrate è un uomo;
       quindi,
(C)   Socrate è mortale.

Paragoniamolo con quest'altro:

(P1) Tutti i cavalli sono perissodattili;
(P2) Furia è un cavallo;
    quindi,
(C) Furia è un perissodattilo.

Entrambi questi ragionamenti appaiono validi, e gli enunciati di cui sono composti hanno evidentemente un diverso *contenuto*, ovvero ci parlano di cose diverse: in un caso, il discorso verte sugli uomini e su Socrate, nell'altro caso sui cavalli e su Furia. Eppure i due argomenti mostrano anche qualche somiglianza: precisamente, una *forma* o struttura comune. In entrambi i casi, la prima premessa (P1) dice che tutto ciò che gode di una certa proprietà, che indicheremo con F (in un caso, la proprietà di essere un uomo; nell'altro, quella di essere un cavallo), gode anche di un'altra proprietà G (rispettivamente: quella di essere mortale e quella di essere un perissodattilo). E in entrambi i casi, la seconda premessa (P2) dice che un certo individuo, che chiameremo m (Socrate, Furia), gode della proprietà F; la conclusione (C) ne inferisce che, allora, m gode anche della proprietà G.

Possiamo allora esprimere la *forma comune* a quei due ragionamenti come qualcosa del genere:

(P1) *Tutto* ciò che ha F, ha G;
(P2) m ha F;
    quindi,
(C) m ha G.

Consideriamo ora il secondo dei nostri esempi iniziali:

(P1) Se questa luce è emessa da una sorgente con un intenso campo gravitazionale, allora lo spettro di questa luce presenta uno spostamento verso il rosso;
(P2) Lo spettro di questa luce non presenta uno spostamento verso il rosso;
    quindi,
(C) Questa luce non è emessa da una sorgente con un intenso campo gravitazionale.

Paragoniamolo con quest'altro, che abbiamo già incontrato:

(P1) Se Dio può ingannare, allora Dio è malvagio;
(P2) Dio non è malvagio;
   quindi,
(C) Dio non può ingannare.

Sono entrambi argomenti intuitivamente validi, e vi si parla di cose diverse: di luce, di gravitazione, etc. in un caso; di Dio, inganni, etc. nell'altro. Ma anche qui è facile avvertire che i due ragionamenti manifestano una forma o struttura comune. In entrambi i casi, (P1) afferma che se vale un certo enunciato, che chiameremo P (rispettivamente: «Questa luce è emessa da una sorgente con un intenso campo gravitazionale», e: «Dio può ingannare»), allora vale un altro enunciato, che chiameremo Q («Lo spettro di questa luce presenta uno spostamento verso il rosso», «Dio è malvagio»). E, in entrambi i casi, (P2) afferma che Q *non* vale («Lo spettro di questa luce *non* presenta uno spostamento verso il rosso»; «Dio *non* può ingannare»). Quindi, la conclusione (C) afferma che non vale neppure P. Possiamo dunque esprimere, anche in questo secondo caso, la *forma comune* ai due ragionamenti in modo schematico:

(P1) *Se P, allora Q*;
(P2) *Non Q*;
   quindi,
(C) *Non P*.

I ragionamenti considerati nei nostri esempi provengono dagli ambiti più disparati: dalla teologia, dalla filosofia, da scienze come la fisica e la zoologia. Dunque, si è detto, gli enunciati di cui sono composti hanno *contenuto* diverso, parlano di cose e fatti diversi; tuttavia, i ragionamenti hanno una forma comune, che come abbiamo visto può essere esibita abbastanza facilmente. Ora, è soprattutto quando si manifesta questa forma che vengono in luce le relazioni strutturali fra premesse e conclusione, dalle quali dipende la correttezza del ragionamento, o la bontà di un'inferenza. Da tutto ciò possiamo trarre alcune osservazioni generali.

(I) La correttezza o non correttezza dei ragionamenti dipende anzitutto dalla loro *forma o struttura logica*, e questa può essere studiata indipendentemente dal contenuto degli enunciati che li compongono: ossia, indipendentemente da *ciò che* tali enunciati dicono, dalle cose e dai fatti particolari di cui parlano.

(II) Viceversa, la verità degli enunciati che compongono i ragionamenti riguarda soprattutto il *contenuto, ciò di cui* tali enunciati parlano. Dunque la logica, occupandosi principalmente della correttezza dei ragionamenti, studierà anzitutto la loro forma logica, e non si interesserà del contenuto degli enunciati che li costituiscono.

(III) Una terza, essenziale considerazione è che *la forma è*, tipicamente, *più generale del contenuto*, nel seguente senso. Sia nel primo che nel secondo esempio, abbiamo osservato come argomenti che appartengono a diverse discipline (biologia, fisica, etc.) manifestino una forma logica comune. Questa ha un'evidente proprietà: una volta isolata, se si tratta della forma di un argomento valido, darà luogo a un argomento valido *qualunque* contenuto determinato le si dia. Se cioè, per esempio, il nostro secondo schema:

(P1) *Se P, allora Q*;
(P2) *Non Q*;
       quindi,
(C) *Non P*

cattura la forma di un ragionamento valido, allora *qualunque* enunciato si sostituisca a *P* e a *Q* noi avremo sempre un ragionamento valido. Ad esempio, se sostituiamo a *P* l'enunciato «Il mercato è in fase recessiva» e a *Q* l'enunciato «I prezzi degli immobili aumentano», avremo:

(P1) *Se* il mercato è in fase recessiva, *allora* i prezzi degli immobili aumentano;
(P2) I prezzi degli immobili *non* aumentano;
       quindi,
(C) Il mercato *non* è in fase recessiva,

che è appunto un ragionamento valido. La logica formale studia la correttezza dei ragionamenti proprio e anzitutto in quanto studia la forma logica dei ragionamenti corretti.

6. Logica e scienze particolari

Gottlob Frege, il padre della logica contemporanea, sosteneva che scoprire verità è compito di tutte le scienze, mentre alla logica spetta piuttosto il compito di scoprire le leggi dell'esser vero. Con una famosa battuta, Bertrand Russell affermò che la nostra disciplina è quell'ambito in cui non sappiamo di cosa stiamo parlando, né se ciò che stiamo dicendo è vero! Con ciò intendeva scherzosamente alludere al fatto che la logica astrae largamente dal contenuto, e dal problema di stabilire il valore di verità, degli enunciati. Poiché, infatti, la logica si occupa della correttezza dei ragionamenti o argomenti; poiché la correttezza dei ragionamenti dipende anzitutto dalla loro forma o struttura logica; e poiché l'indagine su questa è distinta, nel senso indicato sopra, dalla questione del contenuto e della verità degli enunciati che compongono i ragionamenti stessi, si capisce allora perché si affermi spesso che la logica *prescinde dall'accertamento della verità degli enunciati*. Con ciò si intende più o meno quanto segue.

Controllare quali enunciati siano veri in generale spetta alle «scienze», intendendo il termine in senso molto lato. Con gli enunciati affermiamo, o neghiamo, che le cose stiano in un certo modo, e così facendo descriviamo almeno parzialmente il mondo. Le scienze studiano appunto com'è fatto il mondo, come stanno le cose. Secondo una concezione abbastanza tradizionale del sapere scientifico (non condivisa, peraltro, da tutti), esse mirano a fornire, mediante le loro teorie, una descrizione *vera* del mondo – o meglio, della parte di mondo che ciascuna studia: la zoologia, del mondo animale; la botanica, di quello vegetale; l'astronomia, dei corpi celesti; e così via. La logica, invece, non si interessa tanto della verità o falsità degli enunciati, quanto delle relazioni logiche che intercorrono fra essi: anzitutto, della relazione fra premesse e conclusioni, e dunque, delle condizioni di validità delle inferenze, in *ogni* campo. Proprio per questo, la logica esercita il suo influsso e il suo controllo in ogni campo del sapere. Ogni scienza, infatti, contiene deduzioni, argomentazioni, inferenze, e naturalmente noi vogliamo che siano corrette.

7. Parole logiche

Riprendiamo i due schemi di ragionamento semi-formalizzati visti sopra:

Introduzione 17

(P1) *Se P, allora Q;*
(P2) *Non Q;*
quindi,
(C) *Non P.*

(P1) *Tutto* ciò che ha *F*, ha *G;*
(P2) *m* ha *F;*
quindi,
(C) *m* ha *G.*

Nel primo caso, le lettere *P* e *Q* sostituiscono enunciati («Dio può ingannare», «Il mercato è in fase recessiva», etc.). Nel secondo caso, la lettera *m* sostituisce nomi di individui («Socrate», «Furia»), le lettere *F* e *G* sostituiscono predicati («... è mortale», ossia: «... ha la proprietà di essere mortale»; «... è un cavallo», ossia: «... ha la proprietà di essere un cavallo»; etc.). Ciò esibisce, come si è anticipato, il fatto che la validità degli schemi *non dipende dal significato particolare* attribuito alle espressioni che vengono sostituite. Da cosa dipenderà allora?

Tradizionalmente si sostiene che la validità dipende dal significato di alcune altre espressioni: quelle che rimangono *costanti* allorché passiamo dal particolare ragionamento al suo schema generale. Le espressioni in questione, negli esempi, sono: «tutto...», «se..., allora...», «non...». Stabilire quali e quante siano queste «parole logiche» non è affatto semplice: anzi, secondo alcuni filosofi non vi è un criterio generale che discrimini le «parole logiche» da quelle «non logiche» (le quali vengono anche chiamate *descrittive*, come vedremo in dettaglio più avanti). Ne sono state isolate alcune, ritenute particolarmente significative per il ruolo che giocano nelle nostre inferenze. Tali parole esprimono importanti modi (a) di *legare* fra loro gli enunciati, o (b) di dire *per quanti* individui vale una certa asserzione. Nei prossimi due capitoli ci occuperemo di ciò, introducendo due tipi di *linguaggio formale*. I linguaggi formali della logica, in generale, sono notazioni simboliche artificiali con cui possiamo esprimere la struttura o forma logica di moltissimi ragionamenti, allo scopo di indagarne le condizioni di validità.

(a) Nel primo capitolo cominceremo a trattare cinque espressioni («non...», «... e...», «... o...», «se..., allora...», «... se e solo se...») che fanno capo ai concetti di *negazione, congiunzione, disgiunzione, condizionale, doppio condizionale*, ossia i cosiddetti *connettivi* o *operatori logici enunciativi*. I linguaggi formali che evidenziano soltanto il tipo di connessione logica fra gli enunciati espresso mediante queste parole si chiamano *linguaggi enunciativi* o *proposizionali* (talvolta, anche linguaggi *booleani*, dal nome del matematico George Boole). Perciò, la logica che studia le forme d'argomento espresse in tali linguaggi, e che sono del tipo del primo schema riportato in questo paragrafo, si chiama *logica enunciativa* o *proposizionale*.

(b) Nel secondo capitolo, poi, studieremo anche le cosiddette *espressioni di generalità*, come «tutti...» (o «ogni...», «ciascun...», etc.) e «qualche...» (o «alcuni...», etc.), presenti negli enunciati che sopra abbiamo chiamato, rispettivamente, *universali* e *particolari*. I linguaggi formali che evidenziano questo tipo di «parole logiche» sono detti *linguaggi predicativi* o *elementari*, o anche (per motivi su cui ora non ci soffermiamo) linguaggi del *primo ordine*. La logica che studia le forme d'argomento espresse in tali linguaggi, e che invece sono del tipo del secondo schema riportato, si chiama perciò *logica dei predicati*, *logica elementare*, o *logica del primo ordine*.

Esercizi

1. Individua tra i seguenti gruppi di espressioni i ragionamenti e distingui per ciascun ragionamento le premesse dalle conclusioni.

a) Mi copro perché ho freddo.
b) Quando piove prendo l'ombrello.
c) Piove e fa freddo.
d) *Cogito, ergo sum*.
e) Se tutte le frasi sono false, allora non tutte le frasi sono false.
f) Piove; quindi, o piove o non piove.
g) La borsa sta crollando: è meglio vendere le azioni.
h) Se è domenica, c'è la messa; ma oggi è domenica; dunque c'è la messa.
i) Se esce pari, è palla nostra; ma è uscito dispari; quindi è palla vostra.
j) L'imputato si trovava a casa della signora G il giorno dell'omicidio; la vittima non è stata uccisa a casa della signora G; quindi l'imputato non poteva essere nel luogo del delitto quando è stato compiuto.
k) Il paziente presenta tutti i sintomi di un'*angina pectoris*; un intervento è dunque opportuno.

l) 3 + 1 = 4, 3 = 2 + 1, 2 = 1 + 1; quindi, 2 + 2 = 4.
m) Se mi prendi, ti sposo; ma tu non mi prendi; quindi gli unicorni esistono.
n) È meglio vendere le azioni o tenersele?

2. Individua, tra le seguenti espressioni, gli enunciati dichiarativi.
   a) Se mi prendi, ti sposo.
   b) La cicogna è Robin Hood?
   c) La cicogna è Robin Hood.
   d) Non cercare di colpirmi, colpiscimi!
   e) Segui la forza Luke, segui l'istinto Luke, Luke fidati di me!
   f) Pronti, via!
   g) L'uomo è un lupo per l'uomo.
   h) Ciao.
   i) Come va?
   j) È l'una di notte e tutto va bene.
   k) Carlo e Camilla hanno avuto un figlio segreto!
   l) Era meglio morire da piccoli.
   m) Chi c'è c'è e chi non c'è non c'è.

3. Riunisci in gruppi gli enunciati che esprimono una medesima proposizione.
   a) I love you.
   b) Se c'è fuoco, c'è fumo.
   c) Se c'è fumo, c'è fuoco.
   d) Ogni volta che c'è fumo c'è fuoco.
   e) Solo se c'è fuoco, c'è fumo.
   f) C'è fuoco, ma c'è fumo.
   g) C'è fuoco e fumo.
   h) Se c'è fuoco, allora c'è fumo.
   i) Ich liebe dich.
   j) Sei tutto fumo e niente arrosto.
   k) Ti amo.
   l) Sei tutto fumo, niente arrosto.
   m) SEI TUTTO FUMO E NIENTE ARROSTO.

4. Individua tra i seguenti i ragionamenti scorretti.
   a) Tutti gli uomini sono mortali, tutti i gatti sono mortali, quindi tutti gli uomini sono gatti.

b) Tutti gli uomini sono mortali, tutti i padovani sono mortali, quindi tutti i padovani e tutti gli uomini sono mortali.
c) Tutti i gorilla sono animali, tutti gli animali sono ovipari, quindi tutti i gorilla sono ovipari.
d) Tutti i padovani sono italiani, tutti gli italiani sono europei, dunque tutti i padovani sono europei.
e) Roma è in Italia, l'Italia è in Europa, quindi Roma è in Inghilterra.
f) Hegel era tedesco, tutti i tedeschi sono africani, quindi Hegel era africano.
g) Nessuna televisione privata è anche una televisione pubblica, MTV è una televisione privata, dunque MTV non è una televisione pubblica.
h) Bertinotti è comunista, i comunisti si oppongono alle privatizzazioni, quindi Bertinotti si oppone alle privatizzazioni.
i) 2 + 2 = 4, quindi John Lennon è Paul McCartney.
j) Qualche americano è un oppositore alla pena di morte, quindi qualche oppositore alla pena di morte è americano.
k) Tutti i documenti nel computer sono files, dunque tutti i files nel computer sono documenti.
l) John Lennon è Paul McCartney, Paul McCartney è Batman, dunque John Lennon è Batman.
m) Napoleone perse a Waterloo nel 1815, l'Inter vinse il campionato nel 1989, quindi Napoleone era interista.
n) Tutti gli scrittori di gialli sono uomini, Ken Follett è uno scrittore di gialli, quindi Ken Follett è un uomo.
o) Tutti gli uomini sono mortali, Furia non è un uomo, dunque Furia non è mortale.
p) Tutti gli uomini sono mortali, Furia non è mortale, quindi Furia non è un uomo.
q) Qualche europeo è cattolico, quindi qualche cattolico è europeo.
r) Bruce Wayne è Batman, Batman è l'amante di Cat-Woman, dunque Bruce Wayne è l'amante di Cat-Woman.
s) La Francia è una monarchia o la Francia è una repubblica; la Francia non è una monarchia; dunque la Francia è una repubblica.
t) Giorgio Faletti è uno scrittore di gialli e non ha un passato da comico; dunque Giorgio Faletti non ha un passato da comico.
u) Se la Juventus ha vinto lo scorso campionato, il Milan non ha vinto lo scorso campionato; la Juventus ha vinto lo scorso campionato, dunque il Milan non ha vinto lo scorso campionato.

5. Distingui nei seguenti casi tra ragionamenti induttivi e deduttivi.
  a) Se Pino è triste, beve; Pino è triste, dunque Pino beve.

Introduzione

b) Mio marito beveva e fumava ed è morto di cancro; anche mio fratello beveva e fumava ed è morto di cancro; quindi se uno beve e fuma è predisposto al cancro.

c) 4 è un numero pari ed è la somma di due numeri primi, 6 è un numero pari ed è la somma di due numeri primi, 8 è un numero pari ed è la somma di due numeri primi; quindi ogni numero pari è la somma di due numeri primi.

d) Ieri Pino è andato al lavoro ed è tornato a casa stanco; oggi Pino è andato al lavoro ed è tornato a casa stanco; quindi se Pino va al lavoro torna a casa stanco.

e) Tutti i numeri divisibili per 4 sono divisibili per 2; tutti i numeri divisibili per 8 sono divisibili per 4; quindi tutti i numeri divisibili per 8 sono divisibili per 2.

1.
Connettivi logici e tavole di verità

> La proposizione è una funzione
> di verità delle proposizioni
> elementari.
> *Ludwig Wittgenstein*

1.1. Simbolizzare è chiarificare

Oltre che *formale*, la nostra disciplina è anche chiamata logica *simbolica*. Nella logica moderna, infatti, sono state escogitate varie notazioni simboliche artificiali, con le quali esprimere la struttura logica dei nostri ragionamenti allo scopo di poterne meglio indagare le condizioni di validità. Nelle scienze, e in particolare nelle scienze esatte, si usano spesso segni speciali per motivi di brevità e perspicuità. La matematica adopera da sempre simboli per esprimere numeri e operazioni sui numeri, e l'adozione della notazione araba in luogo di quella romana ha portato consistenti vantaggi pratici nel calcolo (è più facile moltiplicare 34 per 8, che XXXIV per VIII). Si prenda ad esempio la seguente:

(1) $745 + 1215^2 = 1476970$,

e la si scriva per esteso nel nostro linguaggio naturale o ordinario (cioè nella lingua che usiamo comunemente, l'italiano):

(2)   La somma di settecentoquarantacinque e del quadrato di milleduecentoquindici è uguale a un milione quattrocentosettantaseimila novecentosettanta.

Si vede che, se (1) e (2) dicono la stessa cosa, la notazione di (1) è molto più breve e più idonea al calcolo.

Vi sono però ragioni specifiche per cui, in logica, lo sviluppo di un'apposita notazione simbolica è giunto fino alla costruzione di veri e propri *linguaggi* formali artificiali. Abbiamo visto che la correttezza dei ragionamenti dipende dalla struttura nonché dai rapporti fra gli enunciati che li compongono, e in particolare dal significato di alcune parole, che abbiamo chiamato «parole logiche». Spesso però la valutazione dei ragionamenti è resa difficoltosa dal fatto che il nostro linguaggio naturale è impreciso e metaforico, molte delle sue parole hanno significati vaghi o equivoci. Perciò, molti filosofi hanno teorizzato l'elaborazione di un simbolismo logico perfetto, che rimediasse ai difetti delle lingue naturali, e attraverso il quale esprimere la scienza rigorosa (un esempio celebre è l'idea leibniziana di costruire una *characteristica universalis*). Alcuni grandi padri della logica moderna, come Gottlob Frege, Bertrand Russell e Ludwig Wittgenstein, ritenevano che le forme grammaticali del nostro linguaggio ordinario occultassero la sua autentica forma o struttura logica, e anzi che molte delle grandi difficoltà e dei problemi della filosofia si originassero proprio da errori logici dovuti alle insidie del linguaggio. Ad esempio, all'inizio dell'*Ideografia* Frege affermava che il simbolismo logico proposto nel suo libro intendeva essere uno strumento per «spezzare il dominio della parola sullo spirito umano, svelando gli inganni che, nell'ambito delle relazioni concettuali, traggono origine, spesso quasi inevitabilmente, dall'uso della lingua e liberare così il pensiero da quanto di difettoso gli proviene soltanto dalla natura dei mezzi linguistici di espressione» (Frege [1879], p. 106).

1.2. *Determinatezza, bivalenza, vero-funzionalità*

Prima di introdurre qualsiasi simbolismo, però, occorre impadronirsi di tre principi molto generali, cui ci atterremo in pratica durante tutta l'esposizione contenuta in questo libro. Anzitutto, abbiamo detto che la logica si occupa solo degli enunciati *dichiarativi*, e cioè di configurazioni linguistiche con la caratteristica di essere vere o false. Quest'idea è precisata da due principi validi non solo per il linguaggio che introdurremo fra poco, ma per tutta la cosiddetta logica *classica*.

(I) Il primo è il *principio di determinatezza*, secondo cui *ogni enunciato ha uno e un solo valore di verità* (o, come anche si dice, si trova in uno e un solo *stato di verità*).

(II) Il secondo è il *principio di bivalenza*, secondo cui *i valori* (o *stati*) *di verità sono soltanto due*, e cioè appunto il *vero* e il *falso*.

Combinati insieme, (I) e (II) ci dicono che *ogni enunciato ha uno e uno solo dei due valori di verità*: o è vero, o è falso (bivalenza); se è falso, non può essere insieme anche vero, e viceversa se è vero non può essere insieme anche falso (determinatezza).

A questi si aggiunge un terzo principio, per formulare il quale occorre tener presente che gli enunciati possono essere *semplici* o *composti*. Quali siano gli enunciati semplici (o, come sono stati anche chiamati in logica e in filosofia, *elementari* o *atomici*), e se vi siano enunciati *assolutamente* semplici, sono alcuni dei maggiori problemi della filosofia del linguaggio e della logica. Noi ci atterremo a considerazioni puramente morfologiche, rilevando il semplice fatto che alcuni enunciati risultano dalla *connessione* o *combinazione* di altri enunciati. Più precisamente, possiamo chiamare *composti* gli enunciati che *contengono altri enunciati come loro costituenti o componenti*. Ad esempio, un enunciato come quello considerato nell'introduzione, e che fungeva da premessa di un ragionamento:

(1) *Se* il mercato è in fase recessiva, *allora* i prezzi degli immobili aumentano

è *composto*, perché include come sue parti due espressioni che sono a loro volta enunciati, e precisamente:

(1a) Il mercato è in fase recessiva
(1b) I prezzi degli immobili aumentano.

Invece, (1a) e (1b) sono *semplici*, nel senso che non contengono altri enunciati come loro componenti, ovvero non possono essere suddivisi in parti che siano a loro volta enunciati completi. (1) viene ottenuto, appunto, *connettendo* (1a) e (1b) mediante l'espressione «se..., allora...».

Naturalmente, enunciati composti possono essere costituiti da enunciati a loro volta composti. Ad esempio:

1. Connettivi logici e tavole di verità

(2) *Se* piove *e* fa freddo, *allora* si rimane in casa

è composto da due enunciati, cioè:

(2a) Piove *e* fa freddo
(2b) Si rimane in casa,

connessi ancora dall'espressione «se..., allora...». Ma (2a) è a sua volta composto da due enunciati, ossia «Piove» e «Fa freddo», connessi dall'espressione «... e...». Un caso particolare è costituito da enunciati come:

(3) *Non* tutti i politici rubano
(4) *È falso che* piove.

Possiamo considerare anche (3) e (4) come *composti*, per quanto non siano scomponibili in più enunciati. Infatti essi contengono pur sempre altri enunciati completi come loro sottoparti; rispettivamente:

(3a) Tutti i politici rubano
(4a) Piove,

dai quali si ottengono (3) e (4), premettendo le espressioni «non...» o «è falso che...».

(III) Ebbene, il principio di *vero-funzionalità* (o, come talvolta si dice con un'espressione più tecnica, di *estensionalità*) afferma che *lo stato o valore di verità degli enunciati composti dipende interamente da quello degli enunciati che li compongono*. E poiché, se questi ultimi sono a loro volta composti (come nel caso di (2a)), possono venir analizzati anch'essi, fino a giungere a enunciati semplici ossia non ulteriormente scomponibili in sottoparti che siano enunciati, *il valore di verità degli enunciati composti dipende interamente, da ultimo, da quello degli enunciati semplici che li costituiscono*.

Per capire cosa ciò significhi, chiediamoci ad esempio: sotto quali condizioni (2a) è vero? È facile capire che «Piove *e* fa freddo» è vero se e solo se entrambi gli enunciati che lo compongono sono veri: ossia, è vero se e solo se è vero che piove ed è vero che fa freddo. Perciò, il suo valore di verità *dipende* dai (o è *funzione* dei) valori di verità degli enunciati che lo costituiscono. Analogamente, (3) è vero se e solo se l'enunciato semplice che lo costituisce, ossia (3a), è falso, e così via. In questo senso, come ha affermato Wittgenstein nel *Tractatus logico-philosophicus*, gli enunciati composti sono «funzioni di verità» degli enunciati semplici che li costituiscono.

Una conseguenza di ciò è che, nei contesti vero-funzionali, rimpiazzando in enunciati composti uno o più enunciati componenti con altri che hanno lo stesso valore di verità, il valore di verità dell'enunciato risultante resta invariato. Ad esempio, consideriamo:

(5) Hegel era un filosofo *e* Schelling fu amico di Hegel,

che è un enunciato vero composto da due enunciati semplici entrambi veri, ossia:

(5a) Hegel era un filosofo
(5b) Schelling fu amico di Hegel.

Se ora sostituiamo in (5) l'enunciato (5a) con un altro che ha lo stesso valore di verità, ossia con un altro enunciato vero come:

(5c) Kant scrisse la *Critica della ragion pura*,

otteniamo:

(6) Kant scrisse la *Critica della ragion pura e* Schelling fu amico di Hegel,

che è daccapo un enunciato vero. Naturalmente, (5) e (6) hanno un diverso *contenuto*, parlano di cose e fatti diversi (ad es. (5) non parla di Kant, mentre (6) sì). Tuttavia hanno lo stesso valore di verità (sono entrambi veri): e (6) è stato ottenuto da (5), appunto, sostituendo un enunciato che lo componeva, ossia (5a), con un altro, (5c), che ha lo stesso valore di verità.

Il principio di vero-funzionalità *non* vale in tutti i contesti. Vi sono infatti enunciati composti per i quali la sostituzione fallisce: tali cioè che il rimpiazzamento di loro componenti con altri che hanno lo stesso valore di verità non lascia inalterato il valore di verità del composto. Ad esempio, poniamo che il commissario Gordon non sappia che Batman è Bruce Wayne. Allora:

(7) Il commissario Gordon sa che Batman è Bruce Wayne

è un enunciato falso, che contiene come suo componente:

(7a) Batman è Bruce Wayne,

il quale è vero. Se in (7) sostituiamo (7a) con un altro enunciato vero, ossia:

(7b) Batman è Batman,

otteniamo:

(8) Il commissario Gordon sa che Batman è Batman,

il quale è senz'altro vero (supponiamo infatti che Gordon non abbia dubbi sul fatto che ogni cosa è se stessa). Ecco un caso in cui la sostituzione di componenti enunciativi con lo stesso valore di verità ((7a) e (7b)) muta il valore di verità dell'enunciato composto (infatti (7) è falso per ipotesi, mentre l'esito (8) della sostituzione operata è vero). Ancora, consideriamo:

(9) Necessariamente 7 è un numero primo,

che è un enunciato vero, avente come suo componente:

(9a) 7 è un numero primo,

che è a sua volta vero. In (9), sostituiamo (9a) con un altro enunciato vero, come:

(9b) Il Bologna ha vinto 7 scudetti;

otterremo:

(10) Necessariamente il Bologna ha vinto 7 scudetti,

e (10) è un enunciato intuitivamente falso. Non ci sembra affatto necessario, bensì contingente, che il numero di scudetti vinti dal Bologna sia 7: avrebbe potuto vincerne di più (o anche di meno). Questi casi di fallimento della sostituzione hanno luogo in certi contesti linguistici detti appunto non vero-funzionali o, in gergo tecnico, *non estensionali*. Tali contesti sono tipicamente prodotti, ad esempio, da espressioni dette *modali*, come «è possibile che...», «è necessario che...», o *epistemiche*, come «... crede che...», «... sa che...». Di essi, tuttavia, non ci occuperemo in questo libro.

1.3. *I connettivi logici*

Le espressioni usate sopra per formare composti vero-funzionali sono alcune delle «parole logiche» (come «se..., allora...», «non...», «... e...») di cui si è detto nell'introduzione. Tali espressioni sono chiamate appunto *connettivi logici*, o *connettivi enunciativi*, o anche *operatori per la formazione di enunciati da enunciati*. Il motivo di queste denominazioni è ora ben chiaro: si tratta infatti di quelle espressioni che consentono di formare enunciati composti *connettendo* tra di loro enunciati dati. Un'altra loro denominazione è *connettivi verofunzionali*, e anche questa è chiara: indica appunto che gli enunciati formati mediante essi sono una funzione di verità, nel senso specificato sopra, degli enunciati che li compongono.

In questo capitolo studieremo un linguaggio logico-formale molto semplice, detto *linguaggio enunciativo* o *proposizionale*. Come abbiamo già anticipato, con esso ci si propone di evidenziare la forma logica di ragionamenti la cui correttezza dipende dalla struttura «connettivale» degli enunciati che li compongono. Si tratta di ragionamenti del tipo espresso dallo schema semi-formale:

(P1) *Se P, allora Q*;
(P2) *Non Q*;
  quindi,
(C) *Non P*,

che abbiamo considerato in precedenza. Nel linguaggio enunciativo, gli enunciati semplici vengono sostituiti da singole lettere – tipicamente: $P, Q, R, \ldots$ (talvolta nei manuali si usano le minuscole: $p, q,$

r, ...) – dette *variabili enunciative* o *proposizionali*. Il termine «variabile» ha qui un uso analogo a quello della matematica. Quando in matematica si afferma che in:

$$x = y^2$$

i simboli «*x*» e «*y*» fungono da *variabili*, si intende che possono esprimere, in modo per così dire indeterminato, un qualunque numero (come anche si dice, le variabili numeriche «variano su numeri»); o anche, che stanno al posto di un numero qualsiasi. Similmente, le variabili enunciative *P*, *Q*, *R*, ... possono sostituire un qualunque enunciato semplice.

Per i connettivi logici, invece, si usano simboli appositi. Noi ci limiteremo a introdurre simboli per i cinque connettivi già menzionati sopra: (1) *congiunzione*, (2) *disgiunzione*, (3) *negazione*, (4) *condizionale*, (5) *doppio condizionale* o *bicondizionale*. Vi sono logiche alternative a (o estensioni di) quella classica, che introducono connettivi ulteriori, o che rifiutano uno o più di questi cinque (ovvero, secondo alcuni, ne rivedono il significato), ma in questa sede non ce ne occuperemo. Purtroppo, negli scritti di logica classica si usa talora un simbolismo diverso anche per esprimere questi cinque. Oltre ai simboli che useremo in questo libro, forniremo perciò anche le più diffuse notazioni alternative.

1.3.1. *Congiunzione*

Il connettivo logico della congiunzione traduce l'espressione del linguaggio naturale «... e...», nonché espressioni analoghe. Si dice che la congiunzione è un connettivo *binario*, o a due posti, perché lega fra loro due enunciati per volta. Noi lo renderemo con il segno «$\wedge$» (altri simboli frequenti negli scritti di logica sono il punto, «.», e la e-commerciale, «&»). Ad esempio, nell'enunciato visto sopra:

Piove *e* fa freddo,

sostituiamo i due enunciati semplici «Piove» e «Fa freddo» con le variabili enunciative *P* e *Q*, e l'espressione «... e...» con il nostro simbolo. Otterremo allora:

$P \wedge Q$,

che è detta *congiunzione* di P e di Q, mentre P e Q sono detti i *congiunti* di $P \land Q$ (si noti: si chiamano di norma con lo stesso nome il *connettivo*, e l'*espressione* composta formata usando quel connettivo). Ora, «$\land$» è un connettivo vero-funzionale, nel senso spiegato al paragrafo 1.2, dunque il valore di verità del composto $P \land Q$ dipenderà da quello dei suoi componenti, cioè da P e da Q. In che modo ne dipende?

Abbiamo detto che «Piove e fa freddo» è vero se e solo se entrambi i suoi congiunti sono veri, cioè se e solo se è vero che piove ed è vero che fa freddo. Ciò esprime l'idea del tutto intuitiva che una congiunzione sia vera se e solo se entrambi i suoi congiunti sono veri. Consideriamo ora due enunciati semplici qualunque – il che possiamo fare appunto usando due variabili enunciative, P e Q. Se teniamo fermi i due principi di determinatezza (ogni enunciato ha uno e un solo valore di verità) e bivalenza (i valori di verità sono due: vero e falso) visti sopra, si daranno soltanto quattro possibilità:

(1) P e Q sono entrambi veri;
(2) P è vero e Q è falso;
(3) P è falso e Q è vero;
(4) P e Q sono entrambi falsi.

Quindi, la loro congiunzione sarà vera soltanto nel caso (1), mentre sarà falsa negli altri casi. Possiamo rappresentare schematicamente questa situazione, indicando i due valori di verità, vero e falso, con le lettere V e F (talora si usano anche i numeri 1 e 0) e costruendo la seguente tabella:

P	Q	$P \land Q$
V	V	V
V	F	F
F	V	F
F	F	F

Qui le prime due colonne, sotto le lettere delle variabili enunciative P e Q, prese insieme riportano le possibili combinazioni di loro valori di verità (spesso sono perciò dette *colonne guida*). La terza colonna riporta i corrispondenti valori di verità assunti dalla congiunzione $P \land Q$, per ciascuna delle combinazioni di valori di verità dei suoi congiunti. Questa tabella è detta *tavola di verità* per la congiunzione, e si dice anche che esprime la *matrice* del connettivo in questione. Può essere intesa come una *definizione* del connettivo della congiunzione, appunto perché esprime la funzione di verità in cui la congiunzione *consiste*: esprime il modo in cui il valore di verità di una congiunzione è interamente determinato in funzione dei valori di verità dei suoi congiunti. In generale, nella logica classica e vero-funzionale che studiamo si assume che il significato dei connettivi sia catturato proprio dalla loro tavola di verità.

Certamente, l'espressione «... e...» ha molti usi in italiano; può indicare una successione nel tempo, come ad esempio in:

Socrate bevve la cicuta e morì,

ove si intende che prima Socrate bevve la cicuta, e poi morì, non certo l'inverso. Quando però traduciamo «... e...» nel simbolo della congiunzione logica, assumiamo di esprimere *solo* la congiunzione vero-funzionale, senza sfumature temporali. Reciprocamente, vi sono altre parole del nostro linguaggio ordinario, le quali possono svolgere la funzione di congiunzione in tal senso. Si considerino i seguenti enunciati:

(1) Piove ma fa freddo
(2) Piove, inoltre fa freddo
(3) Piove, fa freddo.

Si vede che in (1) vi è una sfumatura avversativa, data dal «... ma...», che in «Piove e fa freddo» è assente. In (3), poi, non c'è neppure una parola fra i due enunciati «Piove» e «Fa freddo», bensì un segno d'interpunzione. Eppure, (1)-(3) sono tutti considerati equivalenti, dal punto di vista vero-funzionale della nostra logica, a «Piove e fa freddo» (e le espressioni come «... ma...», «... inoltre...» possono essere tutte tradotte col simbolo della congiunzione logica). Infatti, ciascuno di essi è vero se e solo se entrambi gli enunciati semplici che lo compongono sono veri: una loro tavola di verità sarebbe identica a quella di $P \land Q$, che abbiamo appena visto.

1.3.2. Disgiunzione

Il connettivo logico della disgiunzione traduce l'italiano «... o...» ed espressioni analoghe come «o..., o...», «... oppure...», etc. È anch'esso un connettivo binario, ossia lega due enunciati per volta, e viene reso dal simbolo «∨». Ad esempio, nell'enunciato:

O mangi la minestra, *o* salti dalla finestra,

sostituiamo daccapo i due enunciati semplici «Mangi la minestra» e «Salti dalla finestra» con le variabili enunciative P e Q, e l'espressione «o..., o...» con il nostro nuovo simbolo, e avremo:

$P \vee Q$

che è detta *disgiunzione* di P e di Q, mentre P e Q sono i suoi *disgiunti* (anche in questo caso, dunque, stesso nome per il connettivo e per l'espressione composta ottenuta mediante il connettivo). Quale sarà la sua matrice o tavola di verità?

Qui sorge una difficoltà, perché la parola italiana «... o...» è ambigua, cioè ha (almeno) due significati diversi. Il latino, ad esempio, rendeva questi due significati con due espressioni differenti: *vel*, per esprimere la cosiddetta *disgiunzione debole* o *inclusiva*, e *aut*, per esprimere la cosiddetta *disgiunzione forte* o *esclusiva*. Una disgiunzione debole o inclusiva di due enunciati è vera se *almeno uno* dei due disgiunti è vero (non escludendo dunque che lo siano entrambi). Invece, una disgiunzione forte o esclusiva è vera se *almeno uno e al massimo uno* dei disgiunti è vero (dunque, escludendo che lo siano entrambi). Quale dei due sensi prevalga, in italiano, può emergere dal contesto o dal senso complessivo dell'enunciato. Ad esempio:

(1) Col menu a prezzo fisso puoi avere pastasciutta o risotto
(2) Possono partecipare alla selezione i laureati in lettere o in lingue.

L'enunciato (1) può essere visto come un'abbreviazione della disgiunzione estesa: «Col menu a prezzo fisso puoi avere pastasciutta, *o* col menu a prezzo fisso puoi avere risotto». Ora, questa disgiunzione si lascia interpretare in senso esclusivo: in generale, in un ristorante non vi sarà consentito di mangiare *sia* la pastasciutta *che* il risotto al prezzo del menu fisso. Chi asserisce (1) intende che si può scegliere *al massimo* uno dei due, ossia esclude che si possano avere entrambi. Invece, in (2) la disgiunzione (che per esteso suonerebbe: «Possono partecipare alla selezione i laureati in lettere, *o* possono partecipare alla selezione i laureati in lingue») si lascia interpretare in senso inclusivo: infatti, alla selezione potrebbe partecipare anche chi possieda sia una laurea in lettere, che una in lingue.

In logica classica si assume che la disgiunzione abbia il senso debole o inclusivo (onde l'uso del segno «∨», che richiama l'iniziale di *vel*). Chi asserisce una disgiunzione inclusiva intende escludere soltanto l'eventualità che ambo i disgiunti siano falsi. Dunque, una disgiunzione inclusiva è falsa solo nel caso in cui entrambi i disgiunti sono falsi, e altrimenti è vera. La matrice per $P \vee Q$ sarà allora:

P	Q	$P \vee Q$
V	V	V
V	F	V
F	V	V
F	F	F

1.3.3. Negazione

Il connettivo logico della negazione può tradurre non solo il «non...», ma anche altre espressioni italiane come «non si dà il caso che...», etc. Il simbolo da noi utilizzato è «¬» (altri simboli presenti nei testi di logica sono la cosiddetta *tilde*, «~», e talvolta il segno matematico di sottrazione, «−»). A differenza di congiunzione e disgiunzione, la negazione non è un connettivo binario, bensì *unario* o a un posto, perché si applica a un solo enunciato per volta. Data una variabile enunciativa *P*, mediante il nostro nuovo simbolo possiamo formarne la negazione logica:

¬*P*.

Anche in questo caso, «negazione» indica sia il connettivo che l'espressione formata usando il connettivo. E anche in questo caso, il significato vero-funzionale della negazione è catturato da una semplicissima tavola:

P	$\neg P$
V	F
F	V

In questo caso abbiamo due sole righe sotto quella iniziale. Poiché infatti c'è una sola variabile, le possibilità sono due: $P = V$, $P = F$. Secondo la tavola, $\neg P$ sarà falso se e solo se P è vero, e viceversa $\neg P$ sarà vero se e solo se P è falso. Il ruolo logico della negazione, dunque, è quello di *invertire il valore di verità* dell'enunciato che viene negato. In particolare, di conseguenza:

ha sempre lo stesso valore di verità di P. Quando si dice che «due negazioni fanno un'affermazione», si intende per l'appunto questo. Ad esempio, se non si dà il caso che non piove, allora piove; e se non succede che l'Inter non vinca lo scudetto, allora l'Inter vince lo scudetto.

Si noti che in italiano non sempre basta aggiungere un «non» in un enunciato per formarne la negazione, intesa come un enunciato che è vero se e solo se l'enunciato di partenza è falso e viceversa. Ad esempio, aggiungendo un «non» in «Alcuni politici rubano», otteniamo «Alcuni politici non rubano», che non ne è la negazione nel senso così inteso: può darsi infatti che entrambi questi enunciati siano *veri*, nel caso che certi politici rubino mentre certi altri non lo fanno. La negazione logica di «Alcuni politici rubano» può essere espressa dicendo: «Non si dà il caso che alcuni politici rubino»; o più semplicemente: «Nessun politico ruba». Queste espressioni, infatti, sono vere esattamente nel caso che quella sia falsa, e viceversa.

Si dice tradizionalmente che due enunciati sono fra loro *contraddittori*, per l'appunto, se e solo se uno deve essere vero se l'altro è falso e viceversa. In questo senso, la negazione logica è l'operatore che usiamo tipicamente per formare contraddittori: P e $\neg P$ sono fra loro contraddittori.

1.3.4. Condizionale materiale

Il connettivo binario del *condizionale* intende tradurre l'espressione «se..., allora...». Lo renderemo col simbolo «→» (altra notazione frequente è il cosiddetto ferro di cavallo, «⊃»). Date, al solito, due variabili enunciative P e Q, possiamo formare il condizionale:

$P \to Q$,

dove P è detto l'*antecedente*, e Q il *conseguente*. Stabilirne la tavola di verità (e dunque, il significato vero-funzionale) non è immediato, perché in italiano l'espressione «se..., allora...» ha molti usi e sensi diversi. Consideriamo ad esempio i seguenti tre enunciati condizionali:

(1) *Se* il papa è scapolo, *allora* non è sposato

(2) *Se* questa luce è emessa da una sorgente con un intenso campo gravitazionale, *allora* lo spettro di questa luce presenta uno spostamento verso il rosso

(3) *Se* non passo l'esame di logica neanche stavolta, *allora* mi do all'ippica.

(1) esprime un'implicazione basata semplicemente sul significato delle parole: poiché per definizione «scapolo» è sinonimo di «non sposato», se qualcuno è scapolo allora senz'altro non è sposato. Per accertare se (1) è vero, basta guardare il vocabolario. In (2), invece, il conseguente segue dall'antecedente in base a un nesso causale, asserito a partire da una teoria scientifica. In (3) poi non si esprime né un nesso causale né uno definitorio, ma una mera intenzione, o il proposito di uno studente (o di un futuro fantino!). Tuttavia, c'è una parte di significato comune alle diverse accezioni di «se..., allora...», che è identificabile proprio in termini di funzioni di verità e di tavole di verità. In tutti i casi, infatti, si sottintende almeno che *un enunciato condizionale è falso nel caso in cui il suo antecedente sia vero e il conseguente falso*.

Chi afferma ciascuno dei condizionali (1)-(3) non asserisce direttamente il suo antecedente, o il suo conseguente (ad esempio, chi afferma (1) non asserisce *che* il papa è scapolo, o *che* non è sposato). Ma di certo, pur nelle differenze di significato di «se..., allora...», afferma sempre che, nell'ipotesi che l'antecedente sia vero, anche il conseguente lo è; dunque, intende *escludere* che all'antecedente della sua asserzione accada di essere vero, mentre il conseguente è falso. Perciò, ad esempio, possiamo considerare falsificato l'enunciato (2) se accertiamo che la luce viene emessa da un intenso campo gravitazionale, e tuttavia il suo spettro *non* presenta uno spostamento verso il rosso.

Possiamo dunque dare la matrice del connettivo così:

P	Q	$P \rightarrow Q$
V	V	V
V	F	F
F	V	V
F	F	V

Il condizionale espresso da questa tavola si chiama *condizionale materiale*. Il suo significato, come accadeva già per gli altri connettivi logici, è interamente fissato dalla sua matrice o tavola di verità. Ciò vuol dire che il condizionale materiale non esprime in particolare alcun nesso causale, né intenzionale, né basato sul significato di «parole non logiche» come «scapolo» o «sposato». In esso si manifesta soltanto un tratto del tutto generale dell'idea di condizionalità: una connessione vero-funzionale fra due enunciati P e Q, tale che essa è falsa se e solo se P è vero e Q è falso.

Guardando le righe della nostra tavola di verità, notiamo che le ultime due sono sicuramente un po' controintuitive: infatti, mostrano che il condizionale è vero *comunque* quando il suo antecedente è falso; il condizionale, in questo caso, è vero indipendentemente dal valore di verità del conseguente. Tuttavia, se ci atteniamo al mero significato vero-funzionale del «se..., allora...», tale caratterizzazione è ineccepibile. La «cartina di tornasole» per mettere alla prova un condizionale materiale si ha quando si verifica il suo antecedente. L'unica cosa che un condizionale materiale *esclude*, è che si dia il caso del suo antecedente, e non quello del suo conseguente. E solo se ciò, invece, ha luogo, può considerarsi falsificato.

Si dice spesso che il condizionale esprime la nozione di *condizione sufficiente*. Se ne capisce il motivo: asserire un condizionale equivale ad asserire che la verità del suo antecedente è *condizione suffi-*

ciente per la verità del suo conseguente. Il verificarsi di *P*, in base al condizionale «Se *P*, allora *Q*», è *sufficiente* al verificarsi di *Q* (e proprio per questo, se invece *P* si verifica e *Q* no, l'affermazione condizionale è falsificata). Ciò non esclude, tuttavia, che *Q* si verifichi anche per altre vie; dunque il verificarsi di *P* non è posto come *condizione necessaria* del verificarsi di *Q*. Ad esempio, chi dice «Se nevica, allora fa freddo» intende asserire che la presenza della neve è sufficiente affinché sia freddo. Tale presenza, però, non è asserita come necessaria al freddo: potrebbe far freddo (ossia, il conseguente di questo condizionale potrebbe essere vero) anche senza che nevichi.

1.3.5. Bicondizionale

Nelle nostre definizioni dei connettivi abbiamo usato spesso l'espressione «... se e solo se...». Il simbolo logico che le corrisponde è «↔» (un'altra notazione frequentemente usata è «≡»), che è un altro connettivo binario. In generale, dati *P* e *Q*, se ne forma il *doppio condizionale* o *bicondizionale* scrivendo:

$$P \leftrightarrow Q.$$

Si parla spesso di *lato sinistro* e *lato destro* di un bicondizionale, a indicare i suoi due costituenti. La relazione vero-funzionale fra enunciati espressa da «... se e solo se...», e catturata da questo connettivo, è quella che sussiste quando, se uno dei due enunciati è vero lo è anche l'altro, e se uno dei due enunciati è falso lo è anche l'altro. Dunque, $P \leftrightarrow Q$ è vero se e solo se *P* e *Q* sono entrambi veri o entrambi falsi. La sua matrice, cioè, è:

P	Q	P ↔ Q
V	V	V
V	F	F
F	V	F
F	F	V

Come il condizionale vero-funzionale è anche detto «condizionale materiale», così il doppio condizionale è talora detto «equivalenza materiale». Dunque, si dice a volte che due enunciati sono materialmente equivalenti quando hanno lo stesso valore di verità.

Il bicondizionale si chiama così perché equivale alla *congiunzione* di *due* condizionali, in cui l'antecedente dell'uno è il conseguente dell'altro e viceversa. Chi asserisce «P se e solo se Q» intende dire che *se P, allora Q* (primo condizionale), *e se Q, allora P* (secondo condizionale). $P \leftrightarrow Q$ è vero precisamente nel caso che tanto $P \to Q$ quanto $Q \to P$ siano veri, stante che ogni congiunzione è vera se e solo se lo sono ambo i congiunti. Allora, il bicondizionale è *definibile* attraverso i due connettivi, già introdotti, della congiunzione e del condizionale materiale:

$$P \leftrightarrow Q =_{df} (P \to Q) \wedge (Q \to P),$$

dove il simbolo «$=_{df}$» va letto come: «... è uguale per definizione a...» (sulle *parentesi*, che qui fanno la loro prima apparizione, diremo invece qualcosa nel prossimo paragrafo).

Questa definizione mostra che il bicondizionale è in certo modo «ridondante», ossia eliminabile in linea di principio dal linguaggio formale che stiamo introducendo: possiamo esprimere tutto ciò che esprimiamo mediante esso, usando solo condizionale materiale e congiunzione. Tuttavia, questa stessa definizione consente anche di capire perché il bicondizionale esprima un concetto molto importante per tutte le scienze deduttive: la nozione di *condizione necessaria e sufficiente*. Come sappiamo, affermare:

(1) $P \to Q$

è asserire che il verificarsi di *P* è condizione sufficiente del verificarsi di *Q*. Non si asserisce, però, che ne sia condizione *necessaria*. Come esprimere, allora, l'idea che il verificarsi di *P* sia condizione necessaria del verificarsi di *Q*? Un modo molto semplice è proprio quello di usare il condizionale materiale inverso rispetto a (1):

(2) $Q \to P$.

Infatti, asserire (2) è dire che non si dà il caso che *Q* senza che si dia il caso che *P*, ossia appunto, che il verificarsi di *P* è *condizione necessaria* del verificarsi di *Q*. Quindi, affermare la congiunzione di (1)

1. Connettivi logici e tavole di verità 39

e (2) è come dire che *P* è condizione necessaria *e* sufficiente di *Q*. E il bicondizionale equivale proprio a questa congiunzione.

1.3.6. *Non equivochiamo*

Nella definizione del bicondizionale comparivano, oltre alle variabili enunciative e ai connettivi, delle *parentesi*. Le parentesi sono utilizzate come simboli *ausiliari* del linguaggio che stiamo introducendo, e il loro scopo è quello di evitare ambiguità. Si consideri ad esempio l'espressione composta:

$P \to Q \wedge R$.

Essa potrebbe significare tanto (a) il condizionale che ha *P* come antecedente e la congiunzione $Q \wedge R$ come conseguente, quanto (b) la congiunzione del condizionale $P \to Q$ con *R*. L'ambiguità è risolta mediante le parentesi: nel primo caso, infatti, scriveremo:

(a) $P \to (Q \wedge R)$,

nel secondo caso invece:

(b) $(P \to Q) \wedge R$.

Come si vede, l'uso delle parentesi è analogo a quello matematico: «(12 − 7) + 2» non dice lo stesso di «12 − (7 + 2)» (perché un'espressione designa il numero 7, l'altra il numero 3), e la differenza è chiarita dalle parentesi.

1.4. *Regole per mettere in campo una buona formazione*

1.4.1. *Simboli*

Il nostro linguaggio enunciativo, come ogni linguaggio, possiede un *alfabeto*, ossia un insieme di simboli di base. Li abbiamo già introdotti praticamente tutti, anche se in modo intuitivo e informale. Ne diamo ora una caratterizzazione più precisa, suddividendoli in tre sotto-alfabeti.

(I) Anzitutto, il nostro linguaggio sarà dotato di un *alfabeto logico*, consistente nei cinque *connettivi logici*; avrà dunque i cinque connettivi vero-funzionali che corrispondono alle «parole logiche» sopra isolate: ∧, ∨, ¬, →, ↔.

(II) In secondo luogo, avrà un *alfabeto descrittivo*, consistente in un numero indefinito di *variabili enunciative*: $P, Q, R, \ldots$. L'uso dei puntini indica appunto che il numero delle variabili enunciative può essere pensato come indefinitamente esteso (e poiché le lettere dell'alfabeto italiano sono solo ventuno, se occorre si possono aggiungere indici numerici: $P_1, P_2, \ldots, P_n$).

L'alfabeto descrittivo va distinto da quello logico. La qualifica di «descrittivo» si riferisce al fatto che le nostre variabili enunciative, come sappiamo, «stanno per» enunciati, e gli enunciati *descrivono* il mondo, parlano di stati di cose (proprio per questo, come abbiamo detto nell'introduzione, possono concordare o non concordare col modo in cui effettivamente le cose stanno: possono essere veri o falsi). Invece, l'alfabeto logico traduce, come più volte detto, (alcune del)le «parole logiche» che sono così importanti per stabilire la validità delle inferenze: «non...», «se..., allora...», etc. E queste, propriamente, non sono parole *descrittive*: non si riferiscono a cose o fatti del mondo, ma hanno unicamente la funzione di connettivi od operatori, cioè connettono fra loro gli enunciati (e perciò presuppongono qualcosa da connettere, appunto gli enunciati stessi). A volte i simboli non descrittivi vengono chiamati, con una difficile espressione di antica origine, *sincategorematici*.

(III) In terzo luogo, vi sarà l'*alfabeto ausiliario*, che nel caso consiste semplicemente nelle due *parentesi tonde*.

1.4.2. Formule ben formate

Un linguaggio logico-formale si considera dato quando è stato specificato non solo il suo alfabeto, ossia l'insieme dei suoi simboli di base, ma anche il *modo* in cui tali simboli possono essere combinati per formare espressioni composte (similmente, non avremmo la lingua italiana se ci limitassimo a dare le ventuno lettere del suo alfabeto e i segni d'interpunzione). Definiamo anzitutto come *formula* del linguaggio enunciativo una *qualunque sequenza finita di simboli*. Ad esempio:

(1) $((P \to Q) \land R)$
(2) $P\,(Q\,(\lor \neg \to Q$

1. Connettivi logici e tavole di verità

sono due formule. Ebbene, sappiamo che non tutte le sequenze di lettere o di parole del nostro linguaggio naturale sono dotate di *senso*, ossia sono significanti. Tali sono, invece, solo quelle che sono formate seguendo le regole della grammatica e della sintassi dell'italiano. Ad esempio:

(3) Cesare è tornato a Roma

è un'espressione *sensata* (un vero e proprio enunciato) dell'italiano, ovvero significa alcunché, parla di un certo fatto: il fatto, appunto, che consiste nell'esser Cesare tornato a Roma. Ma di

(4) casa Cesare è e per ma

ben difficilmente si potrà dire che significa alcunché, che è un enunciato munito di senso in italiano. La differenza fra (3) e (4) è che (3) è costruito seguendo le regole della lingua italiana (ha un soggetto, un predicato, etc.) mentre (4) è semplicemente una sequenza di parole non conforme ad alcuna regola.

Qualcosa del genere accade anche nei linguaggi formali. La costituzione di un linguaggio formale esige che si diano precise regole morfologiche, dette *regole di formazione*, che ne definiscono la sintassi. Queste specificano, entro l'insieme delle formule o sequenze di simboli di quel linguaggio, un sottoinsieme di formule ammissibili, dette (*sintatticamente*) *ben formate*, appunto perché costruite in conformità a tali regole. In base alle regole di formazione del linguaggio enunciativo che daremo fra poco, ad esempio, risulterà che soltanto la (1) è una formula ben formata, mentre la (2) no.

Ci troviamo tuttavia di fronte a un problema. Come le espressioni della lingua italiana sono potenzialmente infinite, così lo sono le formule del nostro linguaggio formale: già le sole variabili enunciative, che appartengono al bagaglio dei suoi simboli di base, come abbiamo visto, sono infatti in numero indefinito. Invece, noi vogliamo specificare le regole di formazione in modo, oltre che *finito*, assolutamente rigoroso. Ciò vuol dire che le regole devono metterci in grado, di fronte a una qualunque delle formule producibili concatenando simboli, di decidere effettivamente se è sintatticamente ben formata o meno. Per risolvere il problema dobbiamo ricorrere allora a una procedura definitoria molto usata: *la definizione per indu-*

zione. Il termine «induzione» non ha qui molto a che fare con la logica induttiva o con gli argomenti induttivi di cui si è parlato in precedenza (anzi, indica una procedura tipica delle scienze deduttive, e della quale esistono molte varianti). Chiariamo dunque di che si tratta, visto che questa nozione ci tornerà utile anche in seguito.

1.4.3. *Come catturare un infinito in modo finito*

Cominciamo con un caso matematico. In matematica si utilizzano *definizioni induttive* (dette anche *ricorsive*), ad esempio, quando si vuole caratterizzare un insieme costituito da un numero infinito di oggetti. Di insiemi si riparlerà più in dettaglio nel capitolo 4, ma già fin d'ora possiamo capire che un insieme di questo genere non può essere specificato dando semplicemente una lista dei suoi membri, che non finiremo mai di compilare. Prendiamo ad esempio l'insieme N dei numeri naturali, che sono appunto infiniti (0, 1, 2, ...). Lo si può definire mediante tre clausole.

(B) Nella prima, detta *base* della definizione, si specifica un certo gruppo iniziale di elementi appartenenti all'insieme. Nel caso, si dice che *lo zero è un numero naturale* (0 appartiene all'insieme N dei numeri naturali).

(P) Nella seconda, detta *passo* della definizione, si specificano certe operazioni, e si dice che applicando tali operazioni a elementi dell'insieme che vogliamo caratterizzare si ottengono ancora elementi di questo insieme. Nel caso, si introduce l'operazione di *passaggio al successore immediato*, e si dice che *il successore immediato di un numero naturale è a sua volta un numero naturale*. 1 è il successore immediato di 0; 0 appartiene all'insieme N dei naturali; quindi anche 1 appartiene a tale insieme. 2 è il successore immediato di 1; 1 appartiene all'insieme dei naturali; quindi..., etc.

(C) Nella terza clausola, detta la *conclusione o chiusura* della definizione, si dice: nient'altro è un numero naturale, tranne quanto specificato nella base (B) e nel passo (P). In questo modo, in un numero finito di clausole definitorie, cioè (B), (P) e (C), abbiamo rigorosamente specificato un insieme che ha un'infinità di elementi.

1.4.4. *Metavariabili e regole di formazione*

Con una procedura per molti versi analoga, daremo ora le regole di formazione per il nostro linguaggio enunciativo. Le regole consisto-

1. Connettivi logici e tavole di verità 43

no appunto in una serie di clausole che forniscono una definizione induttiva di *formula ben formata*, ossia individuano tutte e sole le (potenzialmente infinite) formule ben formate del nostro linguaggio. A questo scopo, dobbiamo però introdurre ancora una nozione di grande importanza per tutto il prosieguo del nostro discorso, cioè quella di *metavariabile*.

Abbiamo detto che le nostre variabili enunciative (P, Q, ...) sono simboli che stanno per enunciati semplici del linguaggio ordinario. Ebbene, le metavariabili, dette anche *variabili metalogiche* o *metalinguistiche*, sono simboli che stanno per *simboli* (in tal senso sono «meta-simboli»: simboli di simboli), o per sequenze di simboli, del linguaggio formale. Quelle che introdurremo ora stanno per *formule* di esso: possono dunque sostituire sia singole variabili enunciative, sia formule composte. Poiché le formule sono in numero potenzialmente infinito, avremo bisogno di un numero indefinito di metavariabili per formule. Le indicheremo con le lettere *minuscole greche*: α, β, γ, ... Anche qui, al bisogno aggiungeremo degli indici: α_1, α_2, ..., α_n.

Possiamo ora dare le regole di formazione per il linguaggio enunciativo, mediante una procedura induttiva, come segue.

(B) La *base* della definizione è data dicendo: ogni variabile enunciativa è una formula ben formata.

(P) Il *passo* della definizione è poi dato in cinque clausole, dicendo:

(1) se α è una formula ben formata, $\neg\alpha$ è una formula ben formata;
(2) se α e β sono formule ben formate, $(\alpha \wedge \beta)$ è una formula ben formata;
(3) se α e β sono formule ben formate, $(\alpha \vee \beta)$ è una formula ben formata;
(4) se α e β sono formule ben formate, $(\alpha \rightarrow \beta)$ è una formula ben formata;
(5) se α e β sono formule ben formate, $(\alpha \leftrightarrow \beta)$ è una formula ben formata.

(C) Infine, la *chiusura* della definizione è data dicendo: nient'altro, tranne quanto specificato in (B) e in (P), è una formula ben formata. In questo modo abbiamo rigorosamente specificato l'insieme di tutte le formule ben formate del nostro linguaggio.

Come si vede, la procedura è un po' laboriosa. Tuttavia ciò che abbiamo detto, in sostanza, è semplicemente questo: *sono formule ben formate tutte le variabili enunciative*; e inoltre, *sono formule ben formate tutti i composti che si ottengono connettendo formule date in modo conforme alle regole, mediante i cinque connettivi logici* (più gli eventuali simboli ausiliari). Ad esempio:

$$\neg((P \vee Q) \leftrightarrow (\neg P \wedge \neg Q))$$

è una formula ben formata. Infatti, le variabili enunciative P e Q che vi compaiono sono formule ben formate per la base (B) della nostra definizione induttiva. Quindi, anche le formule $\neg P$ e $\neg Q$ sono ben formate, per la clausola (1) del passo (P). Quindi, anche la formula $(\neg P \wedge \neg Q)$ è ben formata, per la clausola (2) del passo. E la formula $(P \vee Q)$ è ben formata, per la clausola (3) del passo. Quindi anche la formula $((P \vee Q) \leftrightarrow (\neg P \wedge \neg Q))$ è ben formata, per la clausola (5) del passo. E infine, siccome quest'ultima è ben formata, anche la sua negazione, cioè la formula di partenza tutta intera, è ben formata, ancora per la clausola (1). Invece, la seconda formula considerata al paragrafo 1.4.2, ossia:

$$P (Q (\vee \neg \rightarrow Q$$

senz'altro non è ben formata. Siccome le uniche formule che ci interessano sono quelle ben formate, d'ora in poi diremo quasi sempre solo «formule», a intendere quelle ben formate.

Si noti che in base alla definizione le lettere greche a rigore *non sono formule* del linguaggio enunciativo, visto che non sono variabili enunciative, né composti ottenuti a partire da variabili enunciative. In quanto «meta-simboli», fungono da segnaposto: stanno a indicare che al loro posto si possono mettere formule vere e proprie. Infine, si osservi quanto segue. Inizialmente abbiamo introdotto le matrici dei connettivi utilizzando solo le lettere P e Q, per semplicità. Ma, come si sarà oramai ben capito, i connettivi non sono da intendersi come applicabili solo a variabili enunciative: sulla base delle nostre regole di formazione, essi possono connettere anche formule composte (ad esempio, intendiamo per «congiunzione» non solo una formula come $P \wedge Q$, ma qualsiasi formula della forma: $\alpha \wedge \beta$).

1. Connettivi logici e tavole di verità

Disponendo ora di metavariabili, possiamo dunque (ri)presentare le matrici dei connettivi nella veste più generale:

α	β	α ∧ β
V	V	V
V	F	F
F	V	F
F	F	F

α	β	α ∨ β
V	V	V
V	F	V
F	V	V
F	F	F

α	¬α
V	F
F	V

α	β	α → β
V	V	V
V	F	F
F	V	V
F	F	V

α	β	α ↔ β
V	V	V
V	F	F
F	V	F
F	F	V

1.4.5. *Campo, subordinazione di connettivi, e tutto il resto all'occorrenza*

Adotteremo alcune convenzioni riguardo alle parentesi, per alleggerire l'aspetto del nostro linguaggio formale. Poiché infatti, come abbiamo visto sopra, le parentesi sono meri simboli ausiliari introdotti per evitare ambiguità, possiamo senz'altro farne a meno in tutti i casi in cui ciò non produca equivoci. Anzitutto, stabiliamo di poter omettere le parentesi più esterne di una formula. Accetteremo dunque senz'altro, ad esempio:

¬P ∧ ¬Q
P → Q
(P → Q) ∧ R

come formule ben formate (ciò che avevamo intuitivamente fatto fin dall'inizio). Possiamo eliminare altre parentesi, definendo anzitutto le tre importanti nozioni di (a) *occorrenza* di un simbolo, (b) *campo* (o *ambito*) di un connettivo, e (c) *subordinazione* di un connettivo.

(a) In generale, è evidente che uno stesso simbolo può comparire più volte in una formula. Se consideriamo il nostro esempio di formula ben formata dato appena sopra:

$$\neg((P \vee Q) \leftrightarrow (\neg P \wedge \neg Q))$$

vediamo che la variabile P e la Q vi appaiono due volte ciascuna, e il connettivo della negazione vi appare tre volte. È d'uso parlare in proposito di *occorrenza* di un simbolo in una formula (perciò ci si riferirà alla «prima occorrenza» di P, intendendo la prima volta in cui compare in una formula, da sinistra a destra, o alla «terza occorrenza» della negazione, intendendo la terza volta in cui vi compare, etc.).

(b) Il *campo* o *ambito* della occorrenza di un connettivo in una formula, poi, è *la più piccola formula ben formata in cui tale occorrenza compare*. Nella formula in questione, ad esempio, il campo della prima occorrenza della negazione è la formula intera. Invece, il campo della seconda occorrenza della negazione è la formula $\neg P$. Il campo dell'unica occorrenza della disgiunzione è la formula $(P \vee Q)$, etc. (parlare sempre in termini di «occorrenze», come si vede, è piuttosto pesante; perciò spesso, quando non c'è rischio di equivoco, si parlerà semplicemente di campo *di* un connettivo, anziché di campo di una *occorrenza* di un connettivo, per brevità). Le varie parentesi che compaiono nelle formule, come si capisce, hanno proprio la funzione di chiarire senza ambiguità quale sia l'ambito di ciascun connettivo, ovvero la formula che costituisce il suo «campo d'azione».

(c) Mediante la nozione di campo si può definire quella di *subordinazione* di (un'occorrenza di) un connettivo: un connettivo è *subordinato* a un altro se e solo se il suo campo è contenuto nel campo di quest'ultimo. Ad esempio, nella nostra formula il connettivo della disgiunzione è subordinato al bicondizionale. Infatti, il campo di quest'ultimo è:

$$(P \vee Q) \leftrightarrow (\neg P \wedge \neg Q)$$

1. Connettivi logici e tavole di verità

e in esso è incluso il campo della disgiunzione, che è appunto $(P \lor Q)$; un modo di dire usuale, e piuttosto intuitivo, è che la formula $(P \lor Q)$ è una *sottoformula* della formula in questione. Infine, si chiama *connettivo principale* di una formula quello che non è subordinato a nessun altro, ossia che ha come campo la formula intera.

Ebbene, possiamo ordinare i connettivi in base alla «forza» con cui legano, stabilendo che $\lor$ e $\land$ legano più fortemente di $\to$ e $\leftrightarrow$, e che $\neg$ lega più fortemente di ogni connettivo binario. Ciò consente di omettere certe parentesi interne in alcuni casi, stabilendo che il connettivo che lega più fortemente «attrae» nel proprio campo o ambito una certa formula o una variabile enunciativa. Ad esempio, la formula vista sopra:

$P \to Q \land R$

in base a questa convenzione non sarà più ambigua, anche senza alcuna parentesi: sarà cioè un condizionale che ha come conseguente una congiunzione, e non una congiunzione che ha come primo congiunto un condizionale. Ciò perché il connettivo della congiunzione, legando più strettamente di quello del condizionale, «attrae» la variabile enunciativa Q nel proprio campo d'azione. Dunque, in questa formula il connettivo principale (quello che ha come campo la formula intera) è il condizionale; il connettivo della congiunzione gli è subordinato, agendo solo sulla sottoformula $Q \land R$.

Altre parentesi possono essere eliminate quando abbiamo a che fare con congiunzioni (o con disgiunzioni) iterate, ossia congiunzioni (disgiunzioni) che contengono altre congiunzioni (disgiunzioni) come loro sottoformule. Ciò è dovuto al fatto ovvio che congiunzione e disgiunzione hanno, come si suole dire, la proprietà di essere *associative*. L'analogia rilevante anche qui è con la matematica: quando si dice che l'addizione è associativa, si intende che $x + (y + z) = (x + y) + z$. Similmente, la formula $P \land (Q \land R)$ equivale alla formula $(P \land Q) \land R$: «(Piove e fa freddo) e c'è vento» equivale a «Piove e (fa freddo e c'è vento)». Perciò possiamo scrivere semplicemente: $P \land Q \land R$, senza parentesi. Idem per la disgiunzione: $P \lor (Q \lor R)$ equivale a $(P \lor Q) \lor R$, perciò possiamo scrivere semplicemente: $P \lor Q \lor R$.

Si badi che queste convenzioni per l'eliminazione di parentesi sono un *optional*: sono un mero espediente pratico applicabile per alleggerire la lettura. Dal punto di vista teorico, la nozione di formula ben formata resta sempre quella data dalle clausole della definizione induttiva del paragrafo 1.4.4.

1.5. Prepariamo la tavola (di verità)

1.5.1. Valutare i ragionamenti con le tavole di verità

Il metodo delle tavole di verità, che è dovuto al *Tractatus logico-philosophicus* di Wittgenstein, oltre a darci le matrici dei connettivi logici può essere usato come un vero e proprio sistema di *calcolo logico*. Con le tavole di verità, infatti, possiamo stabilire in modo del tutto meccanico la correttezza o la non correttezza di *tutti* gli argomenti la cui forma logica sia adeguatamente esprimibile nel linguaggio enunciativo.

Riprendiamo ancora una volta il nostro schema semi-formalizzato iniziale:

(P1) *Se P, allora Q*;
(P2) *Non Q*;
      quindi,
(C)   *Non P.*

Ora che abbiamo un linguaggio rigorosamente definito, possiamo completare la traduzione in simboli. Precisamente, scriveremo il nostro schema così:

$$P \to Q, \neg Q \,/\, \neg P.$$

Le premesse saranno intervallate da virgole (e l'*ordine* di scrittura sarà indifferente: «$P \to Q, \neg Q$» sarà equivalente a «$\neg Q, P \to Q$») e separate dalla conclusione dal segno «/» che, in questo contesto, può essere appunto letto come un «quindi» (si noti che sia esso che le virgole, al pari delle nostre metavariabili, non sono a rigore simboli *del* linguaggio enunciativo: infatti, non compaiono fra i suoi simboli di base).

Questo schema, dunque, cattura la forma logica di una quantità di argomenti espressi in linguaggio ordinario. Esso diventa un argomento ordinario vero e proprio, naturalmente, quando operiamo una ritraduzione dal linguaggio formale a quello naturale e, in parti-

1. Connettivi logici e tavole di verità

colare, «rimpolpiamo» con enunciati ordinari le variabili enunciative. Tuttavia, a volte schemi d'argomento formalizzati di questo genere saranno chiamati direttamente «argomenti» o «ragionamenti», per brevità.

Possiamo allora dare una prima caratterizzazione generale di (schema o forma di) argomento o ragionamento espresso nel linguaggio formale: un argomento è una sequenza finita di formule, dette premesse (siano $\alpha_1, ..., \alpha_n$, usando le nostre metavariabili per formule), intervallate da virgole, seguite dal segno «/», seguito da una formula, detta conclusione (sia β). La forma generale di un argomento, in questo contesto, sarà dunque:

$\alpha_1, ..., \alpha_n / \beta$.

Ora, in che modo le tavole di verità possono consentirci di valutare la correttezza o la non correttezza dei ragionamenti la cui forma logica è adeguatamente esprimibile nel linguaggio enunciativo? Per comprendere come ciò sia possibile, basta ricordare il *criterio di correttezza logica* presentato nell'introduzione. In quel luogo si è detto infatti che un ragionamento è corretto se e solo se non può darsi il caso che tutte le sue premesse siano vere, e la sua conclusione falsa. Mediante una tavola di verità, possiamo dunque assegnare il valore *vero* o il valore *falso* a ciascuna delle variabili enunciative che compongono le premesse e la conclusione dei nostri schemi d'argomento formalizzati. Eseguendo poi quest'assegnazione per *ogni possibile* combinazione di valori di verità delle variabili, si verificherà certamente uno dei due casi seguenti.

(a) Se vi è anche *una sola* assegnazione, in cui tutte le premesse di uno schema d'argomento risultano vere, ma la sua conclusione falsa, lo schema sarà senz'altro *scorretto* in base al nostro criterio di correttezza logica.

(b) Se invece in *tutti* i casi in cui le assegnazioni di valori di verità alle variabili enunciative rendono vere tutte le premesse, tali assegnazioni rendono vera anche la conclusione, lo schema sarà *corretto*: sarà cioè una forma d'argomento, la quale ci garantisce che gli argomenti che la esemplificano non ci condurranno mai da premesse tutte vere a una conclusione falsa.

Si noti che in questa caratterizzazione la correttezza e la non correttezza sono attribuite direttamente agli *schemi*. Dire che uno schema d'argomento è corretto è un modo abbreviato per dire che qualsiasi ragionamento concreto che *esemplifica* quello schema è corretto. Ora, scriviamo in questo modo la tavola di verità per il nostro schema esemplare:

P	Q	$P \to Q$	$\neg Q$	/	$\neg P$
V	V	V	F		F
V	F	F	V		F
F	V	V	F		V
F	F	V	V		V

In cima alle prime due colonne da sinistra (le colonne guida), sono riportate le uniche variabili enunciative in gioco, ossia P e Q. A fianco, sono riportate poi le due premesse, il segno per il «quindi», e la conclusione. Poiché le variabili in questione sono due, le possibili combinazioni dei loro valori di verità sono, al solito, quattro. Perciò avremo una tavola di verità con quattro righe sotto quella iniziale. La terza colonna riporta, in corrispondenza ai valori di verità assegnati a P e Q, i valori di verità della prima premessa $P \to Q$, sulla base della matrice del connettivo del condizionale (si veda la tavola al paragrafo 1.3.4). La quarta colonna riporta i valori assunti dalla seconda premessa $\neg Q$, che evidentemente sarà falsa in tutti i casi in cui Q è vera e viceversa. L'ultima colonna sulla destra riporta i valori assunti dalla conclusione $\neg P$, che sarà a sua volta falsa in tutti i casi in cui P è vera e viceversa.

Ora, come si vede, vi è un'unica riga in cui, per un certo valore di verità assegnato a P e a Q, entrambe le premesse dello schema risultano vere, ed è l'ultima. Ma, in questo caso, anche la conclusione risulta vera. Viceversa, vi sono righe in cui la conclusione risulta falsa (le prime due). Ma in questo caso le premesse non sono mai tutte vere, perché almeno una delle due è falsa. Dunque *non vi è neppure un caso*, ossia neppure una riga della tavola, *in cui tutte le premesse risultino vere e la conclusione falsa*. E siccome quelle da noi considerate sono *tutte* le possibili combinazioni di assegnazioni di valori di verità alle variabili enunciative, possiamo senz'altro concludere che il nostro schema rappresenta la forma di un ragionamento *corretto*, nel senso del nostro criterio di correttezza logica: qualunque enun-

1. Connettivi logici e tavole di verità

ciato si sostituisca alle variabili enunciative che lo compongono, questo schema non ci condurrà mai da premesse tutte vere a una conclusione falsa. Per riprendere la terminologia accennata nell'introduzione: la conclusione di un qualsiasi argomento che esemplifica questo schema è una *conseguenza logica* delle premesse.

Consideriamo ora un secondo caso. Per accertare se il seguente schema:

$P \to Q, \neg P / \neg Q$

cattura la forma di un ragionamento corretto, osserviamone la tavola di verità:

P	Q	$P \to Q$	$\neg P$	/	$\neg Q$
V	V	V	F		F
V	F	F	F		V
F	**V**	**V**	**V**	**!**	**F**
F	F	V	V		V

Come si vede, nella riga segnata in grassetto e con un punto esclamativo le assegnazioni di valori di verità alle variabili enunciative determinano una situazione in cui entrambe le premesse sono vere ma la conclusione è falsa. Dunque questo è uno schema *scorretto* in base al nostro criterio: esiste una situazione in cui esso consente il passaggio da premesse tutte vere a una conclusione falsa. Per convincersene, basta assegnare alle variabili enunciative contenuti (ovvero, sostituire alle variabili enunciative enunciati ordinari) che rendano vere ambo le premesse ma falsa la conclusione. Sia dunque P l'enunciato «Nevica», e Q l'enunciato «Fa freddo». Il ragionamento suonerebbe allora:

(P1) *Se* nevica, *allora* fa freddo; $[P \to Q]$
(P2) *Non* nevica; $[\neg P]$
        quindi,
(C)   *Non* fa freddo. $[\neg Q]$

Ora, è facile pensare a una situazione che invalida questo ragionamento (ossia fornire quello che, nell'introduzione del libro, abbiamo chiamato un *controesempio*): ad esempio, una gelida giornata di gennaio senza neve. Se assumiamo che faccia senz'altro freddo quando nevica (il che convalida (P1)), nella nostra giornata senza neve (situazione che convalida (P2)) tuttavia fa freddo (il che falsifica (C)). Abbiamo dunque un caso di *fallacia logica*. Si chiamano di solito «fallacie» gli argomenti scorretti, ma che possono non apparirci come tali a prima vista. È proprio in quanto talora argomenti che appaiono corretti non lo sono, che in logica siamo interessati ad avere procedure sicure e oggettive per valutarne la correttezza. Ciò che più conta è che, mediante il metodo delle tavole di verità, abbiamo potuto accertare il carattere fallace di quell'inferenza in modo *del tutto meccanico* (o, come anche si dice, con un *procedimento effettivo*). Mediante le tavole possiamo controllare la correttezza di molti ragionamenti senza nessuno sforzo «creativo» del pensiero: basta solo riportare appropriatamente i valori di verità V e F nelle caselle, secondo le matrici dei vari connettivi. Le tavole costituiscono dunque un esempio di ciò che in matematica si chiama *algoritmo*: sono una procedura meccanica, o effettiva, che ci consente di decidere, in un numero finito di passaggi, se un qualunque argomento la cui forma logica sia adeguatamente esprimibile nel linguaggio enunciativo sia o no corretto.

1.5.2. «Leggi del pensiero», tautologie, incoerenze, contingenze

Nell'introduzione abbiamo detto che la logica è stata tradizionalmente definita come la disciplina che studia le «leggi del pensiero». Le «leggi del pensiero», o *leggi logiche*, storicamente più note sono il *principio di identità*, il *principio di non contraddizione* e il *principio del terzo escluso*. Esse possono essere formulate in modi diversi, anche a seconda del formalismo adottato; esaminiamo ora il caso del nostro linguaggio enunciativo. Il *principio di identità* può essere espresso in prima battuta così:

(1) $P \to P$.

Siccome P è una variabile enunciativa, può stare per un qualsiasi enunciato (semplice). Quando si dice che la formula (1) è una legge logica si intende che *ogni enunciato* (semplice) *implica se stesso*. Per questo genere di formulazioni si parla dunque anche di *legge di identità enunciativa*.

Si ricorderà che la negazione è l'operatore usato per formare *contraddittori*: ad esempio, P e $\neg P$ sono formule fra loro contraddittorie. Possiamo qui definire una *contraddizione* come una *congiunzione in cui un congiunto è la negazione dell'altro* (ad esempio: $P \wedge \neg P$). Allora, il *principio di non contraddizione* può formularsi così:

(2) $\neg(P \wedge \neg P)$.

Che anche questa formula sia una legge logica indica che, *per qualsiasi enunciato* (semplice), *non si dà il caso che valgano l'enunciato stesso e la sua negazione.*

Il *principio del terzo escluso* può formularsi così:

(3) $P \vee \neg P$,

ovvero, *per qualsiasi enunciato* (semplice), *valgono o l'enunciato stesso o la sua negazione.*

Le tre leggi sono state finora espresse usando una singola variabile enunciativa, e quindi riferite in particolare a enunciati semplici. Ma è chiaro che possono considerarsi allo stesso modo «leggi logiche» anche formule più complesse, della stessa *forma logica* di quelle ora esaminate. Ad esempio, la formula:

$(P \wedge Q \to R) \to (P \wedge Q \to R)$

può essere vista come un caso del principio di identità, nel senso che è un condizionale il cui conseguente è identico all'antecedente. Ugualmente:

$(P \leftrightarrow Q) \vee \neg(P \leftrightarrow Q)$

è considerabile come un caso del principio del terzo escluso, essendo la disgiunzione di una formula e della sua negazione. Generalizzando, e usando le nostre metavariabili per formule, possiamo intendere i tre principi nel senso che, data una qualunque formula α,

(1a) $\alpha \to \alpha$
(2a) $\neg(\alpha \wedge \neg \alpha)$
(3a) $\alpha \vee \neg \alpha$

sono leggi logiche. Si noti: espressioni come queste, ossia contenenti metavariabili, a rigore *non* sono formule *del* nostro linguaggio enunciativo (visto che come sappiamo le metavariabili non sono formule). Sono piuttosto schemi di formule, che diventano formule quando alle metavariabili si sostituiscano formule vere e proprie del linguaggio. Quindi, quando si afferma che (1a)-(3a) sono leggi logiche, questo andrebbe considerato come un'abbreviazione per dire: formule *di questa forma*, ossia *fatte così e così*, sono leggi logiche.

Ma cosa vuol dire che formule cosiffatte sono principi o leggi logiche? E, in generale, data una formula qualunque del nostro linguaggio enunciativo, come facciamo a *stabilire* se è una legge logica? Per rispondere a queste domande torna ancora utile lo strumento delle tavole di verità. Abbiamo infatti più volte osservato che il valore di verità di una formula composta vero-funzionalmente può essere determinato a partire dal valore di verità dei suoi componenti. Ciò vuol dire che, assegnando alle variabili enunciative di una formula uno dei due valori di verità, potremo sempre calcolare il valore corrispondente assunto dall'intera formula, con una procedura analoga a quella usata per valutare la correttezza degli schemi d'argomento nel paragrafo precedente.

Consideriamo ad esempio la formula già vista al paragrafo 1.4.4:

$$\neg((P \vee Q) \leftrightarrow (\neg P \wedge \neg Q))$$

e supponiamo di assegnare a *P* il valore V e a *Q* il valore F. Possiamo riportare questi valori in una tavola, sotto le corrispondenti variabili enunciative, così:

P	Q	¬ ((P ∨ Q) ↔ (¬ P ∧ ¬ Q))
V	F	V F V F

Per determinare il valore di verità della formula tutta intera per quest'assegnazione di valori alle sue variabili enunciative, si procede partendo dai connettivi più *subordinati*, ossia con il campo più piccolo. Calcoliamo, mediante l'usuale matrice di ∨, il valore di verità della disgiunzione $P \vee Q$ che compare nella formula, e mediante la matrice della negazione, il valore di verità di $\neg P$ e quello di $\neg Q$. Scriveremo questi valori sotto i corrispondenti connettivi:

1. Connettivi logici e tavole di verità

P	Q	$\neg((P \vee Q) \leftrightarrow (\neg P \wedge \neg Q))$
V	F	V **V** F F V **V** F

Come sappiamo, infatti, una disgiunzione con almeno un disgiunto vero è vera, dunque in questo caso (ossia appunto, con $P = V$ e $Q = F$) la formula $P \vee Q$ è *vera*. Inoltre, la negazione inverte sempre il valore di verità, quindi in questo caso la formula $\neg P$ è *falsa* e la formula $\neg Q$ è *vera*. Possiamo poi calcolare il valore della congiunzione $\neg P \wedge \neg Q$, mediante la matrice di $\wedge$. La congiunzione sarà *falsa*, visto che una congiunzione è vera solo se ambo i congiunti sono veri, mentre in questo caso uno dei due (ossia la formula $\neg P$) è falso:

P	Q	$\neg((P \vee Q) \leftrightarrow (\neg P \wedge \neg Q))$
V	F	V V F F V F V F

Sappiamo poi che un bicondizionale è vero se e solo se i suoi componenti hanno lo stesso valore di verità. Ma in questo caso, i due componenti del bicondizionale $(P \vee Q) \leftrightarrow (\neg P \wedge \neg Q)$ hanno valori di verità diversi (la disgiunzione che costituisce il suo lato sinistro è vera; la congiunzione che costituisce il suo lato destro è falsa). Quindi, nel complesso il bicondizionale è *falso*:

P	Q	$\neg((P \vee Q) \leftrightarrow (\neg P \wedge \neg Q))$
V	F	V V F **F** F V F V F

Arriviamo infine al connettivo *principale* che, essendo la negazione iniziale, rovescia il valore di verità del bicondizionale e dà come esito una formula *vera*:

P	Q	$\neg((P \vee Q) \leftrightarrow (\neg P \wedge \neg Q))$
V	F	**V** V V F F F V F V F

Sotto ciascun connettivo compare il valore assunto, per questa assegnazione, dalla sottoformula che costituisce il suo campo o ambito. Il valore assunto dalla formula nella sua interezza, in questo caso, è per l'appunto V, e compare sotto il connettivo principale.

Con la stessa procedura potremo stabilire il valore di verità assunto da una formula composta per *tutte* le possibili combinazioni di valori di verità assegnati alle variabili enunciative che la compongono. Ebbene, sulla base delle tavole tutte le formule del nostro linguaggio enunciativo possono essere raggruppate sotto tre casi distinti.

(a) Una qualsiasi formula, infatti, potrebbe assumere il valore V per *qualunque* valore di verità assegnato alle sue variabili enunciative: in questo caso diremo che è *tautologica*, o che è una *tautologia*. Ora, com'è facile verificare, le «leggi del pensiero» considerate sopra sono appunto tautologie, secondo questa definizione. A titolo d'esempio, osserviamo la tavola di verità dispiegata per il principio di non contraddizione nella formulazione (2):

P	$\neg\,(P \wedge \neg P)$
V	**V** V F F V
F	**V** F F V F

Questa tavola ha solo due righe sotto quella iniziale, perché la formula ha una sola variabile enunciativa, quindi le possibili combinazioni di assegnazioni di valori di verità sono solo due: $P = V$, $P = F$. Come si vede sotto il connettivo principale, ossia la negazione iniziale, la formula rimane vera qualunque sia il valore assegnato a P. Si può facilmente constatare che ciò accade anche per le formulazioni sopra presentate dei principi di identità e terzo escluso. Ma accade anche per molte altre formule. Ad esempio, sono tautologie le seguenti:

(4) $(P \vee Q) \wedge \neg P \to Q$
(5) $(P \to Q) \wedge P \to Q$.

A mostrarlo sono le rispettive tavole di verità. A titolo d'esempio, vediamo passo per passo la procedura per costruire la tavola di verità di (4). Si inizia sempre ricopiando i valori di verità dalle colonne guida, sotto le variabili enunciative:

1. Connettivi logici e tavole di verità

P	Q	(P ∨ Q)	∧	¬ P	→	Q
V	V	V	V		V	V
V	F	V	F		V	F
F	V	F	V		F	V
F	F	F	F		F	F

Quindi si comincia a calcolare, partendo sempre dai connettivi più subordinati per passare poi a quelli subordinanti. Nel caso, calcoliamo il valore della disgiunzione iniziale, ossia della sottoformula $P \vee Q$, e quello della negazione $\neg P$, e li scriviamo sotto i connettivi corrispondenti:

P	Q	(P ∨ Q)	∧ ¬ P	→	Q
V	V	V **V** V	**F** V	V	V
V	F	V **V** F	**F** V	V	F
F	V	F **V** V	**V** F	V	V
F	F	F **F** F	**V** F	V	F

Al solito, la disgiunzione è falsa solo nell'ultima riga, ossia nel caso in cui ambo i suoi disgiunti sono falsi, e vera negli altri casi. E la negazione $\neg P$ è vera nei casi in cui è P falsa, e viceversa. Ora che disponiamo dei valori di verità dei congiunti, possiamo anche calcolare i valori della congiunzione $(P \vee Q) \wedge \neg P$:

P	Q	(P ∨ Q)	∧ ¬ P	→	Q
V	V	V V **F** F V		V	V
V	F	V V F **F** F V		V	F
F	V	F V V **V** V F		V	V
F	F	F F F **F** V F		V	F

Al solito, la congiunzione è vera solo se ambo i congiunti sono veri (il che corrisponde alla terza riga), falsa altrimenti. Per finire, calcoliamo i valori assunti dalla formula tutta intera, che scriviamo sotto il suo connettivo principale, ossia il condizionale. Si nota che non vi è neppure una riga in cui l'antecedente della formula, ossia la sottoformula $(P \vee Q) \wedge \neg P$, è vero, mentre il conseguente è falso. Allora, il condizionale in cui consiste la formula è *sempre* vero:

P	Q	$(P \vee Q) \wedge \neg P \to Q$
V	V	V V V F F V **V V**
V	F	V V F F F V **V F**
F	V	F V V V V F **V V**
F	F	F F F F V F **V F**

Dunque, la formula (4) è in definitiva una tautologia. Per la formula (5), vediamo solo la tavola già completamente costruita:

P	Q	$(P \to Q) \wedge P \to Q$
V	V	V V V V V **V V**
V	F	V F F F V **V F**
F	V	F V V F F **V V**
F	F	F V F F F **V F**

Le tautologie vengono anche chiamate *leggi logico-enunciative*; e ora si capisce perché, a proposito di esse, si parla di «leggi». Le tautologie sono infatti formule vere a prescindere dal valore di verità assegnato alle loro variabili enunciative, e semplicemente in virtù della loro *struttura* o *forma logica*. E così, tutti gli enunciati ottenibili sostituendo alle loro variabili enunciative enunciati ordinari, sono veri in tutte le situazioni possibili o, usando una metafora che si rifà a Leibniz, in *tutti i mondi possibili*. Ad esempio: qualunque sia l'enunciato sostituito a P (dunque, anche nel caso in cui si tratti di un enunciato *falso*, ad esempio «Socrate è un cavallo»), resta pur sempre vero che o Socrate è un cavallo, o Socrate non è un cavallo: $P \vee \neg P$; e che se Socrate è un cavallo, allora Socrate è un cavallo: $P \to P$.

1. Connettivi logici e tavole di verità

Per contro, Wittgenstein nel *Tractatus* ha sostenuto che, proprio perché sono *incondizionatamente* vere, ossia vere sotto qualsiasi condizione o comunque stiano le cose, le tautologie non ci forniscono alcuna notizia sulla realtà. Se dico «Piove», dico qualcosa di informativo su come le cose stanno qualora la mia affermazione sia vera. Ma se dico «O piove o non piove», non vi ho fornito alcuna notizia utile sul tempo.

(b) Può anche accadere che una formula assuma, al contrario, il valore F per qualunque valore di verità assegnato alle sue variabili enunciative. In questo caso, si dice che è *incoerente* o che è un'*incoerenza* (spesso si dice anche che è *contraddittoria*, o che è una *contraddizione*, in un senso dunque più ampio di quello da noi definito sopra, di congiunzione di cui un congiunto è la negazione dell'altro). Ad esempio, il seguente bicondizionale:

$$\neg(P \to Q) \leftrightarrow \neg P \vee Q$$

è un'incoerenza, come si vede dalla sua tavola dispiegata:

P	Q	$\neg (P \to Q) \leftrightarrow \neg P \vee Q$
V	V	F V V V **F** F V V V
V	F	V V F F **F** F V F F
F	V	F F V V **F** V F V V
F	F	F F V F **F** V F V F

In particolare, è evidente che una «contraddizione» (nel senso stretto di una formula come: $P \wedge \neg P$) è *sempre falsa*:

P	$P \wedge \neg P$
V	V **F** F V
F	F **F** V F

E in generale, è chiaro che la negazione di un'incoerenza è sempre una tautologia, e viceversa la negazione di una tautologia è sempre un'incoerenza.

(c) Infine, può darsi che una formula, per almeno un'assegnazione di valori di verità, assuma il valore V, e per almeno un'altra assegnazione assuma il valore F. In questo caso si dice che è *contingente* o che è una *contingenza*.

Osserviamo dunque che tutte le formule del nostro linguaggio enunciativo, essendo sempre composti vero-funzionali formati a partire da variabili enunciative, appartengono a uno e a uno solo dei tre gruppi (a)-(c). E come, dato un qualunque ragionamento la cui forma logica fosse adeguatamente esprimibile nel linguaggio enunciativo, potevamo accertare in modo del tutto meccanico se fosse corretto o scorretto mediante le tavole di verità; così, applicando lo stesso metodo, data una qualunque formula di tale linguaggio possiamo accertare meccanicamente a quale dei tre gruppi appartenga. Soprattutto, possiamo verificare se appartenga al primo dei tre o meno, ossia se sia o no tautologica. Noi disponiamo dunque di un procedimento effettivo che ci consente di decidere se una qualunque formula è una legge logica o meno. Come anche si dice in logica, la questione di stabilire le leggi logico-enunciative è *decidibile*: è cioè risolvibile effettivamente in un numero finito di passi. Le tavole di verità sono perciò un potente strumento, mediante cui la logica può assolvere ai due compiti (1) di controllare la correttezza dei nostri ragionamenti, e (2) di stabilire le leggi logiche.

Le tavole patiscono però un limite, dovuto al tipo di procedura algoritmica in cui consistono. Infatti, il numero di possibili combinazioni di valori di verità delle variabili enunciative che compaiono in una formula, o in un ragionamento, cresce esponenzialmente al crescere del numero delle variabili enunciative stesse. Se una formula o un argomento hanno solo una variabile (sia P), allora le possibilità sono solo due: $P = V$, $P = F$. Ma se le variabili sono due, come abbiamo visto, le possibilità sono quattro: (1) $P = V$ e $Q = V$, (2) $P = V$ e $Q = F$, (3) $P = F$ e $Q = V$, (4) $P = F$ e $Q = F$. Ci siamo limitati a tavole con al massimo due variabili enunciative, ma una formula o un argomento con tre variabili distinte P, Q, R richiederanno una tavola con otto righe sotto quella iniziale. Ad esempio, la tavola di verità per la formula:

$P \rightarrow P \vee (Q \wedge R)$,

che è una tautologia, è:

1. Connettivi logici e tavole di verità

P	Q	R	P → P ∨ (Q ∧ R)
V	V	V	V **V** V V V V V
V	V	F	V **V** V V V F F
V	F	V	V **V** V V F F V
V	F	F	V **V** V V F F F
F	V	V	F **V** F V V V V
F	V	F	F **V** F F V F F
F	F	V	F **V** F F F F V
F	F	F	F **V** F F F F F

Con quattro variabili avremo sedici combinazioni, etc. In generale, date n variabili enunciative vi sono 2^n combinazioni di assegnazioni possibili. Un calcolo effettuato con le tavole di verità diventa dunque rapidamente assai laborioso, man mano che aumenta il numero di variabili e quindi di combinazioni da considerare. Tuttavia, la procedura conserva sempre il suo carattere effettivo, del tutto meccanico.

1.5.3. *La forma condizionale corrispondente*

Come il lettore più attento avrà notato, vi è una stretta correlazione fra schemi di *ragionamento* validi e *formule* tautologiche. Consideriamo ad esempio le due seguenti versioni del cosiddetto argomento ontologico per l'esistenza di Dio:

(1) Se si dà il caso che se Dio è possibile allora Dio esiste, e Dio è possibile, allora Dio esiste

(2) Se Dio è possibile, Dio esiste; ma Dio è possibile; quindi esiste.

(1) è un *enunciato* composto; è cioè una configurazione linguistica di cui, come sappiamo, possiamo chiederci se è *vera* o *falsa*. Se poniamo P = «Dio è possibile», e Q = «Dio esiste», possiamo formalizzarla così:

(1a) $(P \to Q) \wedge P \to Q$.

Di questa formula abbiamo già visto nel paragrafo precedente (in quel contesto, era la formula n. 5) la tavola di verità, che ci ha mostrato come si tratti di una tautologia. In (2) invece abbiamo un *argomento*, ossia qualcosa di cui ci si deve chiedere non se è vero o falso, ma se è *corretto* o *scorretto*. Possiamo formalizzarlo così:

(2a) $P \to Q, P \,/\, Q$.

La seguente tavola di verità ci mostra che (2a) è uno (schema di) argomento corretto, ossia, come oramai ben sappiamo, rispetto a cui non si dà mai il caso che tutte le premesse siano vere e la conclusione falsa (o ancora, in cui la conclusione è conseguenza logica delle premesse):

P	Q	$P \to Q$	P	/	Q
V	V	V	V		V
V	F	F	V		F
F	V	V	F		V
F	F	V	F		F

Ora, questa tavola di verità è manifestamente analoga a quella di (1a), presentata al paragrafo 1.5.2, il che ci dice che fra la formula (1a) e lo schema d'argomento (2a) vi è un'evidente relazione. Come (1a) è una formula *tautologica* in base alla nostra definizione di tautologia, perché in tutti i casi in cui il suo antecedente (ossia la congiunzione di $P \to Q$ e P) è vero, lo è il conseguente Q; così (2a) è uno schema d'argomento corretto in base alla nostra definizione di correttezza, perché in tutti i casi in cui tutte le sue premesse (ossia, $P \to Q$ e P) sono vere, lo è anche la sua conclusione Q.

Possiamo generalizzare queste considerazioni. Dato un qualunque schema d'argomento della forma generale:

$\alpha_1, ..., \alpha_n \,/\, \beta$,

definiamo la sua *forma condizionale corrispondente* come la formula della forma:

$\alpha_1 \wedge ... \wedge \alpha_n \to \beta$.

1. Connettivi logici e tavole di verità

La forma condizionale corrispondente è cioè quel condizionale, che ha per antecedente la congiunzione delle premesse $\alpha_1, ..., \alpha_n$ dell'argomento dato, e per conseguente la conclusione β. Si vede facilmente che non solo per l'esempio fornito sopra, ma per *qualunque* schema vale che *esso è corretto, se e solo se la sua forma condizionale corrispondente è una tautologia*. Infatti, uno schema è corretto se e solo se non si dà mai il caso che le premesse $\alpha_1, ..., \alpha_n$ siano tutte vere e la conclusione β falsa. Ma ciò vuol dire, quanto alla sua forma condizionale corrispondente, che in tutti i casi in cui l'antecedente di questa è vero, lo è anche il suo conseguente. Infatti l'antecedente, essendo la *congiunzione* $\alpha_1 \wedge ... \wedge \alpha_n$, è vero precisamente nei casi in cui tutte le premesse dello schema d'argomento corrispondente sono vere. Quindi, in base alla definizione del connettivo del condizionale, la forma condizionale corrispondente è sempre vera (non si dà mai il caso che l'antecedente sia vero e il conseguente falso): ossia, essa è una tautologia.

Esercizi

1. Distingui tra i seguenti enunciati quelli semplici da quelli composti. Analizza gli enunciati composti fino a giungere agli enunciati semplici.

   a) Il cielo è blu.
   b) La pioggia è bagnata.
   c) È falso che piove.
   d) Piove ma non fa freddo, se ti copri bene.
   e) Non esiste cattivo tempo, ma cattivo equipaggiamento.
   f) Tutti gli uomini sono mortali.
   g) So che il colpevole sei tu.
   h) È possibile che l'esame sia andato bene.
   i) Yuri è di razza asiatica.
   j) Yuri è di razza europea.
   k) Noi ci troviamo più o meno a metà strada fra voi e loro.

2. Distingui nei seguenti casi tra enunciati per cui vale il principio di vero-funzionalità e enunciati per cui non vale.

   a) È possibile che piova.

b) O ci sei o ci fai.
c) Roma non è la capitale d'Italia.
d) Non so se Roma è la capitale d'Italia.
e) È necessario che Roma sia la capitale d'Italia.
f) Voglio che tu sia mia.
g) I cinesi producono molto riso e i cinesi sono molto numerosi.

3. Quali tra le seguenti sono formule ben formate del nostro linguaggio enunciativo? Se lo sono, in base a quali delle regole di formazione lo sono?
   a) $(\land P Q)$
   b) $P\neg\neg$
   c) $P \pm P$
   d) $\neg\neg\neg\neg\neg\neg P$
   e) $((P \to Q) \to (Q \to P))$
   f) $\neg\neg\neg\neg\neg\neg P \neg \to Q$
   g) $((P \land Q) \to P)$
   h) $((P \to Q) \land P) \to ((Q \to R) \lor P)$

4. Nelle seguenti formule, indica quale sia il campo di ciascun connettivo. Nel caso che un connettivo compaia più di una volta, specifica a quale occorrenza ti riferisci.
   a) $((P \land \neg Q) \to \neg (\neg P \land \neg Q))$
   b) $((P \lor Q) \to Q)$
   c) $(P \lor (Q \to Q))$
   d) $((P \land \neg Q) \to \neg (P \to Q))$
   e) $(((P \to Q) \land P) \to P)$
   f) $((P \to (Q \land P)) \to P)$

5. Modifica le formule dell'esercizio precedente secondo le convenzioni adottate per eliminare le parentesi.

6. Come si può tradurre il condizionale $P \to Q$ in una formula equivalente, utilizzando solo i connettivi di congiunzione e negazione? E utilizzando solo disgiunzione e negazione? Cosa possiamo concludere dal fatto che queste traduzioni sono fattibili? (Si ricordi la discussione sulla «ridondanza» del bicondizionale).

7. Una disgiunzione esclusiva è vera se e solo se è vero l'uno o l'altro dei disgiunti, ma non entrambi. La sua tavola di verità, dunque, è (usando qui «$\underline{\lor}$» per esprimere la disgiunzione esclusiva):

1. Connettivi logici e tavole di verità

P	Q	P $\underline{\vee}$ Q
V	V	F
V	F	V
F	V	V
F	F	F

Come si potrebbe esprimere una formula del tipo: $F \underline{\vee} Q$, ossia appunto, «P o Q, ma non entrambi», usando solo i connettivi di congiunzione, negazione e disgiunzione (inclusiva)?

8. Traduci nel linguaggio enunciativo i seguenti ragionamenti, usando le variabili suggerite per gli enunciati semplici. Quindi, controlla la correttezza dei ragionamenti così tradotti con il metodo delle tavole di verità.

a) Se son rose fioriranno; ma sono begonie; dunque non fioriranno (Sono rose = P, Fioriranno = Q, Sono begonie = R).

b) Se Pino ha studiato, Pino ha passato l'esame di logica; ma Pino ha passato l'esame di logica; dunque Pino ha studiato (Pino ha studiato = P, Pino ha passato l'esame di logica = Q).

c) Se studio, passerò l'esame di logica; ma io studio; dunque passerò l'esame di logica (Studio = P, Passerò l'esame di logica = Q).

d) Se hai il permesso di soggiorno o hai un lavoro, allora puoi restare in Italia; ma non hai il permesso di soggiorno; dunque non puoi restare in Italia (Hai il permesso di soggiorno = P, Hai un lavoro = Q, Puoi restare in Italia = R).

9. Con il metodo delle tavole di verità, stabilisci per le seguenti formule se sono tautologie, incoerenze o contingenze.

a) $P \to P$
b) $\neg (P \to P)$
c) $(\neg P \to P) \to P$
d) $\neg \neg P \to P$
e) $P \to \neg \neg P$
f) $(\neg P \vee \neg Q) \to (P \to \neg Q)$
g) $(P \wedge Q) \to (P \to Q)$
h) $(P \vee Q) \to (P \to Q)$

10. Con le tavole di verità, accerta che i seguenti bicondizionali, detti *leggi di De Morgan* perché dovuti al matematico Augustus De Morgan, sono tautologie.

a) $P \wedge Q \leftrightarrow \neg(\neg P \vee \neg Q)$
b) $P \vee Q \leftrightarrow \neg(\neg P \wedge \neg Q)$

Le leggi di De Morgan mostrano che, nella logica classica, a) è possibile esprimere la congiunzione utilizzando disgiunzione e negazione, e b) è possibile esprimere la disgiunzione utilizzando congiunzione e negazione.

2.
Predicazione e quantificazione

> La scoperta della quantificazione [...] di Frege è da sola il più profondo miglioramento tecnico che si sia mai avuto in logica.
>
> *Michael Dummett*

2.1. *Dal linguaggio enunciativo a quello predicativo*

Consideriamo ancora una volta il nostro funebre argomento paradigmatico:

(P1) Tutti gli uomini sono mortali;
(P2) Socrate è un uomo;
       quindi,
(C)   Socrate è mortale.

Si è detto che, intuitivamente, appare senz'altro un ragionamento valido. Tuttavia, se tentiamo di tradurlo nel linguaggio enunciativo del capitolo precedente, non potremo che rendere ciascuna delle due premesse (P1) e (P2), e la conclusione (C), con singole variabili enunciative: dal punto di vista dei cinque connettivi logici introdotti sopra, infatti, esse *non* sono composti vero-funzionali. Il massimo che potremo ottenere sarà, cioè, qualcosa come:

P, *Q* / *R*.

Ma questo, in base al calcolo mediante tavole di verità, non è uno schema di ragionamento corretto (basta considerare l'assegnazione: $P = V$, $Q = V$ e $R = F$; questa rende per l'appunto vere ambo le premesse, e falsa la conclusione). Ciò dipende dal fatto, già anticipato alla fine dell'introduzione, che negli argomenti di questo tipo la correttezza dell'inferenza non dipende soltanto da quel genere di «parole logiche» in cui consistono i connettivi enunciativi, come il condizionale o la congiunzione; dipende invece soprattutto da altre parole logiche (fra cui, come vedremo, spiccano «tutti...» e «qualche...»); e inoltre dalla *struttura interna* degli enunciati semplici, dai nessi fra i termini che vi compaiono in posizione di soggetto e di predicato. Ora, il linguaggio introdotto nel capitolo precedente è in grado di evidenziare soltanto la connessione logica *fra* enunciati, mentre traduce gli enunciati semplici come singole lettere (le variabili: P, Q, ...), senza analizzarli ulteriormente. Di conseguenza esso non è in grado di esprimere in modo soddisfacente la forma logica di un'ampia classe di ragionamenti ordinari.

Occorre dunque un linguaggio di tipo diverso, in grado di esibire la struttura interna degli enunciati, e alla sua presentazione sarà dedicato questo capitolo. I linguaggi di questo genere, detti *predicativi* o *elementari*, pur essendo relativamente semplici possiedono cospicue capacità espressive (anche se, per ragioni su cui diremo qualcosa verso la fine del capitolo 3, non vi si possono dire cose come: «Gigi ha qualità che a Piero mancano»). Perciò, è soprattutto su di essi che si è concentrata l'attenzione dei logici: vi si può infatti formalizzare l'aritmetica e, secondo autorevoli filosofi come Willard V.O. Quine, essi dovrebbero bastare per *tutti* gli scopi scientifici.

2.2. Enunciati singolari

2.2.1. Chi predica bene, razzola bene

Cominciamo a introdurre in modo informale e intuitivo i simboli del linguaggio predicativo. Partiamo dal modo in cui abbiamo semi-formalizzato i ragionamenti del tipo di cui sopra nell'introduzione:

(P1) *Tutto* ciò che ha F, ha G;
(P2) m ha F;
quindi,

2. Predicazione e quantificazione

(C)   *m* ha G.

Consideriamo anzitutto (P2) e (C): entrambe affermano che un certo *individuo m*, che è il significato del *soggetto* dell'enunciato corrispondente (ad esempio: Socrate), gode di una certa *proprietà* F o G, che è il significato del *predicato* dell'enunciato corrispondente (ad esempio: la proprietà di essere un uomo, o quella di essere mortale). Il nostro linguaggio, dunque, dovrà contenere anzitutto simboli che fungano da *nomi* per *individui*. A questo scopo, conveniamo di usare lettere *minuscole corsive*: *m*, *n*, *o*, ... Esse saranno dette *nomi propri*, o *costanti individuali* (appunto in quanto significano individui), o anche, per le ragioni che vedremo nel paragrafo successivo, *nomi atomici*.

Occorreranno anche simboli che fungano da *predicati*. Useremo lettere *maiuscole corsive*: *F, G, H,* ... Queste saranno dette *lettere di predicazione*, o *costanti predicative* (talvolta le si chiama semplicemente *predicati*). Conveniamo poi, per dire cose come «L'individuo *m* ha la proprietà *F*», di scrivere prima la lettera di predicazione e poi, fra parentesi, il nome proprio:

F(*m*)

(talvolta nei testi di logica si omettono le parentesi, e si scrive solo: *Fm*). Possiamo così rappresentare tutti gli enunciati semplici (ossia tali che non contengono altri enunciati come loro sottoparti) in cui si attribuisce una proprietà a un certo individuo chiamandolo per nome; ad esempio: «Socrate è mortale», «Eva è bionda», «Venezia è incantevole», etc.

Nel nostro linguaggio ordinario vi sono però anche enunciati semplici, in cui non si attribuisce una *proprietà* a un singolo oggetto o individuo, ma si afferma piuttosto una *relazione* fra due, tre o più individui. Ad esempio:

(1)   Ingrid Bergman *è la madre di* Isabella Rossellini
(2)   237 *è divisibile per* 3
(3)   Milano *è a metà strada fra* il polo nord *e* l'equatore.

Qui (1) e (2) dicono che fra due individui (Ingrid Bergman e Isabella Rossellini, il numero 237 e il numero 3) sussiste appunto una certa *relazione binaria* o a due posti (quella espressa, rispettivamente, da: «... è la madre di...»; «... è divisibile per...»). E (3) dice che fra tre individui (Milano, il polo nord e l'equatore) sussiste una certa *relazione ternaria* o a tre posti (quella espressa da «... è a metà strada fra... e...»). La nostra nuova notazione ci consente di tradurre anche questi enunciati. Conveniamo che le lettere di predicazione o costanti predicative possano esprimere non solo proprietà, ma anche relazioni binarie, ternarie, etc. Per tradurre quindi enunciati relazionali come (1)-(3), stabiliamo di scrivere sempre la lettera di predicazione, seguita dalla coppia o tripla di nomi, che designano gli individui fra cui la relazione sussiste, segnata fra parentesi e intervallata da virgole. Ad esempio, usando i nomi propri *b* e *r* per significare, rispettivamente, Ingrid Bergman e Isabella Rossellini, e la lettera di predicazione a due posti *M* per significare la relazione ... *è la madre di...*, (1) diviene:

$M(b, r)$

(anche qui, si badi che nei testi di logica a volte si omettono parentesi e virgole, scrivendo solo: *Mbr*). Usando *m* per Milano, *p* per il polo nord, *e* per l'equatore, *S* per la relazione ... *è a metà strada fra... e...*, (3) diviene:

$S(m, p, e)$.

Intuitivamente, in generale potremo tradurre tutti gli enunciati in cui si afferma che fra certi individui i_1, ..., i_n sussiste una qualsiasi relazione *n*-aria, ossia a *n* posti, *R*, come formule della forma:

$R(i_1, ..., i_n)$.

Si badi che gli individui in relazione costituiscono una coppia, o tripla, o in generale una *n*-pla, *ordinata*, cioè che *l'ordine di successione ha rilevanza* (sul concetto di *n*-pla ordinata torneremo nel capitolo 4). Di conseguenza, $M(b, r)$ non è lo stesso che $M(r, b)$; «Ingrid Bergman è la madre di Isabella Rossellini» non dice la stessa cosa di «Isabella Rossellini è la madre di Ingrid Bergman»: il primo è un enunciato vero, mentre il secondo è falso.

Ora che disponiamo di un metodo per evidenziare il nesso soggetto-predicato nelle espressioni che traducono i singoli enunciati

2. Predicazione e quantificazione

semplici, aggiungiamo che queste possono essere *combinate mediante i connettivi logici* introdotti al capitolo 1, esattamente secondo le medesime regole colà illustrate. Ad esempio, possiamo tradurre l'enunciato «*Se* Socrate è un uomo, *allora* Socrate è mortale» (usando qui U per la proprietà di essere un uomo, M per quella di essere mortale, e s per Socrate), adoperando il connettivo del condizionale materiale a noi noto:

$$U(s) \to M(s).$$

Oppure, possiamo tradurre l'enunciato «Socrate non è mortale» mediante l'usuale connettivo della negazione:

$$\neg M(s).$$

O ancora, possiamo formare la disgiunzione di (1) e (3) («*O* Ingrid Bergman è la madre di Isabella Rossellini, *oppure* Milano è a metà strada fra il polo nord e l'equatore»), riutilizzando le lettere introdotte sopra:

$$M(b, r) \lor S(m, p, e).$$

2.2.2. Descrizioni definite ed espressioni funtoriali

Nel nostro linguaggio ordinario, gli individui sono designati non solo da nomi propri (ad es. «Socrate», «Milano», etc.), ma anche dalle cosiddette *descrizioni definite*. Si tratta di espressioni che iniziano di norma con l'articolo determinativo, come ad esempio:

(1) Il quadrato di due
(2) La madre di Isabella Rossellini
(3) L'autostrada che collega Milano e Venezia,

che designano, rispettivamente, il numero 4, Ingrid Bergman e l'autostrada Serenissima. Espressioni come (1)-(3) si chiamano «descrizioni» perché con esse si intende riferirsi a un individuo senza chiamarlo col suo nome proprio, ma descrivendolo mediante certe sue proprietà o caratteristiche: ad esempio, la (1) designa il numero 4 descrivendolo come il numero che si ottiene elevando 2 al quadrato.

Inoltre, sono «definite» nel senso che con esse si intende riferirsi a *uno e un solo* individuo (quello, come si usa dire, che *soddisfa* la descrizione): ad esempio, siccome ciascuno ha una sola madre, la condizione di essere la madre di Isabella Rossellini è soddisfatta da un unico individuo, ossia Ingrid Bergman. In tal senso, le descrizioni definite si distinguono da espressioni come «uno dei capoluoghi della Lombardia», che invece identifica non una sola ma più città.

Per inciso, si noti come nel nostro linguaggio ordinario le descrizioni definite possano (magari, nonostante le intenzioni di chi le usa) non riferirsi esattamente a un individuo, bensì a più di uno, o a nessuno. Ad esempio, se si costruisse un'altra autostrada che collega Milano a Venezia, allora la descrizione (3) non sarebbe (più) soddisfatta da un solo oggetto; e poiché attualmente la Francia è una repubblica, allora non esiste alcun individuo che soddisfi la descrizione:

(4)   L'attuale re di Francia.

Espressioni come (4) hanno generato problemi molto importanti in filosofia del linguaggio (ad esempio, quello di come stabilire l'autentica forma logica e le condizioni di verità di enunciati che le contengono) e in metafisica (ad esempio il problema, connesso ai precedenti, se abbia senso ammettere che (4) si riferisce a un ente *possibile*, ancorché non attualmente esistente); ma noi qui non ce ne occuperemo.

Ebbene, le descrizioni definite potrebbero essere considerate anch'esse come *nomi*, nel senso lato di espressioni che significano individui. Sono però nomi di tipo diverso da quelli visti al paragrafo precedente, che abbiamo chiamato *atomici* a intendere che non sono ulteriormente scomponibili. Infatti, le descrizioni contengono come loro parti o costituenti dei «nomi» in quel senso. Ad esempio, la (1) contiene come suo costituente il nome proprio «due» e la (2) contiene come suo costituente il nome proprio «Isabella Rossellini». In logica, si conviene spesso di rendere le descrizioni definite adoperando certi simboli che significano *funzioni*, e sono quindi detti *espressioni funtoriali*, o *costanti funtoriali*, o semplicemente *funtori*.

Per capire cosa qui si intenda, consideriamo l'esempio noto della matematica. In matematica una funzione è semplicemente un modo per far corrispondere a uno o più numeri (detti *argomenti*) un certo altro numero (detto *valore* assunto dalla funzione per quegli ar-

2. Predicazione e quantificazione

gomenti). Qualcosa del genere vale per le descrizioni definite. Infatti, in generale le descrizioni definite sono pensate come significanti *l'individuo, assunto come valore da una certa funzione n-aria, per una certa n-pla ordinata di argomenti individuali.* Qui si tratta dunque non di funzioni numeriche, ossia che associano solo numeri a numeri; bensì di «funzioni» in un senso generale, ossia intese come una operazione astratta, che associa un certo individuo a una n-pla di individui. Ad esempio, usando come sinonimi «operazione» e «funzione», possiamo pensare la descrizione (2) come esprimente l'individuo (Ingrid Bergman) che si ottiene applicando una certa *operazione unaria o monadica* (quella che associa a ogni individuo sua madre) a un certo individuo (Isabella Rossellini).

Indichiamo ancora con lettere minuscole corsive la parte della locuzione che esprime la funzione, e che chiameremo appunto funtore o costante funtoriale, e la facciamo seguire dai nomi degli argomenti, ancora racchiusi fra parentesi e intervallati da virgole. Sia dunque la lettera m il funtore che esprime la funzione *la madre di...*, e, ancora, la lettera r il nome proprio per Isabella Rossellini. Scriveremo allora la descrizione definita (2) come:

$m(r)$.

Analogamente, possiamo pensare (3) come esprimente l'individuo (l'autostrada Serenissima) che si ottiene applicando un'operazione *binaria* (quella che associa a due luoghi l'autostrada che li collega) a una coppia di individui (le città di Milano e Venezia). In altri termini, se la lettera k è il funtore a due posti che esprime la funzione *l'autostrada che collega... e...*, e le lettere m e v sono i nomi propri dei due argomenti (Milano e Venezia), scriveremo la descrizione definita (3) come:

$k(m, v)$.

Queste espressioni sono appunto un tipo di *nomi*, ossia espressioni che designano individui, ancorché diverse dai nomi atomici o propri. Intuitivamente, in generale un «nome», in questo senso ampio, avrà la forma:

$f(s_1, ..., s_n)$,

dove f è un funtore n-ario, e s_1, ..., s_n sono a loro volta nomi. Questi potranno essere nomi atomici, o anch'essi costruiti adoperando costanti funtoriali. Così, potremo tradurre descrizioni che contengono altre descrizioni «annidate» al loro interno, come:

(5) Il marito della madre di Isabella Rossellini
(6) L'avversario del vincitore della partita fra Inter e Real Madrid.

Usando il funtore h per l'operazione unaria *il marito di...*, tradurremo (5) come:

$h(m(r))$,

e usando il funtore a per l'operazione unaria *l'avversario di...*, il funtore w per l'operazione unaria *il vincitore di...*, il funtore p per l'operazione binaria *la partita fra... e ...*, e i nomi propri i e m per Inter e Real Madrid, tradurremo (6) come:

$a(w(p(i, m)))$.

2.3. Parliamo in generale

Finora abbiamo imparato a tradurre nel linguaggio predicativo solo gli enunciati che nella nostra introduzione avevamo chiamato *singolari*; ossia, quegli enunciati che hanno per significato del soggetto grammaticale singoli individui: «Socrate è un uomo», «Furia è un perissodattilo», «Milano è a metà strada fra il polo nord e l'equatore», etc. Questo ci consente di simbolizzare la seconda premessa (P2) del nostro ragionamento esemplare (appunto: «Socrate è un uomo»), e la conclusione (C) («Socrate è mortale»). Ma come tradurre la prima premessa (P1), «Tutti gli uomini sono mortali»? E, in generale, come possiamo tradurre gli enunciati *universali* – ossia, come sappiamo, quelli che iniziano con espressioni come «tutti...», «ogni...», e simili, e in cui si parla di un gruppo di individui? E come rendere il terzo tipo di enunciati visti nell'introduzione, ossia gli enunciati *particolari* – che iniziano con espressioni come «alcuni...» o «qualche...», e riguardano *una parte* di un insieme d'individui (ad esempio: «*Alcuni* uomini sono calvi»)?

2.3.1. Funzioni enunciative

Cominciamo introducendo un nuovo insieme di simboli, che chiameremo *variabili individuali* e per cui adopereremo le lettere *minuscole corsive*: $x, y, z, \ldots$ Le variabili individuali si chiamano così perché anch'esse sono usate per designare in certo modo individui (perciò variabili e costanti individuali sono dette in generale *termini individuali*, o *singolari*). Lo fanno, però, in modo diverso dai nomi o costanti individuali. Mentre cioè un nome si riferisce *determinatamente* all'individuo che significa (così come «Socrate», nel nostro linguaggio ordinario, si riferisce proprio a Socrate, non a Isabella Rossellini o a Milano), le variabili sono capaci di assumere valori diversi (onde appunto il termine «variabili» in opposizione a «costanti»). Nel nostro linguaggio predicativo le variabili individuali funzionano in modo simile ai pronomi del linguaggio ordinario, che possono sostituire nomi negli enunciati, e designare oggetti diversi. In «Egli mangia la mela», il pronome «egli» può sostituire un nome proprio («Giovanni», «Socrate», etc.); e possiamo dire che «egli» esprime indeterminatamente un individuo, ossia sta per individui diversi in contesti diversi.

Se ora consideriamo la formula:

$F(m)$,

dove m è un nome proprio e F una costante predicativa, e sostituiamo la costante individuale con una variabile individuale, otteniamo:

$F(x)$.

Si dice spesso che questo tipo di espressione non traduce più un enunciato, nel senso stretto di «espressione di cui ha senso dire che è vera o falsa», appunto in quanto la variabile x non si riferisce ad alcun individuo determinato (analogamente, se qualcuno dice: «Egli mangia la mela», non possiamo stabilire se ciò che ha detto è vero o falso, almeno finché non sappiamo *a chi* si riferisce «egli» in questo contesto). Tuttavia, l'espressione è molto prossima a un enunciato, e perciò la chiameremo, con un gergo dovuto anzitutto a Frege e Russell, *funzione enunciativa*. Ciò potrebbe suonare un po' fuorviante, perché qui si usa il termine «funzione» per riferirsi a un'entità *lin-*

guistica, non a *ciò che* è significato da un'entità linguistica. Tuttavia, si tratta di una terminologia oramai classica. Precisamente, $F(x)$ è detta una funzione enunciativa *in x*.

Anche in questo caso, potremo avere funzioni enunciative in più di una variabile, o con più variabili distinte, cioè funzioni binarie, ternarie, e in generale *n*-arie. Conveniamo di scrivere anche le variabili, come le costanti, sempre fra parentesi e intervallate da virgole. E naturalmente, potremo formare funzioni enunciative composte usando i connettivi vero-funzionali; ad esempio:

$F(x) \rightarrow G(x)$

$\neg G(x) \wedge H(x, y)$

e così via. Il concetto di funzione enunciativa è di così ampio utilizzo che vi si includono spesso anche gli enunciati in senso stretto: questi possono infatti esser definiti come funzioni enunciative 0-arie. Naturalmente, possiamo anche effettuare l'operazione inversa a quella ora presentata, ossia ottenere un enunciato da una funzione enunciativa, sostituendo le variabili con costanti individuali o con nomi in generale. Definiremo perciò, in prima battuta, una funzione enunciativa come un'espressione che contiene *n* variabili individuali (non escludendo $n = 0$), e che diviene un enunciato quando a tutte le variabili si sostituiscano costanti individuali o nomi.

2.3.2. *I quantificatori*

Possiamo ottenere enunciati da funzioni enunciative non solo sostituendo le variabili con nomi, ma anche con la procedura della *quantificazione*, la cui invenzione è dovuta a Frege. Questo è appunto il metodo che la moderna logica usa per rendere gli enunciati universali e particolari, e tale metodo è un cardine delle capacità espressive del linguaggio predicativo.

2.3.2.1. *Un quantificatore per tutti* Consideriamo daccapo la premessa (P1) del nostro argomento funebre, la quale dice: «Tutti gli uomini sono mortali». Nella semi-formalizzazione introduttiva l'avevamo tradotta con:

(1)   *Tutto* ciò che ha F, ha G.

2. Predicazione e quantificazione

Ebbene, (1) può essere pensato come una sorta di condizionale. Infatti, afferma che *se* qualcosa ha *F*, *allora* ha *G*, senza riferirsi a un *determinato* qualcosa; e che ciò vale *per tutte* le cose. Dire che tutti gli uomini sono mortali equivale a dire che (a) vale per un oggetto qualunque, che (b) se esso è un uomo, allora è mortale. Dunque, è come se (1) dicesse:

(a) Per ogni cosa, vale che (b) se ha *F*, allora ha *G*.

Ora, la parte (b) di quest'espressione può essere resa proprio mediante una *funzione enunciativa* del tipo di quelle introdotte sopra. Si tratta di dire che se una cosa qualunque (un x) ha *F*, allora ha *G*: traducendo «se..., allora...» col nostro consueto simbolo per il condizionale, avremo:

(a) Per ogni x, (b) $F(x) \to G(x)$.

La parte (a) può essere resa introducendo il nuovo simbolo «$\forall$» (una «a inversa», dall'iniziale del tedesco *Alle*), che andrà letto appunto come: «per ogni...», o «tutti...», o «dato un qualsiasi...». Tale simbolo è detto *quantificatore universale*. Si chiama «quantificatore» appunto perché ci dice *per quanti* oggetti vale l'espressione che segue. Stabiliamo che sia seguito immediatamente dalla variabile che, come si suole dire, esso *quantifica* (o anche: *vincola*), quindi dalla funzione enunciativa su cui agisce. Avremo allora:

(1a) $\forall x(F(x) \to G(x))$,

la quale è, finalmente, l'espressione pienamente formalizzata della (1). Si notino le parentesi che circondano la funzione enunciativa $F(x) \to G(x)$ in (1a): servono a indicare che il quantificatore agisce sull'*intera* funzione, non solo sull'antecedente del condizionale. Si badi inoltre che nei testi di logica, e specialmente nei meno recenti, talora non si usa il simbolo $\forall$ e si scrive semplicemente la variabile universalmente quantificata fra parentesi: $(x)\,(F(x) \to G(x))$.

In generale, mediante il quantificatore universale noi possiamo rendere *tutti gli enunciati universali*. Ad esempio, per dire che tutte le cose hanno la proprietà *F*, scriveremo:

$\forall x F(x)$.

Possiamo anche tradurre enunciati che iniziano con «niente...» o «nessun...», etc. Ad esempio, dire che nessun cavallo vola equivale ad affermare: «Per ogni x, se x è un cavallo, allora x non vola»; ovvero, usando C per la proprietà di essere un cavallo, e V per quella di volare:

$$\forall x(C(x) \to \neg V(x)).$$

Ancora, poniamo di voler esprimere che Dio è la causa prima di tutte le cose (il che è come dire: «Per ogni x, Dio è la causa prima di x»). Usando la costante individuale d per Dio, e la lettera di predicazione K per la relazione ... *è la causa prima di...*, avremo:

$$\forall x K(d, x).$$

2.3.2.2. *Un quantificatore per qualcuno* Vediamo ora come tradurre gli enunciati particolari, ossia quelli che iniziano con espressioni come «alcuni...» o «qualche...». A tale scopo si utilizza un secondo quantificatore, il *quantificatore esistenziale*, per il quale è invalso il simbolo «∃» della «e inversa». Anch'esso si adopera per dire *per quanti* oggetti vale ciò che lo segue, ma il suo significato è, appunto, che vale *per alcuni x*, o *per qualche x*. Si badi che queste espressioni in logica sono intese come sinonimi di: «per *almeno un x*...», ovvero: «*esiste* almeno un x tale che...» (onde il nome di quantificatore *esistenziale*). Esse assumono cioè una sfumatura un po' diversa dall'uso quotidiano, in cui quando diciamo «Alcuni uomini sono calvi» normalmente sottintendiamo che *più* di un solo uomo lo sia. Qui invece, quando diciamo ad esempio che alcune cose hanno la proprietà F, ossia:

$$\exists x F(x),$$

intendiamo che questa espressione è vera se e solo se vi è almeno un oggetto che ha F (non escludendo, naturalmente, che ve ne sia anche più d'uno).

Volendo tradurre, ad esempio, l'enunciato particolare:

(1)   Qualche uomo è calvo,

possiamo intendere ciò come:

2. Predicazione e quantificazione

(a) Vi è qualcosa, che (b) è uomo ed è calvo.

Anche qui, la parte (b) può essere intesa come una funzione enunciativa: usando ancora U per la proprietà di essere un uomo, e C per quella di essere calvo, avremo:

(a) Vi è almeno un x, tale che (b) $U(x) \wedge C(x)$,

e infine, usando il quantificatore esistenziale,

(1a) $\exists x(U(x) \wedge C(x))$,

espressione che sarà vera se esiste almeno un oggetto (ma anche, se ce n'è più d'uno) che è uomo ed è calvo.

Come abbiamo tradotto «tutti gli uomini sono mortali» con:

$\forall x(U(x) \rightarrow M(x))$,

potremmo essere tentati di tradurre (1) usando un condizionale, ovvero:

$\exists x(U(x) \rightarrow C(x))$.

Questa però non è una traduzione corretta. Essa infatti non dice propriamente che qualche uomo è calvo, bensì che c'è qualcosa che, *se* è uomo, *allora* è calvo; e ciò sarebbe vero anche se non ci fossero uomini, in base alla matrice del condizionale materiale.

Altri esempi di uso del quantificatore esistenziale. Se vogliamo tradurre l'enunciato: «Ingrid Bergman ha una figlia», possiamo considerarlo come sinonimo di: «Vi è un x, tale che x è figlia di Ingrid Bergman». Quindi, usando F per la relazione ... *è figlio/a di* ..., e b per Ingrid Bergman, avremo:

$\exists x F(x, b)$.

Per dire che qualche politico non ruba, consideriamo ciò come sinonimo di: «Vi è almeno un x, tale che x è un politico e x non ruba». Ossia, usando P per la proprietà di essere un politico, e R per quella di rubare:

$\exists x(P(x) \wedge \neg R(x))$.

Infine, mediante i quantificatori si possono tradurre enunciati in cui non compaiono esplicitamente espressioni come «tutti...», «nessun...», o «qualche...», ma che possono essere considerati come *implicitamente* universali o particolari. Ad esempio:

(2) L'uomo è mortale
(3) Soldati attraversano il Tower Bridge.

Chi asserisce (2) di norma non intende affermare che un singolo uomo è mortale, ma intende dire qualcosa sulla specie umana in generale; perciò la traduzione di (2) in linguaggio predicativo è la stessa di «Tutti gli uomini sono mortali». Quanto a (3), esprime qualcosa come: «Qualche soldato attraversa il Tower Bridge»; ossia, usando S per la proprietà di essere un soldato, A per la relazione ... *attraversa...*, e t per il Tower Bridge:

(3a) $\exists x(S(x) \land A(x, t))$.

2.3.2.3. Quantificatori combinati e interdefiniti Possiamo esprimere tutto ciò che si dice con ciascuno dei due quantificatori, adoperando l'altro e la negazione. Infatti, affermare ad esempio che *tutte le cose hanno la proprietà F* equivale a dire che *non vi è alcuna cosa che non abbia F*:

$\forall x F(x) \leftrightarrow \neg \exists x \neg F(x)$.

Viceversa, affermare che *niente ha F* (cioè: «Per ogni x, x non ha F») equivale a dire che *non esiste alcuna cosa con F*:

$\forall x \neg F(x) \leftrightarrow \neg \exists x F(x)$.

Affermare che *qualcosa ha F* equivale a dire che *non si dà il caso che nulla abbia F*:

$\exists x F(x) \leftrightarrow \neg \forall x \neg F(x)$.

Viceversa, affermare che *qualcosa non ha F* equivale a dire che *non si dà il caso che tutto abbia F*:

$\exists x \neg F(x) \leftrightarrow \neg \forall x F(x)$.

2. Predicazione e quantificazione

Perciò a volte negli scritti di logica si usa soltanto un quantificatore, essendo l'altro definibile a partire dal primo: ∀ è definibile come ¬∃... ¬, e ∃ è definibile come ¬∀... ¬.

Infine, possiamo naturalmente *combinare* il quantificatore esistenziale e quello universale nella stessa formula. Ad esempio, volendo esprimere il fatto che tutti hanno una madre, scriveremo:

∀x∃yM(y, x)

(«Per ogni x, esiste un y tale che y è madre di x»). Questa espressione ci mostra come l'*ordine* dei quantificatori abbia rilevanza. Se infatti li invertiamo, otteniamo:

∃y∀xM(y, x),

che dice che vi è una madre di tutti («Esiste un y tale che, per ogni x, y è madre di x») – cosa falsa, almeno nell'accezione più usuale della relazione di maternità. Dunque, invertire l'ordine di due quantificatori distinti non lascia in generale inalterato il senso e il valore di verità delle espressioni. Inoltre, è spesso importante l'uso di *variabili distinte*. Se avessimo scritto, ad esempio,

∃xM(x, x),

ciò avrebbe significato che qualcuno è madre di se stesso.

La notazione simbolica del linguaggio predicativo ha il pregio di esplicitare le ambiguità intrinseche, o anche solo contestuali, di certi enunciati dell'italiano ordinario, fornendone diverse traduzioni formali. Consideriamo un famoso esempio dovuto a Peter Geach:

(1)   Ogni ragazzo ama una certa ragazza.

Questo enunciato è ambiguo, visto che può significare (1a) che vi è *una singola* ragazza amata da tutti i ragazzi; oppure (1b) che, per ogni ragazzo, c'è una qualche ragazza (non per forza la stessa) amata dal ragazzo in questione. Usando R per la proprietà di essere un ragazzo, F per quella di essere una ragazza, e A per la relazione di amore, nella prima interpretazione avremo:

(1a)   ∃x(F(x) ∧ ∀y(R(y) → A(y, x))),

ossia: «C'è un x che è una ragazza e per ogni y, se y è un ragazzo, allora y ama x». Nella seconda interpretazione, invece, avremo:

(1b) $\forall x(R(x) \to \exists y(F(y) \wedge A(x, y)))$,

ossia: «Per ogni x, se x è un ragazzo allora c'è un y, tale che y è una ragazza e x ama y». Secondo esempio:

(2) Tutti i tifosi rispettano un giocatore leale.

Anche questo enunciato è ambiguo fra (quantomeno) due interpretazioni, potendo significare ad es. (2a) che per ogni x, se x è un tifoso allora x rispetta un qualche giocatore leale; oppure (2b) che per ogni x, se x è un tifoso allora x rispetta qualsiasi giocatore leale. Usiamo T per la proprietà di essere un tifoso, L per quella di essere un giocatore leale, R per la relazione di rispetto; allora, nella prima interpretazione avremo:

(2a) $\forall x(T(x) \to \exists y(L(y) \wedge R(x, y)))$;

nella seconda:

(2b) $\forall x(T(x) \to \forall y(L(y) \to R(x, y)))$.

2.4. *L'identità*

Fra i simboli del linguaggio che stiamo introducendo ce n'è uno che ha particolare importanza, ossia quello che assumiamo significhi la relazione d'*identità*. Nel nostro linguaggio ordinario, l'identità viene espressa soprattutto con «è». Il verbo essere ha però diversi significati, anzi proprio il simbolismo logico ci è qui d'aiuto nel distinguerne alcuni. Consideriamo i seguenti enunciati:

(1) Socrate *è* mortale
(2) Furia *è* un perissodattilo
(3) Batman *è* un supereroe.

Qui l'espressione «è» viene usata per *predicare* una proprietà di un individuo, e perciò è detta anche «è» *di predicazione*. Come sap-

2. Predicazione e quantificazione

piamo, le (1)-(3) sarebbero rese nel nostro linguaggio formale, ad esempio, così:

(1a) $M(s)$
(2a) $P(f)$
(3a) $S(b)$.

Consideriamo ora i seguenti enunciati:

(4) Socrate è il maestro di Platone
(5) Furia è il cavallo che beve solo caffè
(6) Batman è Bruce Wayne.

Qui l'espressione «è» viene usata, invece, a intendere che la designazione di quanto la precede è *identica a*, o *è la stessa cosa*, della designazione di quanto la segue: perciò è detta «è» *di identità*. Ad esempio, in (6) si intende che Batman e Bruce Wayne sono lo stesso individuo, ovvero che «Batman» e «Bruce Wayne» nominano o designano un'unica persona (anche se naturalmente il commissario Gordon non lo sa!). A conferma di questa differenza, si noti che in questo caso, e nei casi (4) e (5), le espressioni che precedono e seguono l'«è» possono essere invertite, mantenendo inalterati il senso e il valore di verità degli enunciati: se «Batman è Bruce Wayne» è vero, lo è anche «Bruce Wayne è Batman»; questo non accade per (1)-(3). Si noti inoltre che, nei casi (4) e (5), l'«è» di identità viene seguito dalle espressioni che nel paragrafo 2.2.2 abbiamo chiamato *descrizioni definite*.

Si capisce dunque che la relazione d'identità sia una relazione binaria, che sussiste fra oggetti – a rigore: è *la relazione che ogni oggetto ha unicamente con se stesso*. Anziché esprimerla mediante una lettera di predicazione seguita dai termini, in logica si stabilisce di adottare allo scopo il simbolo matematico dell'eguaglianza «=», e di scriverlo fra i termini. Ad esempio, usando i nomi propri b e w rispettivamente per Batman e Bruce Wayne, tradurremo (6) come

(6a) $b = w$,

e usando i nomi propri s per Socrate e p per Platone, e la costante funtoriale a un posto m per l'operazione *il maestro di...*, tradurremo (4) come

(4a) $s = m(p)$.

Ecco dunque un chiaro esempio di come la nostra notazione simbolica ci consenta di risolvere le ambiguità del linguaggio naturale. Con il linguaggio formale possiamo discriminare, mediante due tipi di traduzione in simboli, fra due diversi significati, quello predicativo e quello d'identità, dello stesso segno «è» della lingua italiana.

Per dire che individui qualsiasi sono *diversi* (ovvero *non* sono lo stesso individuo), si usa a volte il simbolo «≠», che peraltro può essere definito appunto mediante quello di identità; «x è diverso da y» può essere inteso proprio come un'abbreviazione per «Non si dà il caso che x sia identico a y»:

$x \neq y =_{df} \neg(x = y)$.

L'aggiunta del simbolo dell'identità al nostro linguaggio predicativo o elementare determina un'espansione di questo, detta a volte linguaggio *quasipredicativo* o *quasielementare*. Mediante questa aggiunta, il potere espressivo del linguaggio risulta grandemente arricchito; in particolare possiamo fare affermazioni numericamente determinate su oggetti. Poniamo ad esempio di voler dire che almeno *due* cose hanno una proprietà F. Come sappiamo, il nostro quantificatore esistenziale di per sé ci consentirebbe solo di dire: $\exists x F(x)$; il che è vero se anche una cosa sola ha F. Tuttavia, possiamo scrivere:

(7) $\exists x \exists y (F(x) \wedge F(y) \wedge x \neq y)$,

ossia, consideriamo l'enunciato «Almeno due cose hanno F» come sinonimo di: «C'è un x che ha F, e c'è un y che ha F, e x e y sono *diversi*». Analogamente, possiamo dire che almeno tre cose hanno F così:

(8) $\exists x \exists y \exists z (F(x) \wedge F(y) \wedge F(z) \wedge x \neq y \wedge y \neq z \wedge x \neq z)$,

e così via, per *n* cose. Inoltre, possiamo essere più precisi e dire che *esattamente* un certo numero di cose ha F. Anzitutto, per dire che esattamente *una* cosa ha F, occorre considerare ciò come sinonimo di: «Almeno una cosa ha F, e al massimo una cosa ha F». Il primo congiunto di quest'espressione è semplicemente $\exists x F(x)$. Quanto al secondo, un modo (un po' ambiguo) per rendere l'idea che al massi-

2. Predicazione e quantificazione

mo una cosa ha F è dire che, se x e y hanno F, sono una stessa e unica cosa:

(9) $\forall x \forall y (F(x) \land F(y) \rightarrow x = y)$.

Per dire allora che esattamente (almeno e al massimo) una cosa ha F basta congiungere (9) con $\exists x F(x)$:

(10) $\exists x F(x) \land \forall x \forall y (F(x) \land F(y) \rightarrow x = y)$.

L'espressione (10) è equivalente alla più breve:

(10a) $\exists x (F(x) \land \forall y (F(y) \rightarrow x = y))$,

la quale dice che un x ha F e qualsiasi cosa abbia F è proprio x; dunque è anch'essa vera se e solo se esattamente una cosa ha F. Con una procedura analoga possiamo dire che esattamente *due* cose hanno F, ad esempio così:

(11) $\exists x \exists y (x \neq y \land F(x) \land F(y) \land \forall z (F(z) \rightarrow z = x \lor z = y))$,

ossia: «Due cose distinte x e y hanno F e, qualsiasi cosa abbia F, o è x, o è y». E così via: per ogni numero n si può sempre costruire un'espressione del linguaggio (quasi)predicativo, la quale dice che esattamente n oggetti hanno F.

2.5. Altre regole per mettere in campo una buona formazione

Ora che abbiamo introdotto informalmente i simboli (e fornito anche vari esempi di formule) del nostro linguaggio predicativo-elementare, è venuto il momento di essere un po' più rigorosi. Daremo il catalogo dei suoi simboli di base e le regole di formazione che definiscono le sue espressioni sintatticamente ben formate, in modo analogo a quanto abbiamo fatto al paragrafo 1.4 per il linguaggio enunciativo.

2.5.1. Simboli

Come nel caso del linguaggio enunciativo, anche l'alfabeto di base con i simboli del linguaggio predicativo sarà suddiviso in tre sotto-alfabeti (*logico*, *descrittivo* e *ausiliario*). In generale, un linguaggio logico-predicativo ha di norma i simboli che seguono.

(I) L'*alfabeto logico* include i cinque *connettivi logici*, e inoltre i due quantificatori, universale ed esistenziale: ∧, ∨, ¬, →, ↔, ∀, ∃. Quando ci si vuol riferire in modo generico ai simboli che traducono le «parole logiche», cioè sia ai connettivi che ai quantificatori, si parla spesso di *operatori* logici.

(II) L'*alfabeto descrittivo* avrà i simboli che seguono.

(IIa) Un'*infinità numerabile di variabili individuali*: x, y, z, ... (anche qui, come al solito, si potranno usare degli indici: $x_1, x_2, ..., x_n$).

(IIb) Un certo numero, che può essere determinato o indefinitamente esteso (e anche uguale a zero), di *costanti individuali* (o *nomi propri*, o *atomici*).

(IIc) Per ogni $n \geq 0$, un certo numero, anch'esso determinato o indefinitamente esteso (ma, per almeno un $n \geq 1$, non nullo), di *lettere di predicazione* o *costanti predicative n*-arie.

(IId) Per ogni $n \geq 1$, un certo numero, determinato o indefinitamente esteso (e anche uguale a zero), di *costanti funtoriali n*-arie.

(III) L'*alfabeto ausiliario* consiste ancora nelle due parentesi tonde e, inoltre, nella *virgola*.

2.5.2. Termini e formule

Oltre a regole di formazione che circoscrivono le formule ben formate, occorrono anche regole di formazione che circoscrivono i *termini individuali* o *singolari* del nostro linguaggio, ossia le locuzioni che esprimono, determinatamente o indeterminatamente, individui. Sfrutteremo anche qui il metodo della definizione induttiva, descritto nel capitolo 1. Ciò vuol dire che, oltre a metavariabili per formule per definire induttivamente le formule ben formate, ci occorrono ora anche metavariabili, o variabili metalinguistiche, per *termini individuali*. Adotteremo d'ora in poi per tali metavariabili le lettere minuscole corsive: t, s, r (e all'occorrenza indici: $t_1, t_2, ..., t_n$).

(B) Per i termini individuali, la *base* della definizione è data dicendo: sono termini individuali le variabili individuali e le costanti individuali (o nomi propri o atomici).

(P) Il *passo* della definizione è dato dicendo: se $t_1, ..., t_n$ sono termini individuali, e f è una qualsiasi costante funtoriale n-aria, allora:

2. Predicazione e quantificazione

$f(t_1, ..., t_n)$

è un termine individuale.
(C) La *chiusura* è data dicendo: nient'altro, oltre quanto previsto da (B) e (P), è un termine individuale. Si noti che in base a questa definizione le metavariabili per termini $t_1, ..., t_n$ *non* sono termini individuali veri e propri del nostro linguaggio, bensì segnaposto a cui si possono sostituire termini qualunque (analogamente a come le metavariabili per formule introdotte fin dal capitolo precedente non sono formule, bensì segnaposto per formule). Inoltre, si badi che adopereremo in modo *ambiguo* le lettere x, y, ..., ora come variabili vere e proprie *del* linguaggio predicativo, ora come metavariabili *per variabili* di tale linguaggio (dunque, in particolare *non* per *costanti* individuali). Questo uso sistematicamente ambiguo di tali lettere (ora come simboli, ora come meta-simboli) è invalso in vari manuali, restando inteso che il contesto dovrebbe chiarire sempre da sé quale tipo di simboli sia in gioco, evitando equivoci.

Per quanto riguarda le formule ben formate del nostro linguaggio, introduciamo anzitutto la nozione di *formula atomica*. Se $t_1, ..., t_n$ sono termini individuali, e P è una qualsiasi costante predicativa n-aria, allora un'espressione della forma:

$P(t_1, ..., t_n)$

è una formula atomica. Dunque, una formula atomica è una lettera di predicazione n-aria, seguita da tanti termini quanti ne occorrono per «riempire» i suoi n posti (si ricordi però sempre la diversa grafia per il simbolo di identità, di cui si è detto al paragrafo 2.4). Fra le formule, quelle atomiche sono i mattoni di base del linguaggio predicativo, a partire dai quali si formano le formule più complesse. A proposito di queste, useremo ancora le nostre metavariabili per formule, e daremo la seguente definizione.

(B) La *base*: ogni formula atomica è una formula ben formata.
(P) Il *passo* conterrà poi tutte le clausole già introdotte per il linguaggio enunciativo, che definiscono i composti vero-funzionali, ossia:

(1) se α è una formula ben formata, $\neg\alpha$ è una formula ben formata;

(2) se α e β sono formule ben formate, (α ∧ β) è una formula ben formata;
(3) se α e β sono formule ben formate, (α ∨ β) è una formula ben formata;
(4) se α e β sono formule ben formate, (α → β) è una formula ben formata;
(5) se α e β sono formule ben formate, allora (α ↔ β) è una formula ben formata.

Inoltre, conterrà due clausole per le espressioni di generalità, ossia:

(6) se α è una formula ben formata, e x una variabile individuale, allora ∀xα è una formula ben formata;
(7) se α è una formula ben formata, e x una variabile individuale, allora ∃xα è una formula ben formata.

(C) La *chiusura*: nient'altro, tranne quanto specificato in (B) e in (P), è una formula ben formata.

Anche per il linguaggio predicativo rimangono le nozioni di *occorrenza* di un simbolo, e di *campo* e *subordinazione* di un connettivo, presentate nella descrizione del linguaggio enunciativo. Possiamo estendere l'idea di campo e definire il *campo* (dell'occorrenza) *di un quantificatore* come *la più piccola formula ben formata su cui esso agisce* (o *che esso quantifica*). Ad esempio, nella formula:

∃y($F(y)$ → ∀$xG(x, y)$)

il campo del primo quantificatore, ∃, sarà $F(y)$ → ∀$xG(x, y)$, mentre il campo del secondo quantificatore, ∀, sarà $G(x, y)$. Adotteremo anche qui le convenzioni descritte al paragrafo 1.4.5 per l'abolizione di alcune parentesi. In particolare, assumeremo che i *quantificatori* leghino tanto fortemente quanto la negazione, ossia più di ogni connettivo binario.

Si noti che «quantificato» si dice nella pratica di cose piuttosto diverse: propriamente a essere quantificata, o vincolata, è un'*occorrenza* di una variabile; ma perlopiù si dice che a essere quantificata è una *variabile*, per i soliti motivi di brevità; inoltre, a volte si dice anche che una *formula* è quantificata (universalmente/esistenzialmente) quando comincia con un quantificatore (universale/esistenziale).

2. Predicazione e quantificazione

Quella che abbiamo fornito è una rappresentazione molto generale, e che ammette numerose varianti, dell'alfabeto e della sintassi di un linguaggio elementare. Nella pratica, noi ci riserviamo di introdurre volta per volta – come abbiamo fatto fin dall'inizio di questo capitolo – le lettere che ci occorrono, indicando di quale tipo di simboli si tratta (di solito, nomi propri o costanti predicative n-arie, meno spesso costanti funtoriali n-arie), e specificando eventualmente la loro interpretazione intesa nel contesto. Eventuali piccole modifiche rispetto alla caratterizzazione standard del linguaggio dovrebbero sempre risultare di immediata comprensione. Spesso in logica elementare si utilizzano alfabeti più ristretti: ad esempio, a volte si adoperano linguaggi privi di costanti funtoriali (perciò abbiamo detto che il loro numero può anche essere uguale a zero), e che hanno come termini individuali solo variabili individuali e nomi propri – questo succede in molti manuali di logica di base, soprattutto allo scopo di evitare troppe complicazioni nella morfologia. A volte mancano anche i nomi propri (perciò abbiamo detto che anche il loro numero può essere uguale a zero), e l'unico modo per riferirsi a individui è mediante variabili (ed eventualmente loro quantificazione); in questo caso si parla di solito di linguaggi *puramente predicativi*.

Parlando di costanti predicative n-arie, non abbiamo escluso che $n = 0$. Infatti, talvolta si considerano le variabili enunciative del linguaggio presentato nel primo capitolo come *un tipo particolare* (un caso-limite) *di formule atomiche* del linguaggio predicativo: precisamente, come quel tipo di formula atomica in cui la lettera di predicazione è 0-aria, non è seguita da alcun termine. O anche, si introducono direttamente le lettere enunciative nel bagaglio dei simboli di base del linguaggio predicativo. Con questo genere di accorgimenti, avremo che (a) tutti i simboli di base del linguaggio enunciativo del capitolo 1 sono anche simboli di quello predicativo, appunto perché le lettere $P, Q, R, \ldots$ sono intese come formule atomiche, e i simboli logici (i cinque connettivi) e ausiliari (le parentesi) appartengono anche al bagaglio simbolico del linguaggio predicativo. Inoltre, (b) le regole di formazione di quest'ultimo includono tutte le regole di quello enunciativo (infatti le clausole (1)-(5) del passo della definizione di formula ben formata, come si è detto, sono identiche a quelle del paragrafo 1.4.4). Perciò, ogni formula ben formata del linguaggio enunciativo sarà anche una formula ben formata di quello predicativo. In tal senso, possiamo dire che questo è caratterizzabile in modo da *includere* quello, ovvero da essere un'*estensione* di quello.

2.6. Variabili in libertà, variabili vincolate, sostituzioni

Come si sarà già inteso, in generale le occorrenze di una variabile in una formula del linguaggio predicativo si dividono in *libere* e *vincolate*, a seconda che siano o meno abbinate a un quantificatore; e una stessa variabile può comparire libera e vincolata in occorrenze diverse. Ad esempio, nella formula:

$F(x) \lor \exists x G(x)$,

la variabile x è libera nella prima occorrenza e vincolata dal quantificatore esistenziale nella seconda (si noti che di solito non si conta fra le occorrenze di una variabile quella che compare immediatamente dopo il quantificatore). Una formula che contiene almeno una variabile con un'occorrenza libera è detta *aperta*. In seguito, indicheremo spesso con «$\alpha[x]$» il fatto che in una qualunque formula α occorre libera la variabile x. Una formula che non contiene occorrenze libere di variabili, bensì o è priva di variabili o ne contiene solo di vincolate (in ogni occorrenza) da quantificatori, è detta una *formula chiusa* o un *enunciato*. Sono enunciati, ad esempio: $M(b, r)$; $\exists y(F(y) \to \forall x G(x, y))$; $b = w$; $\forall x(C(x) \to \neg V(x))$; $\forall x \exists y M(y, x)$.

Le nostre regole consentono anche di costruire termini individuali che contengono variabili: ad esempio, se la lettera m è una costante funtoriale a un posto (poniamo, quella che esprime l'operazione *la madre di...*), possiamo costruire il termine individuale $m(x)$; e se la lettera p è una costante funtoriale a due posti (poniamo, quella che esprime l'operazione *la partita fra... e...*), possiamo costruire il termine individuale $p(x, y)$. Un termine privo di variabili è detto un *termine chiuso* o un *nome*, mentre un termine contenente variabili è detto un termine *aperto*, e talora una *forma nominale*.

I punti (6) e (7) nel passo (P) della definizione di formula ben formata presentata al paragrafo precedente consentono la cosiddetta *quantificazione vacua* o *quantificazione muta*: consentono cioè di premettere $\forall x$ o $\exists x$ ad α, anche se x non occorre (o non occorre libera)

2. Predicazione e quantificazione

in α. Ciò può suonare strano, poiché si vorrebbe che i quantificatori compiano sempre qualche lavoro sulle variabili, sicché nell'uso canonico si evita di quantificare vacuamente. Peraltro, la quantificazione vacua è innocua, lasciando inalterate le condizioni di verità delle formule: se x non è libera in α, $\forall x \alpha \leftrightarrow \alpha$ e $\exists x \alpha \leftrightarrow \alpha$.

Infine, un'operazione molto importante sulle formule è quella di *sostituzione*. In generale, dati una qualunque formula α, una qualunque variabile x e un qualunque termine t, si dice *sostituzione di x con t in* α la formula ottenuta rimpiazzando uniformemente tutte le occorrenze libere della variabile in α con t; tale formula si indicherà con «$\alpha[x/t]$» (mentre a volte si indicherà con «$\alpha[x/y]$» il fatto che la variabile x è rimpiazzata in particolare da una diversa *variabile y*). Ad esempio, sia m una costante individuale, e si consideri la formula:

(1) $F(x) \leftrightarrow \neg\neg F(x);$

sarà una sua sostituzione la formula:

(2) $F(m) \leftrightarrow \neg\neg F(m),$

ottenuta rimpiazzando, nella formula (1), (ogni occorrenza libera del)la variabile x con m. Naturalmente, non si esclude il caso «banale» della sostituzione di una variabile libera con se stessa (se $t = x$, $\alpha[x/t]$ è proprio α).

Una postilla sulla sostituzione. L'operazione di sostituzione, indiscriminatamente applicata, può produrre nelle formule alterazioni simili a quelle considerate nel paragrafo 2.3.2.3. Ad esempio, usiamo ancora M per la relazione ... *è la madre di*..., e supponiamo che la formula in cui si vorrebbe operare la sostituzione sia:

(3) $\exists y M(y, x).$

(3) è una formula aperta, e può essere letta come: «Vi è un y, tale che y è madre di x»; o magari, più semplicemente: «x ha una madre». Supponiamo ora che il termine da sostituire alla variabile x, libera in (3), sia la variabile y. Allora la formula ottenuta da (3) sostituendo uniformemente la variabile x con y sarebbe:

(4) $\exists y M(y, y),$

che, a differenza di (3), è un enunciato (una formula chiusa) affermante che qualcuno è madre di se stesso. Per evitare che le sostituzioni provochino simili modificazioni indesiderate negli «equilibri» fra variabili, e in particolare fra variabili libere e vincolate, occorre una restrizione. Diciamo allora che un termine t è *libero per x* (ossia, sostituibile a x) in una qualunque formula α, se ogni occorrenza libera di x nella formula è tale che nessuna sottoformula di α che la contenga comincia con un quantificatore, che vincola una delle variabili occorrenti nel (o in cui consiste il) termine t. $\alpha[x/t]$ sarà una sostituzione corretta solo se t è libero per x. Questa restrizione esclude come non corretta la sostituzione di x con y che ci fa passare da (3) a (4). Infatti (3), in cui x occorre libera, comincia con un quantificatore che vincola la variabile y; perciò, la variabile y *non* è libera per (ossia, non è sostituibile a) x in (3). Questa restrizione, come si vede, è laboriosa da formulare; ma nella pratica è facile da seguire. In seguito, comunque, assumeremo sempre che le sostituzioni operate siano corrette.

Un'ultima osservazione molto generale, riguardante sia il linguaggio enunciativo che quello predicativo. L'individuazione della forma logica degli enunciati ordinari – e quindi, la traduzione dal linguaggio ordinario a quelli formali – non è, come si sarà inteso, un'operazione meccanica o univoca. La procedura di traduzione richiede una certa pratica, e spesso sono possibili opzioni alternative. Ad esempio, un enunciato semplice come «Ingrid Bergman è la madre di Isabella Rossellini» può essere tradotto con una singola variabile enunciativa, se figura in un argomento la cui validità sembra dipendere soltanto dalla struttura «connettivale» degli enunciati; oppure utilizzando, poniamo, nomi propri e costanti predicative, se figura in un argomento la cui validità è legata anche ai quantificatori e ai nessi fra i termini. Ma anche in un contesto propriamente predicativo, quell'enunciato può essere reso non solo, come abbiamo fatto sopra, traducendo «... è la madre di...» con una lettera di predicazione M a due posti:

$M(b, r)$,

ma anche interpretando l'«è» come un'*identità*, e traducendo «la madre di...» con un'espressione funtoriale – poniamo, col funtore a un posto m – mediante cui formare una descrizione definita, visto

2. Predicazione e quantificazione

che ciascuno (possibili rivoluzioni genetiche a parte) ha una e una sola madre:

$b = m(r)$.

Si capisce allora perché si dica spesso che non vi è qualcosa come *la* forma logica, a prescindere dagli scopi particolari che ci si prefigge nella formalizzazione.

Esercizi

1. Quali dei seguenti ragionamenti sono esprimibili e trattabili con il solo linguaggio enunciativo e le tavole di verità?
   a) Qui non è permesso fumare, quindi qui è vietato fumare.
   b) Qualche uomo è calvo, quindi non tutti gli uomini non sono calvi.
   c) Pino è bello, quindi non si dà il caso che Pino non sia bello.
   d) Pino è un uomo ed è mortale, quindi qualcuno è un uomo.

2. Traduci nel linguaggio predicativo le seguenti espressioni. Per le costanti individuali, predicative e funtoriali, usa le lettere che ti vengono suggerite fra parentesi.

   a) Peter Parker è un uomo (Peter Parker = p, ... è un uomo = U).
   b) Goblin ha ucciso l'Uomo Ragno (Goblin = g, ... uccide... = K, l'Uomo Ragno = r).
   c) Hanno ucciso l'Uomo Ragno.
   d) Gli Stati Uniti confinano con il Canada, il Messico, l'Oceano Pacifico e l'Oceano Atlantico (Stati Uniti = a, Canada = b, Messico = c, Oceano Pacifico = d, Oceano Atlantico = e, ... confina con..., ..., ... e... = R).
   e) Lui è bello (... è bello = B).
   f) Tutti sono belli.
   g) Lei è bella e brava (... è brava = H).
   h) Lui ama lei (... ama... = A).
   i) Lei ama se stessa.
   j) Tutti quelli che sono belli sono bravi.
   k) Non è oro tutto ciò che luccica (... è oro = O, ... luccica = L).
   l) Non tutto ciò che è oro luccica.

m) Tutti sono amici di se stessi (... è amico di ... = W).
n) Tutti hanno qualcuno che è loro amico.
o) Qualcuno è amico di tutti.
p) Antonio è amico del padre di Gigi (Antonio = a, il padre di... = p, Gigi = g).
q) Qualche cattolico è italiano (... è cattolico = C, ... è italiano = I).
r) Qualche italiano non è cattolico.
s) Se Tizio è amico di Caio e Caio è amico di Sempronio, Tizio è amico di Sempronio (Tizio = t, Caio = c, Sempronio = s).
t) Batman è il nemico mortale di Joker (Batman = b, Joker = j, il nemico mortale di... = n).
u) Nessuno lo fa meglio di lui (... lo fa meglio di... = F).
v) Lui ama lei, ma lei ama qualcun altro.
w) C'è un solo uomo che Pamela ama, e quell'uomo è alto, biondo e con gli occhi azzurri (Pamela = p, ... è alto = H, ... è biondo = B, ... ha gli occhi azzurri = O).

3.
Deduzioni... naturali

> Intendo innanzitutto costruire
> un sistema formale che arrivi
> quanto più possibile vicino
> al ragionamento reale.
> *Gerhard Gentzen*

3.1. *La nozione di dimostrazione formale*

Allorché si supera il livello del linguaggio enunciativo, le tavole di verità non sono più uno strumento adeguato per stabilire la correttezza dei ragionamenti. Occorre un approccio diverso, e questo consisterà nello sviluppo di un *sistema formale*. In generale, un sistema formale è un apparato di regole e di principi che consente di costruire *dimostrazioni formali*. Questo apparato è sempre impiantato su un certo linguaggio formale: nel nostro caso, i linguaggi di riferimento saranno quello enunciativo e quello predicativo, presentati nei due capitoli precedenti (abbiamo visto in che senso il secondo può includere in sé il primo).

In questo capitolo presenteremo un sistema formale che consente di *dimostrare formalmente la validità di schemi d'argomento*, deducendo (o, come anche si dice, *derivando*) la loro conclusione dalle premesse attraverso una sequenza di deduzioni elementari; ovvero, consente di esibire la bontà di un'inferenza attraverso una concatenazione di inferenze più basilari, la cui validità sia indubbia. Nella sua veste più semplice, una dimostrazione della validità di uno schema d'argomento è una configurazione o una sequenza di formule, in cui alcune formule sono introdotte in quanto sono le premesse dello schema d'argomento in questione; mentre altre formule sono ottenute applicando a formule precedenti alcune regole deduttive, dette *regole d'inferenza*, di cui parleremo a lungo. In realtà, la procedura ammette molte varianti e complicazioni (noi ne studieremo solo alcune e, soprattutto, impareremo le complicazioni un po' alla volta).

Il nostro sistema formale è detto *calcolo della deduzione naturale*, e la sua invenzione è dovuta al matematico Gerhard Gentzen. Non è però certo l'unico tipo di sistema formale elaborato in logica. Prima di introdurlo, sarà opportuno dire qualcosa sul calcolo *assiomatico*, il cui sviluppo risale a Gottlob Frege e David Hilbert: quelli di tipo assiomatico sono stati infatti i primi, e in certo modo rimangono i più tipici, fra i sistemi formali. Cominceremo così ad accostarci alla nozione di dimostrazione formale a partire dalla sua variante più classica.

3.1.1. L'*assiomatica*

Nei sistemi di tipo assiomatico, le formule di partenza delle dimostrazioni formali sono, per l'appunto, gli *assiomi*. Si tratta di formule che vengono assunte senza dimostrazione, come principi di deduzione. Per avere un riferimento intuitivo, possiamo pensare alla geometria euclidea, che tutti abbiamo studiato a scuola: qui vi sono alcuni enunciati di partenza, i cinque *postulati* o *assiomi* di Euclide, a partire dai quali si derivano altri enunciati. Gli enunciati con cui si concludono le deduzioni sono i *teoremi* della geometria euclidea. I teoremi sono ciò che propriamente viene *dimostrato* a partire dagli assiomi.

Se questa procedura era all'opera fin dai tempi antichi, con il lavoro logico di Frege è emersa in primo piano l'esigenza di esplicitare anche le *regole d'inferenza*, attraverso cui si ricavano formule dagli assiomi, affinché si sia assolutamente garantiti sulla legittimità di ciascun passaggio deduttivo. In un qualsiasi sistema formale, una regola d'inferenza si applica a un certo gruppo di formule $\alpha_1, ..., \alpha_n$, dette *premesse*, dalle quali consente di inferire una formula α, detta *conclusione*. Noi rappresenteremo sempre le regole tirando una riga orizzontale, sopra la quale annoteremo le premesse intervallate da virgole, e sotto la quale andrà la conclusione. Dunque, in generale una regola avrà un aspetto del genere:

3. Deduzioni... naturali

$$\frac{\alpha_1, ..., \alpha_n}{\alpha}$$

(in realtà le cose possono essere un po' più complesse: ad esempio, vedremo che alcune regole possono essere applicate solo sotto certe condizioni; ma anche in questo caso, impareremo le complicazioni un poco alla volta). Si parla anche di regole di *derivazione*, o di *trasformazione*, perché il loro compito è di derivare formule da formule, ovvero di trasformare formule in altre formule, e in particolare di consentirci di passare dalle assunzioni iniziali alle conclusioni (e, nel caso specifico dei sistemi assiomatici, dagli assiomi ai teoremi).

Chiariamo la cosa con un esempio. Costruiamo un piccolissimo sistema assiomatico puramente enunciativo, ponendo che le due formule:

(A1) $(P \vee Q) \to R$
(A2) $P \vee Q$

siano i nostri due soli assiomi (beninteso: nessuno adotterebbe *queste* due formule come *assiomi* logici in un vero sistema formale. Qui ci interessa solo dare un esempio molto semplice di dimostrazione formale di tipo assiomatico). Assumiamo come unica regola d'inferenza la seguente:

$$\frac{\alpha \to \beta, \alpha}{\beta}\ .$$

Questa regola ha spesso il nome latino di *modus ponendo ponens* o, brevemente, *modus ponens*. Infatti ci dice che, avendo come premessa un qualunque condizionale $\alpha \to \beta$, e *ponendo*, cioè affermando, l'antecedente α di quel condizionale, possiamo *porre* il conseguente β come conclusione. Altre sue denominazioni sono *regola di separazione*, o di *eliminazione del condizionale* – nome che anche noi useremo più avanti; perciò indicheremo tale regola con la sigla: «E→».

L'uso delle metavariabili, naturalmente, sta a indicare che la regola è applicabile a *qualunque* coppia di premesse della forma $\alpha \to \beta$ e α; e in generale le regole d'inferenza saranno sempre espresse schematicamente, usando metavariabili. Un caso di *modus ponens* è il ragionamento visto nel primo capitolo:

(P1) Se Dio è possibile, Dio esiste;
(P2) Dio è possibile;
      quindi,
(C) Dio esiste.

Ora, poniamo di voler dimostrare formalmente la formula R, a partire dai nostri due assiomi (A1) e (A2). Procediamo scrivendo una sotto l'altra le formule della dimostrazione, numerandole progressivamente:

(1) $(P \vee Q) \to R$ A1
(2) $P \vee Q$ A2

Le scritte «A1» e «A2» a destra sono la «giustificazione» della presenza di ciascuna formula in ciascuna riga della dimostrazione. In questo caso, ci dicono che le due formule $(P \vee Q) \to R$ e $P \vee Q$ compaiono alle righe (1) e (2), in quanto sono rispettivamente il primo e il secondo assioma del nostro piccolo sistema formale.

Possiamo quindi dedurre la formula R, applicando ai due assiomi di partenza la nostra regola di derivazione:

(1) $(P \vee Q) \to R$ A1
(2) $P \vee Q$ A2
(3) R 1, 2, E$\to$

Questa sequenza lineare ci mostra che, alla riga (3) (o, come anche si dice, al *passo* n. 3) della dimostrazione, noi abbiamo *dedotto* la formula R. Sulla destra, la scritta «1, 2, E$\to$» rappresenta ancora la giustificazione della presenza della formula in quel passo: significa che la formula è stata dedotta, applicando alle formule delle righe (1) e (2), ossia ai nostri due assiomi, la regola (E$\to$), ossia l'eliminazione del condizionale o *modus ponens*. Infatti, l'assioma (A1) è un condizionale, e l'assioma (A2) è l'antecedente di quel condizionale: dunque, la regola (E$\to$) ci consente di ottenere il conseguente, ossia la formula R. Abbiamo così costruito una semplicissima dimostrazione formale. La formula R al passo (3) è la conclusione della dimostrazione, e poiché è stata ricavata dagli assiomi in base a una (l'unica) regola d'inferenza del nostro sistema, diremo che essa è un *teorema* del nostro sistema assiomatico. Precisamente, abbiamo presentato la deduzione del teorema R, a partire dagli assiomi $(P \lor Q) \to R$ e $P \lor Q$, mediante la regola di derivazione $(E\to)$.

In generale, nel calcolo assiomatico si definisce l'insieme dei teoremi come il più piccolo insieme di formule che contiene gli assiomi (quindi, si noti, gli assiomi *sono* teoremi), ed è *chiuso* sotto le regole d'inferenza. Ciò vuol dire, semplicemente: sono teoremi tutti gli assiomi, più tutte le formule deducibili dagli assiomi mediante le regole. La struttura di una dimostrazione formale di tipo assiomatico, dunque, è in sé piuttosto semplice: una dimostrazione formale è una sequenza di formule, ciascuna delle quali o è introdotta in quanto è un assioma, oppure segue dalle formule precedenti per applicazione di una regola d'inferenza, e quindi è un teorema.

L'approccio assiomatico, però, a differenza del sistema di deduzione naturale che presenteremo, ha il difetto di essere spesso lontano non solo dal ragionamento comune, ma anche dalla pratica inferenziale delle scienze deduttive. Poniamo di voler dedurre un semplice caso del principio d'identità enunciativo di cui abbiamo parlato al paragrafo 1.5.2, ad esempio la formula $P \to P$. In assiomatica, normalmente si dovrebbe partire da due assiomi tipici dei sistemi alla Frege-Hilbert, che possiamo esprimere schematicamente come segue:

(A1) $\alpha \to (\beta \to \alpha)$
(A2) $(\alpha \to (\beta \to \gamma)) \to ((\alpha \to \beta) \to (\alpha \to \gamma))$.

(A1) e (A2) sono detti, rispettivamente, *legge di attenuazione condizionale* e *legge di Frege* (spesso nei sistemi formali gli assiomi sono dati appunto mediante schemi, ossia adoperando metavariabili. Come sappiamo, (A1) e (A2) non sono propriamente formule, ma schemi di formule, sicché ciò che si intende in questo caso è: ogni formula *fatta così e così*, ossia ogni istanza ottenuta sostituendo uniformemente formule qualsiasi alle metavariabili degli schemi, è un assioma).

La dimostrazione formale, mediante la regola $(E\to)$, avrebbe la seguente forma:

(1) $(P \to ((P \to P) \to P)) \to ((P \to (P \to P)) \to (P \to P))$
     A2 (con $\alpha = P$, $\beta = P \to P$ e $\gamma = P$)
(2) $(P \to ((P \to P) \to P))$ A1 (con $\alpha = P$ e $\beta = P \to P$)
(3) $(P \to (P \to P)) \to (P \to P)$ 1, 2, E$\to$
(4) $(P \to (P \to P))$ A1 (con $\alpha = P$ e $\beta = P$)
(5) $P \to P$ 3, 4, E$\to$

Come si vede, la deduzione è un po' laboriosa e, soprattutto, muove da formule meno intuitive ed evidenti della semplice implicazione $P \to P$ che volevamo ottenere. In effetti, il sistema assiomatico è adeguato soprattutto come presentazione sistematica delle «leggi logiche», più che come strumento per stabilire la validità di argomenti, perché anche le inferenze più semplici vanno riportate sempre agli assiomi prefissati. Proprio per rimediare a questa lontananza dalla pratica deduttiva ordinaria, Gentzen elaborò il sistema della deduzione naturale. L'aggettivo «naturale» è dovuto anche al fatto che questo sistema vuole esprimere le forme del ragionamento comune, e perciò si presta assai bene alla nostra esposizione introduttiva.

Un'osservazione generale, prima di addentrarci nel calcolo. Si badi che presenteremo talvolta le dimostrazioni stesse utilizzando le nostre metavariabili per formule. Sappiamo ormai bene che le metavariabili sono segnaposto per formule in generale, perciò le espressioni contenenti metavariabili non sono formule, bensì schemi di formule; dunque, anche le dimostrazioni espresse mediante metavariabili sono piuttosto *schemi* di dimostrazioni. Tuttavia, questo tipo di notazione per presentare dimostrazioni condotte in sistemi deduttivi è abbastanza diffuso nei manuali moderni. Noi crediamo che una notazione mista possa consentire di familiarizzarsi con entrambi i tipi di scrittura, purché si tenga sempre presente la distinzione concettuale fra simboli e meta-simboli.

3.2. *Il calcolo enunciativo*

Il calcolo della deduzione naturale, si diceva, è utilizzato per costruire dimostrazioni formali della validità di forme o schemi d'argomento; intenderemo, al solito, gli schemi come sequenze finite di formule strutturate secondo una caratterizzazione analoga a quella data al paragrafo 1.5.1. Precisamente, la forma generale di un argomento sarà – utilizzando le metavariabili – la seguente:

$\alpha_1, ..., \alpha_n \vdash \beta$.

Al solito, le premesse saranno intervallate da virgole; ma ora conveniamo che siano separate dalla conclusione dal segno «⊢». Questo è detto a volte *segno di asserzione* e risale a Frege. Al pari delle nostre metavariabili non è, a rigore, un simbolo *del* linguaggio formale; esso indica invece l'*inferibilità* o *derivabilità* della conclusione dalle premesse all'interno del nostro calcolo.

In deduzione naturale non vi sono (tipicamente) assiomi, ma solo regole d'inferenza: precisamente, vi è una regola detta di *introduzione*, e una detta di *eliminazione*, per ciascuno dei simboli logici, connettivi e quantificatori (fatto salvo il caso della negazione che, come vedremo, ha una sistemazione un po' più complessa). In generale, dato un simbolo logico $, una regola di eliminazione per $ (siglata come «E$») lo contiene come operatore principale nella *premessa*, o in una delle premesse, e ci dice cosa possiamo inferirne. Una regola di introduzione per $ (siglata come «I$»), invece, ci dice come ottenere da certe premesse una *conclusione* che contiene $ come suo operatore principale.

Cominceremo ora introducendo e commentando le regole del *calcolo enunciativo*. Esse governano i connettivi vero-funzionali e consentono di operare manipolazioni meramente enunciative sulle formule: sono dunque adatte per costruire dimostrazioni per schemi d'argomento la cui validità dipende dai connettivi. Ulteriori regole si renderanno poi necessarie quando tratteremo formule, e quindi forme d'argomento, in cui occorre operare con i quantificatori.

3.2.1. Assunzioni a tempo indeterminato

La prima regola d'inferenza che consideriamo, tuttavia, non riguarda i simboli logici; è la *regola di assunzione*, abbreviata in «Ass». Questa regola consente semplicemente di introdurre una qualunque formula in qualsiasi passo di una dimostrazione (quindi è una regola «d'inferenza» in senso un po' improprio, nel senso che mediante essa non si inferisce nulla in particolare). Dal punto di vista grafico, seguiremo la presentazione lineare introdotta al paragrafo precedente, aggiungendo soltanto una colonna, detta «colonna delle assunzioni», immediatamente a destra del numero progressivo. Ad esempio, possiamo iniziare una dimostrazione formale così:

(1) 1 $P \to Q$ Ass

Ciò vuol dire che il primo passo della dimostrazione è consistito nell'*assumere* la formula $P \to Q$, mediante la regola di assunzione. La colonna delle assunzioni, a destra del numero progressivo e a sinistra della formula, sarà sempre usata per indicare le assunzioni da cui dipende la formula in quella riga. In questo caso, compare lo stesso numero della riga, a indicare che la formula $P \to Q$, in quanto assunzione, dipende unicamente «da se stessa». Allo stesso modo, ad esempio, dopo sei righe di dimostrazione possiamo scrivere:

(7) 7 $Q \vee \neg R$ Ass

a indicare che al passo n. 7 introduciamo, come assunzione, la formula $Q \vee \neg R$.

Può apparire strano che questa regola ci consenta di assumere qualunque formula noi si voglia. Tuttavia la procedura in cui si assume qualcosa per derivarne qualcos'altro risponde pienamente a quella pratica deduttiva comune che è il ragionamento *ipotetico*. Infatti, spesso nelle dimostrazioni ci si concede di introdurre enunciati in qualità di ipotesi («supponiamo che α_1, ..., α_n»); nel prosieguo dell'argomentazione, naturalmente, si *tiene conto* di quanto di ciò che si dimostra *dipende* dalle ipotesi ovvero dalle assunzioni fatte, così da poter dire, ad esempio, che *assumendo* α_1, ..., α_n si è dedotto β.

Volendo essere precisi, occorre distinguere fra *assunzioni* e *premesse*. In un certo passo di una dimostrazione, una formula sarà un'*assunzione* se essa *non* vi compare come risultato dell'applicazione di alcuna regola d'inferenza (diversa da (Ass)): se cioè *non* è stata ricavata come conclusione da formule precedenti attraverso regole d'inferenza, bensì è stata introdotta mediante la regola di assunzione. Invece, una formula fungerà da *premessa* in senso stretto, se viene utilizzata in una dimostrazione per ottenere una formula mediante una regola d'inferenza. Naturalmente, le due qualifiche si sovrappongono, perché le *assunzioni* vengono di regola introdotte appunto allo scopo di essere utilizzate *come premesse*, per dedurre altre formule. Nel paragrafo che segue esaminiamo un esempio che dovrebbe chiarirci le idee in proposito.

3.2.2. «Modus ponens», o eliminazione del condizionale

La seconda regola d'inferenza del nostro sistema è la già vista regola di eliminazione del condizionale, o *modus ponens*. Come sappiamo, date due premesse una delle quali è un condizionale, mentre l'altra è l'antecedente del condizionale stesso, la regola consente di derivare il conseguente:

$$\frac{\alpha \to \beta, \alpha}{\beta} \quad (E\to).$$

La conclusione *dipenderà da tutte le assunzioni da cui dipendono, nel complesso, le premesse*. Poniamo ad esempio di voler costruire una dimostrazione formale per il seguente schema d'argomento:

$(P \to Q) \to R, P \to Q \vdash R.$

Procederemo *assumendo* nelle prime due righe le formule $(P \to Q) \to R$ e $P \to Q$, e derivando nella terza riga la conclusione R mediante applicazione di $(E\to)$:

(1)	1	$(P \to Q) \to R$	Ass
(2)	2	$P \to Q$	Ass
(3)	1, 2	R	1, 2, E$\to$

Come si vede, la prova è molto semplice. La conclusione R viene ottenuta al passo n. 3, prendendo $(P \to Q) \to R$ come il *condizionale* a cui applicare il *modus ponens*, e $P \to Q$ come l'*antecedente* di quel condizionale. Nella colonna delle assunzioni, al passo n. 3, compaiono i numeri 1 e 2, a indicare che la conclusione *dipende* dalle formule che compaiono ai passi n. 1 e n. 2.

Consideriamo ora il seguente argomento:

(P1) Se il capo fuma, è nervoso;
(P2) Se è nervoso, licenzierà qualcuno;

(P3) Il capo fuma;
quindi,
(C) Il capo licenzierà qualcuno.

Usando P per «Il capo fuma», Q per «(Il capo) è nervoso», R per «(Il capo) licenzierà qualcuno», avremo:

$$P \to Q, Q \to R, P \vdash R.$$

Anche qui, iniziamo assumendo tutte e tre le formule $P \to Q$, $Q \to R$ e P. Procediamo quindi attraverso successive applicazioni della regola (E→):

(1)	1	$P \to Q$	Ass
(2)	2	$Q \to R$	Ass
(3)	3	P	Ass
(4)	1, 3	Q	1, 3, E→
(5)	1, 2, 3	R	2, 4, E→

Al passo n. 5 abbiamo ottenuto R, usando la formula del passo n. 4, ossia Q, come premessa per una seconda applicazione di (E→). Infatti Q è anche l'antecedente del condizionale $Q \to R$, assunto al passo n. 2. Si badi ora a cosa accade alla riga (5): la conclusione R è stata ottenuta applicando (E→) alle formule delle righe (2) e (4), come si legge a destra. Ma la formula della riga (4), a sua volta, dipendeva dalle assunzioni (1) e (3). Quindi, siccome la conclusione dell'applicazione della regola d'inferenza (E→) dipende da *tutte* le assunzioni da cui dipendono le premesse, nel complesso si deve dire che la conclusione dipende dalle assunzioni delle righe (1), (2) e (3), come si legge nella colonna delle assunzioni. Abbiamo così una dimostrazione formale della correttezza del ragionamento, perché la conclusione è stata effettivamente dedotta dalle formule (1)-(3) prese come assunzioni di partenza.

Si capisce allora in che senso *assunzioni* e *premesse*, pur concettualmente distinte, di norma coincidano: in quest'ultima prova, ad esempio, noi abbiamo *assunto* le tre formule $P \to Q$, $Q \to R$ e P: le abbiamo cioè introdotte ai passi (1)-(3) senza dedurle da altro (esse dipendono, dunque, «da se stesse», non da altre formule; e portano nella colonna delle assunzioni il medesimo numero della riga in cui compaiono). Ma lo abbiamo fatto, allo scopo di usarle come *premesse* per applicazioni della regola d'inferenza (E→), per derivare la conclusione voluta del ragionamento.

3.2.3. Introduzione del condizionale e assunzioni a tempo determinato

La terza regola d'inferenza del nostro sistema formale riguarda anch'essa il condizionale, ed è la reciproca della precedente (E→). Lì si trattava di usare un condizionale come premessa, qui invece di ricavarlo nella conclusione. Perciò questa regola è detta di *introduzione del condizionale*, abbreviata in «I→» (spesso la si chiama anche *prova condizionale*). Per derivare un condizionale $\alpha \to \beta$, la strategia intuitiva più ovvia consiste nell'assumerne l'antecedente α, e nel tentare di dedurre il conseguente β come conclusione, eventualmente usando altre assunzioni (poniamo: $\alpha_1, ..., \alpha_n$). Se ci riusciamo, diciamo che assumendo $\alpha_1, ..., \alpha_n$ e α, si è derivato β. Allora possiamo fare un ulteriore passo: come si suole dire, *scarichiamo* l'assunzione α, e diciamo: abbiamo derivato $\alpha \to \beta$, in dipendenza dalle assunzioni *restanti*: $\alpha_1, ..., \alpha_n$.

Prendiamo ad esempio il seguente argomento a una sola premessa:

(P1) Tutti i cavalli sono perissodattili,
quindi,
(C) Se Furia è un cavallo, allora è un perissodattilo.

Ragioneremo dicendo: *assumiamo* che Furia sia un cavallo (ossia, assumiamo l'*antecedente* del condizionale (C)). Ora, poiché per (P1) tutti i cavalli sono perissodattili, Furia sarà un perissodattilo (*conseguente* del condizionale (C)). Perciò, se Furia è un cavallo, allora è un perissodattilo.

In generale, se a un certo passo di una dimostrazione una formula β *dipende* da una formula α come assunzione, l'introduzione del condizionale (I→) consente di concludere $\alpha \to \beta$. Questo condizionale dipenderà da tutte le assunzioni rimanenti, ma non da α; α sarà cioè, per l'appunto, un'assunzione scaricata (la rappresentiamo perciò fra parentesi quadre):

[α]
.
.
.
$\dfrac{\beta}{\alpha \to \beta}$ (I→).

Ad esempio, prendiamo la forma d'argomento (questa volta, espressa schematicamente, con metavariabili):

$\alpha \to \beta, \beta \to \gamma \vdash \alpha \to \gamma$.

Questa configurazione viene a volte detta *argomento ipotetico puro*, appunto perché tutte le formule che la compongono sono ipotetiche, ossia condizionali. La dimostrazione formale, anch'essa presentata stavolta in forma schematica, è la seguente:

(1)	1	$\alpha \to \beta$	Ass
(2)	2	$\beta \to \gamma$	Ass
(3)	3	α	Ass
(4)	1, 3	β	1, 3, E→
(5)	1, 2, 3	γ	2, 4, E→
(6)	1, 2	$\alpha \to \gamma$	3, 5, I→

Al passo n. 3 di questo schema di dimostrazione abbiamo per l'appunto *assunto* l'antecedente α del condizionale α → γ, che vogliamo ottenere come conclusione. L'antecedente non figura fra le assunzioni di partenza dello schema d'argomento, che sono α → β e β → γ, e sono introdotte alle righe (1) e (2). Tuttavia, come sappiamo, la regola (Ass) ci consente di introdurre qualunque formula di cui avvertiamo il bisogno nella nostra procedura deduttiva. La formula della riga (3) è un'assunzione provvisoria, ha una funzione per così dire ausiliaria nella strategia dimostrativa: in questo senso è un'assunzione... a tempo determinato! Consideriamo ora la riga (5). Vi si legge che la formula γ, che è il conseguente del condizionale che vogliamo ottenere, dipende dalle assunzioni delle righe (1), (2) e (3). Quindi fra le assunzioni da cui dipende vi è appunto quella della riga (3), l'antecedente del condizionale desiderato. Ciò ci consente alla riga (6) di applicare (I→).

3. Deduzioni... naturali

Leggendo la riga (6), osserviamo che sulla destra compaiono le righe delle *due* premesse della regola in questione, ossia (a) la riga in cui si assume l'antecedente del condizionale voluto (nel caso, la (3)), e (b) la riga in cui si deriva il conseguente avendo l'antecedente fra le assunzioni (nel caso, la (5)). In conclusione, il condizionale $\alpha \to \gamma$ dipenderà solo dalle assunzioni rimanenti, ovvero quelle delle righe (1) e (2), che sono riportate, al solito, nella colonna delle assunzioni.

3.2.3.1. *I teoremi*

L'applicazione di (I→) fa sempre *diminuire* di uno il numero delle assunzioni complessive. Perciò, questa regola ha un'importanza particolare nel calcolo della deduzione naturale. Poniamo infatti che, prima della sua applicazione, nella colonna delle assunzioni compaia *un'*assunzione soltanto. Come risultato, non ne resterà *alcuna*. In questo caso, siamo di fronte a un *teorema* del calcolo. Possiamo dunque definire un teorema come una *formula derivabile sulla base delle regole del calcolo, in dipendenza da un insieme vuoto di assunzioni* (in questo senso, si tratta di un «caso-limite» di argomento dimostrabilmente valido).

Quando una formula è stata dedotta o derivata come un teorema della deduzione naturale, si dice anche semplicemente che è stata *dimostrata*. Notiamo dunque questa distinzione terminologica: quando la conclusione di uno schema d'argomento è stata dedotta o derivata dalle sue premesse mediante le regole d'inferenza, diciamo che abbiamo *dimostrato la validità di* quello schema d'argomento. Quando invece diciamo che è stata dimostrata *una formula*, intendiamo che è stata dedotta o derivata *come un teorema*, ossia senza ipotesi.

I teoremi saranno scritti semplicemente come formule precedute dal segno d'asserzione (che in questo caso può venir letto come: «è un teorema che...»), non preceduto da alcuna formula. Molti teoremi hanno grande rilevanza in logica, tanto che sono stati loro assegnati nomi propri. Man mano che li introdurremo, scriveremo allora a destra la loro denominazione. Si badi che la presentazione dei teoremi sarà sempre in forma schematica (dunque, anche se per brevità diremo: «la tal formula è un teorema», si dovrà intendere: ogni formula *della tal forma*, ossia ottenuta sostituendo alle metavariabili..., etc., è un teorema).

Vediamo un esempio. Il caso più semplice di prova di un teorema è probabilmente la seguente dimostrazione del principio d'identità per formule:

⊢ α → α [*Legge di identità enunciativa*]

(1) 1   α   Ass
(2)   α → α   1, 1, I→

Come si vede, nella colonna delle assunzioni al passo n. 2 non compare nessun numero, a indicare appunto che la conclusione ottenuta non dipende da alcuna assunzione. Un confronto con la deduzione della medesima legge in assiomatica, presentata al paragrafo 3.1.1, dà un'idea della maggior semplicità e brevità del metodo della deduzione naturale in casi simili.

In generale, da *qualunque* forma d'argomento di cui sia data una dimostrazione di validità si può ottenere un teorema, semplicemente applicando uno o più passi di (I→). Ad esempio, aggiungendo due righe alla prova schematica dell'argomento visto al paragrafo precedente, ossia:

(7) 1   (β → γ) → (α → γ)   2, 6, I→
(8)   (α → β) → ((β → γ) → (α → γ))   1, 7, I→

otteniamo il seguente teorema:

⊢ (α → β) → ((β → γ) → (α → γ))   [*Legge di transitività*]

Anticipando un po' i tempi sull'esposizione, possiamo dire che i teoremi del calcolo della deduzione naturale meritano il nome di «leggi logiche» perché, non dipendendo da alcuna assunzione, sono formule *vere da un punto di vista puramente logico*. Tuttavia, occorrerebbero cospicue *precisazioni* sul fatto che i teoremi siano «veri»: è, questo, un punto che rinviamo ai capitoli seguenti, perché la sua piena comprensione presuppone lo sviluppo di una semantica rigorosa. Inoltre, è abbastanza chiaro in che senso il nostro calcolo della deduzione naturale si adatta bene all'approccio alla logica in termini di *ragionamenti* e *inferenze*, che è stato anteposto nel nostro manuale a quello in termini di leggi logiche. L'idea è quella di avere un calcolo che determini gli schemi d'argomento validi; le leggi logiche sono recuperate sotto la nozione di teorema, si è detto, come un caso-limite di argomento valido, ossia quello a zero assunzioni.

Come vedremo in seguito, vi sono altre regole del calcolo oltre a (I→) che hanno la caratteristica di «retroagire» su certe assunzioni consentendone lo scaricamento. In certi contesti logici lo scaricamento non è preso come *obbligatorio*, sulla base del principio per cui, se una conclusione è ottenuta da un certo numero di assunzioni, essa è *a fortiori* ottenibile da una quantità di assunzioni maggiore. Tuttavia, dato che è preferibile derivare risultati in dipendenza dal minor numero possibile di assunzioni, noi applicheremo lo scaricamento in tutti i casi in cui è consentito.

3.2.4. *Eliminazione della congiunzione*

La quarta regola d'inferenza cattura una basilare proprietà vero-funzionale del connettivo della congiunzione. Come abbiamo visto al paragrafo 1.3.1, una congiunzione è vera se e solo se sono veri entrambi i suoi congiunti. Ora la regola di *eliminazione della congiunzione* (abbreviata in «E∧»; detta a volte anche regola di *attenuazione congiuntiva*) consente, data come premessa una congiunzione, di derivare come conclusione l'uno o l'altro dei suoi congiunti:

$$\frac{\alpha \wedge \beta}{\alpha} \quad \frac{\alpha \wedge \beta}{\beta} \quad (E\wedge).$$

La conclusione dipenderà da tutte le assunzioni da cui dipendeva la premessa. È intuitivo che si tratti di una buona regola d'inferenza, ossia che la conclusione di ogni sua applicazione sia una conseguenza logica della premessa. Consideriamo ora il seguente schema:

$\alpha \to (\beta \to \gamma) \vdash \alpha \wedge \beta \to \gamma$

(1)	1	$\alpha \to (\beta \to \gamma)$	Ass
(2)	2	$\alpha \wedge \beta$	Ass
(3)	2	α	2, E∧
(4)	2	β	2, E∧
(5)	1, 2	$\beta \to \gamma$	1, 3, E→
(6)	1, 2	γ	4, 5, E→
(7)	1	$\alpha \wedge \beta \to \gamma$	2, 6, I→

Poiché volevamo derivare come conclusione il condizionale $\alpha \wedge \beta \to \gamma$, ne abbiamo assunto alla riga (2) l'antecedente. Quindi, abbiamo applicato in (3) e (4) due passi di (E∧) per ricavarne ciascuno dei due congiunti. Anche da questo schema possiamo ottenere il teorema corrispondente, aggiungendo un'ulteriore riga in cui applichiamo un passo di (I→):

(8) $(\alpha \to (\beta \to \gamma)) \to (\alpha \wedge \beta \to \gamma)$ 1, 7, I→

⊢ $(\alpha \to (\beta \to \gamma)) \to (\alpha \wedge \beta \to \gamma)$ [*Legge di importazione*]

3.2.5. Introduzione della congiunzione

La quinta regola d'inferenza riguarda ancora la congiunzione, ed è la reciproca di (E∧). La regola di *introduzione della congiunzione* (detta a volte anche di *aggiunzione*), abbreviata in «I∧», consente, date come premesse due formule qualunque α e β, di derivare come conclusione la loro congiunzione α ∧ β:

$$\frac{\alpha, \beta}{\alpha \wedge \beta} \quad (I\wedge).$$

Anche in questo caso, la conclusione dipende da tutte le assunzioni da cui dipendono, complessivamente, le due premesse. E anche in questo caso, è intuitivo che si tratti di una buona regola, sulla base del fatto vero-funzionale che se due formule sono vere lo è senz'altro anche la loro congiunzione.

(I∧) ci consente di dimostrare la validità dello schema «inverso» rispetto a quello visto al paragrafo precedente:

$\alpha \wedge \beta \to \gamma \vdash \alpha \to (\beta \to \gamma)$

(1)	1	$\alpha \wedge \beta \to \gamma$	Ass
(2)	2	α	Ass
(3)	3	β	Ass
(4)	2, 3	$\alpha \wedge \beta$	2, 3, I∧
(5)	1, 2, 3	γ	1, 4, E→
(6)	1, 2	$\beta \to \gamma$	3, 5, I→
(7)	1	$\alpha \to (\beta \to \gamma)$	2, 6, I→

Anche in questo caso, con un passo aggiuntivo di (I→) otteniamo il teorema:

⊢ (α ∧ β → γ) → (α → (β → γ))   [*Legge di esportazione*]

Consideriamo ora il seguente schema:

α ⊢ β → α,

che è facilmente dimostrabile nel nostro calcolo, ad esempio come segue:

(1) 1   α   Ass
(2) 2   β   Ass
(3) 1, 2   α ∧ β   1, 2, I∧
(4) 1, 2   α   3, E∧
(5) 1   β → α   2, 4, I→

Questo schema dice in sostanza che, valendo una qualunque formula α, α è implicata da qualunque formula β (*verum ex quolibet*, dicevano i logici medievali). È anche chiamato *paradosso dell'implicazione materiale*. Per notarne l'aspetto paradossale occorre dargli un contenuto. Ad esempio, lo istanzia il ragionamento: «La terra è rotonda; quindi, se i maiali volano, allora la terra è rotonda». La paradossalità aumenta, se consideriamo che, stando β per una qualunque formula, lo schema è esemplificato anche dal ragionamento: «La terra è rotonda; quindi, se i maiali *non* volano, allora la terra è rotonda».

La stranezza dipende dal fatto che noi non avvertiamo alcuna connessione fra la rotondità della terra e il fatto che i maiali volino (o non volino). Invece, per accettare un asserto della forma «se..., allora...» richiediamo intuitivamente che antecedente e conseguente abbiano una qualche connessione di contenuto. Questa situazione è dovuta alle caratteristiche, già esaminate al paragrafo 1.3.4, del connettivo del condizionale materiale. Come si è detto in quel luogo, il simbolo →, che in logica classica traduce il «se..., allora...», non esprime tuttavia alcun nesso causale o di contenuto fra antecedente e conseguente. Aggiungendo alla prova un ulteriore passo di (I→), otteniamo il teorema corrispondente:

⊢ α → (β → α) [*Ragionamento* a fortiori *o attenuazione condizionale*] il quale viene spesso chiamato, a sua volta, «paradosso dell'implicazione materiale».

Si noti che, avendo regole di introduzione/eliminazione per condizionale e congiunzione, possiamo fare a meno di regole d'inferenza per il *bicondizionale*. Sappiamo infatti fin dal primo capitolo che ogni formula della forma $\alpha \leftrightarrow \beta$ è «ridondante», nel senso che è definibile come: $(\alpha \to \beta) \wedge (\beta \to \alpha)$. Se dunque vogliamo derivare qualcosa *da* un bicondizionale $\alpha \leftrightarrow \beta$ come premessa, consideriamo questo come $(\alpha \to \beta) \wedge (\beta \to \alpha)$ e deriviamo dai congiunti dopo averli separati con (E$\wedge$). Se poi vogliamo derivare $\alpha \leftrightarrow \beta$ come *conclusione*, possiamo derivare separatamente ciascuno dei due condizionali corrispondenti, per poi congiungerli con (I$\wedge$).

3.2.6. *Eliminazione della disgiunzione*

La regola di *eliminazione della disgiunzione* (abbreviata in «E$\vee$») è probabilmente la più complessa e la meno intuitiva fra le regole che governano i connettivi nel calcolo enunciativo. La si usa quando si vuole derivare da una disgiunzione $\alpha \vee \beta$ una qualunque conclusione γ. Una strategia generale consisterà allora nel derivare la conclusione separatamente da ciascuno dei due disgiunti (usando eventualmente altre assunzioni). In base al significato vero-funzionale della disgiunzione inclusiva, infatti, poiché una disgiunzione è vera se *almeno uno* dei disgiunti è vero, se la conclusione segue da *ciascuno* dei suoi disgiunti, essa seguirà senz'altro dalla disgiunzione stessa: se γ segue da α, ma anche da β, allora potremo concluderne senz'altro che segue da $\alpha \vee \beta$ (questo genere di ragionamento viene anche chiamato *dilemma costruttivo*, talvolta *distinzione dei casi*).

La regola (E$\vee$) ha ben cinque premesse, ossia si applica alle formule delle seguenti righe: (a) la riga in cui compare la disgiunzione $\alpha \vee \beta$ da cui vogliamo ricavare γ; (b) quella in cui si assume il primo disgiunto α; (c) quella in cui si deriva la conclusione γ dal primo disgiunto; (d) quella in cui si assume il secondo disgiunto β; (e) quella in cui si deriva la conclusione γ dal secondo disgiunto. Questa regola ha la caratteristica di scaricare due assunzioni, precisamente quelle delle righe (b) e (d), ossia in cui si assumono i due disgiunti separatamente. Ciò è motivato dal fatto che non è rilevante quale dei singoli disgiunti effettivamente valga, visto che la conclusione, derivando da *ciascuno* dei disgiunti, segue direttamente dalla disgiunzione:

3. Deduzioni... naturali

$$\frac{[\alpha] \quad [\beta]}{\begin{array}{c} \cdot \quad \cdot \\ \cdot \quad \cdot \\ \cdot \quad \cdot \end{array}}$$

$$\frac{\alpha \vee \beta, \quad \gamma, \quad \gamma}{\gamma} \quad (E\vee)$$

Consideriamo ad esempio la prova della validità del seguente argomento:

(P1) Se piove, si esce con l'ombrello;
(P2) Se nevica, si esce con l'ombrello;
quindi,
(C) Se piove o nevica, si esce con l'ombrello.

Usando P per «Piove», Q per «Nevica» e R per «Si esce con l'ombrello»:

$P \to R, Q \to R \vdash P \vee Q \to R$

(1)	1	$P \to R$	Ass
(2)	2	$Q \to R$	Ass
(3)	3	$P \vee Q$	Ass
(4)	4	P	Ass
(5)	1, 4	R	1, 4, E$\to$
(6)	6	Q	Ass
(7)	2, 6	R	2, 6, E$\to$
(8)	1, 2, 3	R	3, 4, 5, 6, 7, E$\vee$
(9)	1, 2	$P \vee Q \to R$	3, 8, I$\to$

Volendo derivare come conclusione il condizionale $P \vee Q \to R$, al passo n. 3 ne assumiamo l'antecedente $P \vee Q$, e tentiamo di dedurne il conseguente in vista di un'applicazione di (I$\to$). Alle righe (4) e (6) assumiamo provvisoriamente i due disgiunti, e deriviamo R da ciascuno dei due, rispettivamente alle righe (5) e (7). Alla riga (8), R è quindi ottenuto per applicazione di (E$\vee$): esso dipenderà dalle sole assunzioni (1)-(3), appunto in quanto le assunzioni dei disgiunti in (4) e (6) si scaricano.

Questa dimostrazione esibisce l'importanza di riportare correttamente le assunzioni da cui dipende ciascuna formula nella colonna delle assunzioni. Infatti, la formula R viene derivata per ben *tre* volte (alle righe (5), (7) e (8)); ma solo nella terza derivazione essa dipende dalle assunzioni volute, ossia quelle delle righe (1), (2) e (3).

3.2.7. Introduzione della disgiunzione

La regola di *introduzione della disgiunzione*, abbreviata in «I∨», consente, data una qualunque formula, di derivarne la disgiunzione fra questa e qualunque altra formula:

$$\frac{\alpha}{\alpha \vee \beta} \quad \frac{\beta}{\alpha \vee \beta} \quad (\text{I} \wedge).$$

La conclusione dipenderà dalle stesse assunzioni da cui dipende la premessa. Questa regola dà una conclusione ben più debole della premessa. Tuttavia, è senz'altro corretta e affidabile (ossia, al solito, da una premessa vera non condurrà mai a una conclusione falsa, ovvero la conclusione di ogni sua applicazione è conseguenza logica della premessa). Infatti, sfrutta semplicemente la proprietà vero-funzionale della disgiunzione, vista al paragrafo 1.3.2 e richiamata appena sopra: una disgiunzione è vera se e solo se lo è almeno uno dei disgiunti. Dunque, se vale α, vale anche $\alpha \vee \beta$, indipendentemente dal particolare β: se è vero che Cesare fu accoltellato, è vero anche che o fu accoltellato o fu sparato su Giove.

Come esempio di applicazione combinata di (I∨) e (E∨), consideriamo la dimostrazione della validità del seguente, semplicissimo schema d'argomento:

$P \vee Q \vdash Q \vee P$

(1)	1	$P \vee Q$	Ass
(2)	2	P	Ass
(3)	2	$Q \vee P$	2, I∨
(4)	4	Q	Ass
(5)	4	$Q \vee P$	4, I∨
(6)	1	$Q \vee P$	1, 2, 3, 4, 5, E∨

Si osservi come anche in questo caso la formula $Q \lor P$ viene derivata per tre volte, ma soltanto nella terza dipende dall'assunzione voluta e conclude la dimostrazione. Lo schema esibisce il fatto ovvio che la disgiunzione è *commutativa*; e lo stesso vale, naturalmente, per la congiunzione: da $P \land Q$ segue $Q \land P$ (e viceversa).

3.2.8. *Eliminazione della negazione, «ex falso quodlibet»*

Finora abbiamo presentato coppie di regole di introduzione/eliminazione per condizionale, congiunzione e disgiunzione. Il caso della negazione è più complesso: sono possibili diverse sistemazioni, in cui spesso si riflettono non solo concezioni diverse del funzionamento della negazione, ma vere e proprie logiche alternative. Inoltre per esprimere la logica classica, e cioè il tipo di logica cui ci atteniamo in tutto questo libro, oltre alle regole di introduzione ed eliminazione è necessaria una regola supplementare.

La prima regola che riguarda la negazione è la regola di *eliminazione della negazione*, abbreviata in «$E\neg$». Intendiamo ora «contraddizione» in un senso leggermente più ampio di quello introdotto al paragrafo 1.5.2: una contraddizione non è solo una congiunzione in cui un congiunto è la negazione dell'altro, bensì anche una *coppia* di formule fra loro contraddittorie, ossia di cui una nega l'altra. Allora, la regola di eliminazione della negazione dice che *da una contraddizione si può dedurre qualunque formula*:

$$\frac{\alpha, \neg\alpha}{\beta} \quad (E\neg).$$

La conclusione dipenderà da tutte le assunzioni da cui dipendono le due premesse. Per intendere questa regola, cominciamo con l'indicare schematicamente una forma d'argomento la cui validità è dimostrabile mediante essa:

$\neg\alpha \vdash \alpha \to \beta$

(1) 1 $\neg\alpha$ Ass
(2) 2 α Ass
(3) 1, 2 β 1, 2, $E\neg$
(4) 1 $\alpha \to \beta$ 2, 3, $I\to$

Abbiamo qui l'altro *paradosso dell'implicazione materiale*, «reciproco» di quello discusso al paragrafo 3.2.5. Talvolta li si chiama, rispettivamente, *paradosso negativo* (perché vi compare la negazione) e *paradosso positivo*. Anche qui, possiamo notarne la paradossalità fornendo un contenuto. Ad esempio, lo schema è istanziato dal ragionamento: «Trapattoni non ha convocato Vero Tarca in nazionale; quindi, se Trapattoni avesse convocato Vero Tarca in nazionale, l'Italia avrebbe vinto i mondiali» – il che, pur senza sottovalutare le cospicue doti di mezzala di Tarca, appare un po' azzardato. Il teorema correlato, ottenibile come al solito con un ulteriore passo di (I→), è:

$\vdash \neg\alpha \to (\alpha \to \beta)$ [*Legge di Duns Scoto o dello pseudo-Scoto*]

il cui nome viene dalle *In universam logicam quaestiones*, attribuite in passato a Duns Scoto, ma dovute probabilmente a un autore di scuola scotiana. Anche la legge di Scoto, come il corrispettivo argomento, viene detta spesso «paradosso (negativo) dell'implicazione materiale». Una formulazione equivalente di questo teorema, che evidenzia immediatamente l'implicazione di qualunque formula da parte della contraddizione, si ottiene «importandolo» (sulla legge di *importazione*, si veda il paragrafo 3.2.4):

$\vdash \alpha \land \neg\alpha \to \beta$.

Per il paradosso del paragrafo 3.2.5, si è detto, i medievali usavano l'espressione *verum ex quolibet*. Questo invece era indicato dall'espressione *ex falso quodlibet*. Dal falso (e paradigmaticamente: *ex contradictione*) segue qualunque cosa. La proprietà di implicare tutto è stata infatti spesso avvertita come tipica dell'assurdo, e la contraddizione è il caso esemplare di assurdo. Per la logica classica, la risposta alla domanda: «che cosa succede quando la spada cui nessuno scudo può resistere incontra lo scudo che nessuna spada può scalfire?», è: «succede tutto!».

Poiché implica tutto, una contraddizione in particolare implica ogni altra contraddizione, e cioè abbiamo evidentemente il teorema:

$\vdash \alpha \land \neg\alpha \leftrightarrow \beta \land \neg\beta$,

che afferma *l'equivalenza di tutte le contraddizioni*.

3.2.9. Introduzione della negazione, «reductio ad absurdum»

La regola di *introduzione della negazione* si abbrevia in «I¬». Essa dice che se da una qualunque assunzione α deriviamo una contraddizione, ovvero otteniamo da α (eventualmente usando altre assunzioni) la derivazione sia di una formula β che della sua contraddittoria ¬β, possiamo negare la formula di partenza, ossia possiamo concludere ¬α, *scaricando* l'assunzione α stessa:

[α] [α]
. .
. .
. .

$$\frac{\beta, \quad \neg\beta \quad (I\neg)}{\neg\alpha}$$

Le tre premesse a cui si applica la regola dunque sono: la formula da negare α, la cui assunzione viene scaricata; e le due formule fra loro contraddittorie β e ¬β da essa derivate. La conclusione dipenderà dalle (eventuali) assunzioni rimanenti.

La motivazione di base di questa regola è che se da una qualunque formula α si deriva una contraddizione, α non può essere vera e quindi possiamo affermare la sua negazione. Questa strategia logica spesso porta il nome latino di *reductio ad absurdum*, e riveste grande importanza in filosofia: su di essa si fondava, ad esempio, la procedura della *confutazione dialettica*, in cui Socrate era maestro. È noto che Socrate diceva di non saper nulla, ovvero di sapere soltanto che egli non sapeva nulla. Tuttavia, a ben vedere sapeva almeno un'altra cosa: che *la contraddizione è sempre falsa*. Perciò, per rigettare la tesi di un suo interlocutore, l'assumeva provvisoriamente come valida, e la riduceva all'assurdo mostrando come da essa si potesse dedurre una contraddizione, sì da confutarla.

Ciò a cui si mira mediante (I¬), dunque, è giungere a una conclusione negativa: ¬α. La tesi α viene assunta come valida solo temporaneamente, e la nostra strategia consiste nell'arrivare a ¬α mostrando che l'ipotesi che α valga può essere confutata. Si ritiene che la *reductio* esprima le nostre intuizioni più basilari, o minime, su negazione e contraddizione – e infatti (I¬) è l'unica regola per la negazione assunta in un tipo di logica detta *logica minimale*, dovuta a

I. Johansson, e in cui non valgono (E¬) e legge di Scoto. Di qui le altre denominazioni usate per l'introduzione della negazione, che viene anche detta *regola dell'assurdo minimale*, o *regola minimale della negazione*.
Consideriamo questo esempio:

$P \to Q, P \to \neg Q \vdash \neg P$

(1)	1	$P \to Q$	Ass
(2)	2	$P \to \neg Q$	Ass
(3)	3	P	Ass
(4)	1, 3	Q	1, 3, E→
(5)	2, 3	$\neg Q$	2, 3, E→
(6)	1, 2	$\neg P$	3, 4, 5, I¬

Per derivare la conclusione $\neg P$ abbiamo assunto provvisoriamente P alla riga (3), nell'intento di ridurre questa assunzione all'assurdo, il che avviene al passo n. 6.

Un importante quanto semplice teorema dimostrabile con (I¬) è il seguente:

$\vdash (\alpha \to \neg \alpha) \to \neg \alpha$ [*Legge di autocontraddizione*]

(1)	1	$\alpha \to \neg \alpha$	Ass
(2)	2	α	Ass
(3)	1, 2	$\neg \alpha$	1, 2, E→
(4)	1	$\neg \alpha$	2, 2, 3, I¬
(5)		$(\alpha \to \neg \alpha) \to \neg \alpha$	1, 4, I→

Si noti che, al passo n. 4, (I¬) si applica per due volte alla riga (2), ossia la formula α figura sia come l'assunzione da ridurre all'assurdo, sia come una delle due formule (α, $\neg \alpha$) da essa derivate: l'idea sottostante, naturalmente, è che da ogni formula segue (banalmente) la formula stessa. La legge di autocontraddizione, che a sua volta viene spesso chiamata *reductio ad absurdum*, ci dice che se una formula implica la sua negazione essa va senz'altro negata.

Fra gli schemi dimostrabili con (I¬) ricordiamo anche:

$\alpha \to \beta, \neg \beta \vdash \neg \alpha,$

3. Deduzioni... naturali

la cui prova lasciamo come esercizio al lettore. Questa forma d'argomento porta il nome medievale di *modus tollendo tollens* o, brevemente, *modus tollens*: vi si mostra che *togliendo*, ossia negando, il conseguente di un condizionale, se ne può *togliere*, ossia negare, l'antecedente nella conclusione. Un esempio di questo schema è il ragionamento incontrato all'inizio del nostro libro:

(P1) Se questa luce è emessa da una sorgente con un intenso campo gravitazionale, allora lo spettro di questa luce presenta uno spostamento verso il rosso;
(P2) Lo spettro di questa luce non presenta uno spostamento verso il rosso;
 quindi,
(C) Questa luce non è emessa da una sorgente con intenso campo gravitazionale.

Il teorema corrispondente al *modus tollens* si ottiene applicandovi due passi di (I→):

$\vdash (\alpha \to \beta) \to (\neg \beta \to \neg \alpha)$ [*Legge di contrapposizione (debole)*]

Questo schema ci mostra come la negazione *inverta* le relazioni di implicazione: se α implica β, allora la negazione di β implica la negazione di α.

3.2.10. «*Due negazioni fanno un'affermazione*»

La regola di *eliminazione della doppia negazione*, o semplicemente *della doppia negazione*, abbreviata in «DN», permette di derivare una qualunque formula α dalla negazione della sua negazione, $\neg\neg\alpha$:

$$\frac{\neg\neg\alpha}{\alpha} \text{ (DN)}.$$

Questa regola sembra corretta e molto intuitiva (ad esempio: se non è il caso che non piove, allora piove). Eppure è stata criticata particolarmente in un tipo di logica, la *logica intuizionistica*, che costituisce un vero e proprio paradigma alternativo alla logica classica. Nel calcolo classico invece (DN) svolge un ruolo importante, consentendo sempre di *ridurre* le (doppie) negazioni ottenute. Ad esempio, solo mediante (DN) si può dimostrare il fondamentale *principio del terzo escluso*, già visto al paragrafo 1.5.2. Il terzo escluso è un principio caratteristico proprio della logica classica, mentre viene rifiutato nelle cosiddette logiche subclassiche, come appunto l'intuizionistica e la minimale.

⊢ α ∨ ¬α   [*Legge del terzo escluso o* tertium non datur]

(1)	1	¬(α ∨ ¬α)	Ass
(2)	2	α	Ass
(3)	2	α ∨ ¬α	2, I∨
(4)	1, 2	α ∧ ¬(α ∨ ¬α)	1, 2, I∧
(5)	1, 2	¬(α ∨ ¬α)	4, E∧
(6)	1	¬α	2, 3, 5, I¬
(7)	1	α ∨ ¬α	6, I∨
(8)		¬¬(α ∨ ¬α)	1, 1, 7, I¬
(9)		α ∨ ¬α	8, DN

Si osservi il percorso seguito in questa dimostrazione schematica. Vi si inizia assumendo al passo n. 1 la *negazione* di ciò che vogliamo dimostrare, che al passo n. 8 viene *negata* mediante (I¬), ovvero ridotta all'assurdo, ottenendo ¬¬(α ∨ ¬α). Quindi, al passo n. 9 si riducono le negazioni mediante (DN). Questo tipo di metodo è detto *dell'inferenza indiretta*, è anch'esso tipico della logica classica e assai frequente nelle scienze deduttive. In matematica (classica) si ammette, infatti, di poter derivare un enunciato non deducendolo per via diretta, ma dimostrandolo indirettamente: ossia, assumendo provvisoriamente *la sua negazione*, e refutando questa col dedurne una contraddizione, per arrivare all'enunciato stesso. Le prove matematiche che seguono questo metodo, oltre che indirette, sono anche dette *non costruttive*. La strategia è riassunta nel seguente schema, il quale è dimostrabile appunto mediante la regola (DN):

⊢ (¬α → β) → ((¬α → ¬β) → α).   [*Legge dell'inferenza indiretta*]

Una qualsiasi formula α segue dal fatto che dalla sua negazione seguono sia β che ¬β (quindi, una contraddizione).
Un altro importante teorema dimostrabile per questa via è:

3. Deduzioni... naturali

⊢ $(\neg\alpha \to \alpha) \to \alpha$ [*Legge di autofondazione o* consequentia mirabilis]

(1)	1	$\neg\alpha \to \alpha$	Ass
(2)	2	$\neg\alpha$	Ass
(3)	1, 2	α	1, 2, E→
(4)	1	$\neg\neg\alpha$	2, 2, 3, I¬
(5)	1	α	4, DN
(6)		$(\neg\alpha \to \alpha) \to \alpha$	1, 5, I→

Anche in questo caso abbiamo proceduto per via indiretta: volendo derivare un condizionale come teorema, al passo n. 1 ne abbiamo assunto l'antecedente, e al passo n. 2 la *negazione* del conseguente, nell'intento di ridurre questa all'assurdo. Dalla negazione della negazione di α, poi, (DN) al passo n. 5 ci ha consentito di inferire α stessa. La *consequentia mirabilis* merita senz'altro il suo nome: infatti ci mostra che, sulla base delle nostre regole, una formula vale senz'altro se essa è implicata dalla sua stessa negazione.

Sono classicamente dimostrabili le due *leggi di De Morgan*, che esprimono importanti rapporti fra congiunzione, disgiunzione e negazione. Le enunciamo soltanto:

⊢ $\alpha \lor \beta \leftrightarrow \neg(\neg\alpha \land \neg\beta)$
⊢ $\alpha \land \beta \leftrightarrow \neg(\neg\alpha \lor \neg\beta)$

(dovreste avere già mostrato che le corrispondenti istanze enunciative sono tautologiche, mediante le tavole di verità, svolgendo l'esercizio n. 10 alla fine del capitolo 1). La prima mostra che la disgiunzione di due formule α e β equivale alla negazione della congiunzione delle negazioni di α e di β; la seconda, che la congiunzione di due formule α e β equivale alla negazione della disgiunzione delle negazioni di α e di β.

È dimostrabile mediante (DN) anche la contrapposizione classica:

⊢ $(\neg\alpha \to \neg\beta) \to (\beta \to \alpha)$ [*Legge classica di contrapposizione, o di Łukasiewicz*]

| (1) | 1 | $\neg\alpha \to \neg\beta$ | Ass |
| (2) | 2 | β | Ass |

(3)	3	$\neg\alpha$	Ass
(4)	1, 3	$\neg\beta$	1, 3, E$\rightarrow$
(5)	2, 3	$\neg\alpha \wedge \beta$	2, 3, I$\wedge$
(6)	2, 3	β	5, E$\wedge$
(7)	1, 2	$\neg\neg\alpha$	3, 4, 6, I$\neg$
(8)	1, 2	α	7, DN
(9)	1	$\beta \rightarrow \alpha$	2, 8, I$\rightarrow$
(10)		$(\neg\alpha \rightarrow \neg\beta) \rightarrow (\beta \rightarrow \alpha)$	1, 9, I$\rightarrow$

Nel complesso, dunque, la sistemazione della negazione nel nostro sistema formale è abbastanza articolata. È il caso di ricordare che aggiungendo (DN) a un sistema con la sola regola minimale della negazione (I¬) otteniamo l'intera logica classica; ciò vuol dire che, avendo (DN), la regola di eliminazione della negazione diventa «ridondante». Tuttavia, la presentazione con tre regole ha il vantaggio di rendere perspicua la stratificazione delle logiche quanto al trattamento della negazione: con solo (I¬) abbiamo (tipicamente) la logica minimale; con (E¬), abbiamo il trattamento della negazione caratteristico della logica intuizionistica; e con anche (DN) abbiamo la classica.

3.2.11. *L'introduzione di teorema*

Concludiamo la parte dedicata alla logica enunciativa accennando a una interessante caratteristica del calcolo della deduzione naturale e di sistemi deduttivi analoghi, ossia alla loro *progressività*. Ciò vuol dire che è possibile usare i risultati di dimostrazioni già effettuate per accorciare ulteriori dimostrazioni. La procedura è analoga a quella seguita, ad esempio, in geometria: una volta che un teorema della geometria è stato acquisito, si può utilizzarlo per ottenere nuovi risultati, senza doverne ripetere la dimostrazione. Similmente, una volta che una formula è stata derivata come teorema nel calcolo della deduzione naturale, noi possiamo riutilizzarla in derivazioni successive. Possiamo stabilire una regola di *introduzione di teorema*, che abbrevieremo in «IT». Essa permette di introdurre in qualunque passo di una dimostrazione un teorema già dimostrato, direttamente in forma schematica se abbiamo a che fare con una prova schematica – ad esempio: $(\alpha \rightarrow \beta) \rightarrow ((\beta \rightarrow \gamma) \rightarrow (\alpha \rightarrow \gamma))$ – o in una sua individuazione – ad esempio: $(P \to Q) \to ((Q \to R) \to (P \to R))$. Nella colonna delle assunzioni, alla riga in cui viene assunto il teorema, non si scriverà alcun numero, appunto perché i teoremi non dipendono da alcuna assunzione.

Facciamo soltanto un esempio, considerando il seguente argomento:

$P \vdash (P \wedge Q) \vee (P \wedge \neg Q)$

(1)	1	P	Ass
(2)		$Q \vee \neg Q$	IT $\alpha \vee \neg \alpha$, con $\alpha = Q$
(3)	3	Q	Ass
(4)	1, 3	$P \wedge Q$	1, 3, I$\wedge$
(5)	1, 3	$(P \wedge Q) \vee (P \wedge \neg Q)$	4, I$\vee$
(6)	6	$\neg Q$	Ass
(7)	1, 6	$P \wedge \neg Q$	1, 6, I$\wedge$
(8)	1, 6	$(P \wedge Q) \vee (P \wedge \neg Q)$	7, I$\vee$
(9)	1	$(P \wedge Q) \vee (P \wedge \neg Q)$	2, 3, 5, 6, 8, E$\vee$

Dopo aver assunto alla riga (1) l'unica premessa, la dimostrazione procede introducendo, alla riga (2), la formula $Q \vee \neg Q$, ossia (un'istanza del)la legge del terzo escluso. Nella colonna delle assunzioni non figura dunque alcun numero. Quindi, si deduce la conclusione voluta da ciascuno dei suoi due disgiunti, in vista di un'applicazione di (E$\vee$). Questo stratagemma consente di abbreviare la prova, evitando di dover ridimostrare all'interno di essa il terzo escluso come teorema, visto che è stato già dimostrato precedentemente in forma schematica. Allo stesso modo, molte altre dimostrazioni possono essere sensibilmente accorciate.

Si badi che la regola (IT), tuttavia, *non è una regola fondamentale* o, come anche si dice, *primitiva*, della deduzione naturale, bensì una regola *derivata*. Con ciò si intende affermare che essa rende più spedito il calcolo, ma non ne aumenta la potenza inferenziale: non permette di dimostrare cose che altrimenti, usando le sole regole primitive, non potremmo provare. La sua funzione è unicamente quella di abbreviare le dimostrazioni, sfruttando risultati già precedentemente acquisiti.

3.3. Il calcolo elementare, o dei predicati

Le regole d'inferenza introdotte finora, come si è visto, sfruttano le proprietà dei soli connettivi vero-funzionali, e consentono soltanto manipolazioni e trasformazioni enunciative di formule. In questo senso, dal punto di vista deduttivo non siamo in grado di far più di quanto non facessimo già mediante le tavole di verità al capitolo 1: possiamo cioè trattare efficacemente inferenze la cui validità dipende dalla sola struttura «connettivale» delle formule che le compongono. Se vogliamo che il nostro sistema formale possa trattare anche i ragionamenti la cui correttezza dipende dalle espressioni di generalità, ossia dai quantificatori, è necessario dotarlo di regole ulteriori. Anche in questo caso avremo, per ciascuno dei due quantificatori, una regola di introduzione e una di eliminazione; questa estensione fa passare il sistema della deduzione naturale dal calcolo enunciativo a quello *dei predicati*, o *elementare*.

3.3.1. Eliminazione dell'universale

Per comprendere il funzionamento delle regole sui quantificatori, osserviamo anzitutto come vi sia un'analogia fra il quantificatore universale e la congiunzione. Nel caso di discorsi che vertono su un numero *finito* di oggetti quest'analogia diventa un'equivalenza. Poniamo infatti che la variabile x vari su tre soli oggetti, che indicheremo coi nomi propri m, n, o. Allora, dire che tutti gli oggetti hanno F, ossia $\forall x F(x)$, è come dire che l'oggetto m ha F, e l'oggetto n ha F, e l'oggetto o ha F: $F(m) \wedge F(n) \wedge F(o)$. Se volessimo parlare sempre e solo di insiemi finiti di cose, il quantificatore universale sarebbe rimpiazzabile da una congiunzione più o meno lunga. Poiché però nelle scienze deduttive si parla spesso di un'infinità di oggetti (ad esempio, dei numeri naturali in aritmetica), ci occorre $\forall$, che possiamo dunque pensare, per così dire, come una specie di «generalizzazione transfinita» di $\wedge$.

Possiamo allora intendere la prima regola che governa il quantificatore universale, la regola di *eliminazione dell'universale*, abbreviata in «E$\forall$», in analogia con l'eliminazione della congiunzione. (E$\wedge$), come sappiamo, ci dice che da una congiunzione possiamo derivare uno dei congiunti. Analogamente, (E$\forall$) ci dice che, se una formula α vale per *tutte le cose* di cui parliamo, allora essa varrà per singoli casi:

3. Deduzioni... naturali

$$\frac{\forall x\alpha}{\alpha[x/t]} \quad (E\forall)$$

(ricordiamo che t deve essere libero per x in α, ossia la sostituzione deve essere legittima). La conclusione dipenderà da tutte le assunzioni da cui dipendeva la premessa. ($E\forall$) viene chiamata a volte anche regola di *esemplificazione* perché, a partire da un'asserzione universale, consente di derivarne singoli casi che la esemplificano. È piuttosto intuitivo che sia una buona regola d'inferenza, cioè che la conclusione di ogni sua applicazione sia una conseguenza logica della premessa: ciò che vale per tutti vale per chiunque, ossia per qualunque singolo individuo.

Con questa regola, il nostro sistema formale ci consente, finalmente, di fornire una dimostrazione formale della correttezza del nostro famoso argomento funebre:

(P1) Tutti gli uomini sono mortali;
(P2) Socrate è un uomo;
 quindi,
(C) Socrate è mortale.

Usiamo le costanti predicative U e M, rispettivamente, per la proprietà di essere un uomo e per quella di essere mortale, il nome proprio s per Socrate, e avremo:

$\forall x(U(x) \to M(x)), U(s) \vdash M(s)$

(1)	1	$\forall x(U(x) \to M(x))$	Ass
(2)	2	$U(s)$	Ass
(3)	1	$U(s) \to M(s)$	1, $E\forall$
(4)	1, 2	$M(s)$	2, 3, $E\to$

(si badi che qui usiamo per un po' la lettera s come un nome proprio, anziché come una metavariabile per termini). Dopo aver assunto le due premesse del ragionamento alle prime due righe, abbiamo eliminato l'universale alla riga (3): se *tutti* gli uomini sono mortali (come si dice alla riga (1)), allora in particolare, se Socrate è un uomo, è mortale. La formula della riga (3) è stata ottenuta (a) *eliminando* dalla formula della riga (1) il quantificatore universale, e (b) *sostituendo*, nella funzione enunciativa rimanente, ossia $U(x) \rightarrow M(x)$, alla variabile x il nome proprio s.

Si noti che, per come è formulata, la regola di eliminazione dell'universale consente di effettuare anche il solo passaggio (a). Ad esempio, consente di derivare da $\forall x F(x)$ non solo, poniamo, $F(m)$ – con m nome proprio – ma anche la formula *aperta* $F(x)$. In questo caso, si potrebbe considerare che il termine t sostituito a x in α sia x stesso, e naturalmente $\alpha[x/x] = \alpha$. Dunque la regola consente anche, semplicemente, di togliere un quantificatore, rimanendo con una formula che ha la corrispondente variabile libera in una o più occorrenze.

3.3.2. Introduzione dell'universale

La regola inversa, detta di *introduzione dell'universale* (abbreviata in «I∀»), o anche di *generalizzazione universale*, serve invece per derivare una formula universale come *conclusione*. Essa presenta una certa analogia con la regola di introduzione della congiunzione: se volessimo parlare solo dei nostri tre oggetti m, n e o, e provare che $\forall x F(x)$, potremmo provare che m ha F, e che n ha F, e che o ha F, così come, se volessimo derivare come conclusione una congiunzione, dovremmo cercare di ottenere ciascuno dei congiunti separatamente. Ottenere $\forall x F(x)$ per questa via, e cioè mostrando una per una che tutte le cose hanno F, sarà però un compito mai concluso se parliamo di un'infinità di cose.

La strategia da usare qui è analoga a quella utilizzata, ad esempio, dal professore di matematica a scuola, allorché dimostra alla classe che tutti i triangoli hanno una certa proprietà (ad esempio, quella di avere la somma degli angoli interni uguale a 180°). Egli comincia disegnando alla lavagna *un certo* triangolo ABC, sul quale conduce la dimostrazione. Poi ne conclude che *tutti* i triangoli godono della proprietà dimostrata. Quest'inferenza dal singolo caso all'universale è legittima perché ABC, pur essendo *un certo* triangolo, sta per un *qualunque* triangolo (è stato scelto a caso, arbitrariamente, fra tutti i triangoli possibili). In particolare, nella dimostrazione non devono entrare in gioco le caratteristiche che differenziano quel triangolo dagli altri, ad es. quella di essere un triangolo scaleno, fatto così e così, piuttosto che isoscele, etc.

3. Deduzioni... naturali

La regola (I∀) sfrutta questo principio e il valore *arbitrario* delle variabili libere: poiché $x, y, \ldots$, come sappiamo dal capitolo 2, quando non sono vincolate funzionano come una sorta di pronomi, e possono stare indeterminatamente per oggetti qualsiasi, ciò che si dimostra per variabili libere (con certe restrizioni, di cui diremo subito sotto) vale implicitamente per qualsiasi cosa appartenga al loro campo di variazione. In questo contesto, una variabile libera somiglia un po' a quei nomi fittizi che si usano talvolta nei compiti di scuola:

(1) Tizio va al mercato e spende cinquanta euro
(2) Poniamo che Fido mangi due etti di crocchette al giorno, allora...

Sarebbe fuori luogo chiedere se Tizio sia un bell'uomo, o chi sia il padrone di Fido, perché in (1) «Tizio» sta per un uomo qualsiasi, e in (2) «Fido» sta per un cane qualsiasi. Ora, se riusciamo ad esempio a derivare $F(x)$, per un x completamente arbitrario, la nostra derivazione di $F(x)$ funge da *schema* applicabile a qualsiasi particolare oggetto nel campo di variazione della variabile. Questo ci legittima a inferirne $\forall x F(x)$. La forma più generale della regola di introduzione dell'universale è dunque:

$$\frac{\alpha[x]}{\forall y \alpha[x/y]} \quad (I\forall)$$

e la conclusione dipenderà, al solito, da tutte le assunzioni da cui dipendeva la premessa.

La regola (I∀) va sottoposta a due condizioni restrittive. (a) Anzitutto, la variabile y non deve comparire libera in α. Ciò, a meno che y non coincida con x stessa – e normalmente si procede proprio così, ossia spesso si applica la regola nella sua variante speciale semplificata:

$$\frac{\alpha[x]}{\forall x \alpha} \quad (I\forall).$$

(b) Inoltre, la regola può essere applicata solo se la formula $\alpha[x]$, che funge da premessa, non dipende da *assunzioni in cui la stessa varia-*

bile x compariva libera. Ciò perché in tal caso *x* non potrebbe essere considerato completamente arbitrario: quel che si afferma intorno a *x* potrebbe non essere «tipico», dunque generalizzabile universalmente, appunto perché dipende da assunzioni particolari intorno a *x* (così come la conclusione ottenuta per il triangolo ABC, nell'esempio di cui sopra, può essere generalizzata a tutti i triangoli solo in quanto ABC funziona come un triangolo completamente arbitrario: non si è fatto uso di assunzioni su caratteristiche particolari che distinguono quel triangolo dagli altri). Ecco un esempio di corretta applicazione della regola. Consideriamo l'argomento:

(P1) Tutti gli animali sono mortali;
(P2) Tutti gli uomini sono animali;
  quindi,
(C) Tutti gli uomini sono mortali,

che possiamo formalizzare così:

$\forall x(A(x) \to M(x)), \forall x(U(x) \to A(x)) \vdash \forall x(U(x) \to M(x))$

(1)	1	$\forall x(A(x) \to M(x))$	Ass
(2)	2	$\forall x(U(x) \to A(x))$	Ass
(3)	1	$A(x) \to M(x)$	1, E$\forall$
(4)	2	$U(x) \to A(x)$	2, E$\forall$
(5)	5	$U(x)$	Ass
(6)	2, 5	$A(x)$	4, 5, E$\to$
(7)	1, 2, 5	$M(x)$	3, 6, E$\to$
(8)	1, 2	$U(x) \to M(x)$	5, 7, I$\to$
(9)	1, 2	$\forall x(U(x) \to M(x))$	8, I$\forall$

Dopo le assunzioni iniziali, alle righe (3) e (4) si eliminano i quantificatori rimanendo con formule aperte (ciò che la regola (E$\forall$), come sappiamo, ci consente di fare). Quindi si procede con manipolazioni puramente enunciative. Ora, si noti che al passo n. 8 la formula $U(x) \to M(x)$ dipende dalle assunzioni (1) e (2); e in queste la variabile *x* non compariva *libera*, bensì vincolata: perciò è possibile applicarvi (I$\forall$) correttamente, per ottenere la conclusione voluta.

3.3.3. Eliminazione dell'esistenziale

Come vi è una stretta relazione fra quantificatore universale e congiunzione, così vi è una stretta relazione fra quantificatore esistenziale e disgiunzione. Poniamo infatti che x vari su tre soli oggetti, che chiameremo ancora coi nomi propri m, n, o. Allora dire che $\exists x F(x)$, ossia che qualcosa (*almeno un* oggetto) ha F, è come dire che l'oggetto m ha F, *oppure* l'oggetto n ha F, *oppure* l'oggetto o ha F: $F(m) \lor F(n) \lor F(o)$. Per le caratteristiche vero-funzionali della disgiunzione, infatti, quest'ultima espressione sarà vera se e solo se *almeno uno* dei disgiunti è vero, cioè se vi è almeno uno fra i nostri tre oggetti, che ha F. Anche in questo caso, dobbiamo usare il quantificatore esistenziale perché, nel caso di discorsi vertenti su un numero infinito di oggetti, non possiamo rappresentare una disgiunzione con infiniti disgiunti.

La regola di *eliminazione dell'esistenziale*, abbreviata in «E∃», può essere allora compresa in analogia con la regola di eliminazione della disgiunzione. Come sappiamo, (E∨) viene usata per derivare una qualunque conclusione γ da una disgiunzione α ∨ β. La strategia consiste nel derivare γ da ciascuno dei disgiunti separatamente, usando eventualmente altre assunzioni. Analogamente, l'eliminazione dell'esistenziale si utilizza allorché si vuole derivare una qualunque conclusione γ da una formula quantificata esistenzialmente, ad esempio: $\exists x F(x)$. In questo caso, tuttavia, se abbiamo a che fare con infiniti oggetti, alla formula $\exists x F(x)$ dovrebbe corrispondere appunto, per così dire, una sorta di «disgiunzione infinita», e noi non potremmo mai finire di derivare γ da ciascuno degli infiniti disgiunti presi separatamente.

Ci viene ancora in aiuto, però, la caratteristica delle variabili libere di poter stare per oggetti qualsiasi – caratteristica che avevamo già sfruttato nella regola di introduzione dell'universale. Possiamo infatti tentare di provare che γ segue da $F(x)$: poiché infatti ciò che si prova per variabili libere (daccapo, con certe restrizioni che diremo subito sotto) vale per cose qualsiasi nel loro campo di variazione, una prova di γ in dipendenza da $F(x)$ funge da schema, che rappresenta un'implicita deduzione di γ da tutti i disgiunti che $F(x)$ (chiamato dunque talvolta il *disgiunto-tipo*) esprime. La forma generale della regola di eliminazione dell'esistenziale, perciò, è:

$$\frac{[\alpha[x]]}{\vdots}$$
$$\frac{\exists y\alpha[x/y],\ \gamma}{\gamma} \quad (E\exists)$$

La strategia si basa sulla seguente idea: c'è qualcosa per cui vale una certa condizione; e γ segue dall'assunzione che la condizione valga per un qualunque oggetto x arbitrariamente scelto; allora, γ segue senz'altro. E come nel caso di (E∨) si scaricavano le assunzioni dei singoli disgiunti, così in (E∃) si scarica l'assunzione del disgiunto-tipo.

Come (I∀), anche (E∃) va soggetta a condizioni restrittive per evitare deduzioni scorrette. In questo caso, le restrizioni sono tre. (a) Anzitutto la variabile y non deve comparire libera in α. Ciò, a meno che y non coincida con x stessa – cosa che viene spessa assunta; spesso cioè si applica la regola nel suo caso speciale semplificato:

$$\frac{[\alpha[x]]}{\vdots}$$
$$\frac{\exists x\alpha,\ \gamma}{\gamma} \quad (E\exists)$$

(b) In secondo luogo, si richiede che la variabile x non compaia libera nelle assunzioni utilizzate per derivare la conclusione γ dal disgiunto-tipo (anche se naturalmente comparirà libera nel disgiunto-tipo stesso). Come nel caso della regola di introduzione dell'universale, questa restrizione è motivata dal fatto che x deve essere completamente arbitrario. (c) Infine, occorre che la variabile x non sia libera *neppure in* γ, ovvero nella conclusione che si vuol derivare. Se così fosse, infatti, potremmo provare il ragionamento evidentemente scorretto: «C'è un numero dispari; quindi, tutti i numeri sono dispari».

$\exists xD(x) \vdash \forall xD(x)$

3. Deduzioni... naturali   131

(1) 1 ∃xD(x)   Ass
(2) 2 D(x)   Ass
(3) 1 D(x)   1, 2, 2, E∃ ?
(4) 1 ∀xD(x)   3, I∀

Qui l'introduzione di ∀ alla riga (4) è corretta, perché la formula della riga (3), cui la regola si applica, dipende solo da assunzioni (precisamente la formula della riga (1)) in cui la variabile x non è libera. A essere errato è proprio il passo di (E∃), perché la conclusione in questione, $D(x)$, contiene occorrenze libere di x.

3.3.4. Introduzione dell'esistenziale

La regola di *introduzione dell'esistenziale*, abbreviata in «I∃», detta anche di *generalizzazione esistenziale* e talvolta di *particolarizzazione*, è piuttosto intuitiva. La si usa per derivare formule quantificate esistenzialmente come conclusione, e dice che se una condizione vale per un qualunque t, allora esiste qualcosa per cui vale quella condizione (ad es. se Maurizio Costanzo ha i baffi, allora c'è qualcuno che ha i baffi):

$$\frac{\alpha[x/t]}{\exists x \alpha} \quad (I\exists)$$

(al solito, t deve essere libero per x in α). La conclusione dipenderà da tutte le assunzioni da cui dipende la premessa. Si noti che (I∃) ci consente di ottenere una formula quantificata esistenzialmente, come ad es. $\exists xF(x)$, sia da un enunciato ossia da una formula chiusa come $F(m)$, sia da una formula aperta come $F(x)$. Nel primo caso, ossia con $\alpha[x/t] = F(m)$, (a) sostituiamo alla costante individuale m la variabile x, e (b) introduciamo quindi il quantificatore esistenziale. Nel secondo caso, introduciamo direttamente l'esistenziale.

Si consideri ora il seguente schema:

$\forall x\alpha \vdash \exists x\alpha$

(1) 1 ∀xα   Ass
(2) 1 α[x/t]   1, E∀
(3) 1 ∃xα   2, I∃

«Ciò che vale per tutti, vale per qualcosa». Questa semplicissima prova schematica ci mostra che nel nostro sistema formale è possibile dedurre una formula quantificata esistenzialmente, dunque una formula la quale afferma che *esiste qualcosa, tale che...*, da qualunque formula quantificata universalmente (infatti α, al solito, può stare per una formula qualsiasi). In questo senso, il nostro sistema *presuppone che esista qualcosa*, cioè che l'universo del discorso non sia vuoto (su cosa sia un «universo del discorso» diremo di più nel capitolo successivo). Alcuni hanno considerato un problema il fatto che si possano dedurre per via meramente logica affermazioni esistenziali incondizionate. Di qui sono sorti sistemi di logica, detti *logiche inclusive*, che rimediano a questi difetti di «purezza logica», e in cui lo schema di dimostrazione appena presentato non vale.

Un esempio di argomento la cui correttezza è dimostrabile combinando le regole di introduzione ed eliminazione dell'esistenziale è il seguente:

(P1) Chi ha bevuto non guida;
(P2) Qualcuno a questo tavolo ha bevuto;
   quindi,
(C) Qualcuno a questo tavolo non guida.

Usando B per la proprietà di aver bevuto, T per quella di essere a questo tavolo, G per quella di guidare, avremo:

$\forall x(B(x) \to \neg G(x)), \exists x(T(x) \land B(x)) \vdash \exists x(T(x) \land \neg G(x))$

(1)	1	$\forall x(B(x) \to \neg G(x))$	Ass
(2)	2	$\exists x(T(x) \land B(x))$	Ass
(3)	3	$T(x) \land B(x)$	Ass
(4)	1	$B(x) \to \neg G(x)$	1, E$\forall$
(5)	3	$B(x)$	3, E$\land$
(6)	1, 3	$\neg G(x)$	4, 5, E$\to$
(7)	3	$T(x)$	3, E$\land$
(8)	1, 3	$T(x) \land \neg G(x)$	6, 7, I$\land$
(9)	1, 3	$\exists x(T(x) \land \neg G(x))$	8, I$\exists$
(10)	1, 2	$\exists x(T(x) \land \neg G(x))$	2, 3, 9, E$\exists$

Alla riga (3) abbiamo assunto il disgiunto-tipo corrispondente a (2), in vista di un'applicazione di (E∃), effettuata alla riga (10). Quanto alle restrizioni su (E∃), si noti che la variabile x non compare libera né nella conclusione che volevamo derivare, né in altre assunzioni (nel caso, la (1)) utilizzate per derivarla dal disgiunto tipo.

3.3.5. Proprietà dei quantificatori

In questo paragrafo presenteremo alcuni teoremi e schemi d'inferenza che illustrano il comportamento dei due quantificatori. Forniremo le dimostrazioni solo per certi casi, visto che perlopiù queste si ottengono con semplici passaggi di introduzione ed eliminazione di $\forall$ e $\exists$ (le regole per i quantificatori sono difficili da *formulare*, ma non da adoperare: come si sperimenterà svolgendo gli esercizi alla fine di questo capitolo, spesso le deduzioni in calcolo dei predicati sono più facili di quelle in calcolo enunciativo).

Anzitutto, vi sono due schemi che riguardano lo scambio dei quantificatori:

$\forall x \forall y \alpha \vdash \forall y \forall x \alpha$

$\exists x \exists y \alpha \vdash \exists y \exists x \alpha$,

i quali ci dicono che l'ordine dei quantificatori omogenei è indifferente. Lo stesso non accade per le coppie di quantificatori eterogenei. Vale infatti:

$\exists y \forall x \alpha \vdash \forall x \exists y \alpha$.

Non vale però per qualunque α lo schema inverso:

$\forall x \exists y \alpha \vdash \exists y \forall x \alpha$.

Per ripetere un esempio già visto al capitolo precedente: dal fatto che tutti hanno una madre non segue che qualcuno è madre di tutti. Le relazioni per cui quest'inversione vale si dicono *uniformabili*.

Consideriamo quindi le due leggi del *cambio alfabetico*: se y non è libera, rispettivamente, in $\forall x \alpha$ e $\exists x \alpha$, valgono:

$\vdash \forall x \alpha \leftrightarrow \forall y (\alpha[x/y])$

$\vdash \exists x \alpha \leftrightarrow \exists y (\alpha[x/y])$.

Questi due teoremi illustrano l'intercambiabilità delle variabili vincolate: $\forall x F(x)$ e $\forall y F(y)$, ad esempio, dicono la stessa cosa, ossia che tutto ha F. Naturalmente il cambio alfabetico deve essere legittimo, ossia non deve mutare il senso della formula. La restrizione per cui y non deve essere libera in $\forall x\alpha$ e $\exists x\alpha$ garantisce proprio questo: ad esempio, da $\exists x M(x, y)$, in cui y è libera, non si passa a $\exists y M(y, y)$ (dal fatto che un y ha una madre non segue che qualcuno sia madre di se stesso).

Abbiamo detto delle analogie sussistenti fra $\forall$ e $\wedge$, e fra $\exists$ e $\vee$. Sui rapporti fra i quantificatori e i connettivi di congiunzione e disgiunzione, valgono le equivalenze intuitive:

$\vdash \forall x(\alpha \wedge \beta) \leftrightarrow \forall x\alpha \wedge \forall x\beta$

$\vdash \exists x(\alpha \vee \beta) \leftrightarrow \exists x\alpha \vee \exists x\beta$.

Vale poi il teorema:

$\vdash \exists x(\alpha \wedge \beta) \rightarrow \exists x\alpha \wedge \exists x\beta$

(1)	1	$\exists x(\alpha \wedge \beta)$	Ass
(2)	2	$\alpha \wedge \beta$	Ass
(3)	2	α	2, E$\wedge$
(4)	2	$\exists x\alpha$	3, I$\exists$
(5)	2	β	2, E$\wedge$
(6)	2	$\exists x\beta$	5, I$\exists$
(7)	2	$\exists x\alpha \wedge \exists x\beta$	4, 6, I$\wedge$
(8)	1	$\exists x\alpha \wedge \exists x\beta$	1, 2, 7, E$\exists$
(9)		$\exists x(\alpha \wedge \beta) \rightarrow \exists x\alpha \wedge \exists x\beta$	1, 8, I$\rightarrow$

Non vale invece l'implicazione inversa: il fatto che c'è un numero pari e c'è un numero dispari non implica che vi sia un numero, che è sia pari che dispari. Si può controllare che le restrizioni all'applicabilità di (E$\exists$) alla riga (8) della prova sono rispettate: in particolare, la variabile x non compare libera in $\exists x\alpha \wedge \exists x\beta$, né in altre assunzioni utilizzate per derivare questa formula dal disgiunto-tipo. Vale inoltre:

$\vdash \forall x\alpha \vee \forall x\beta \rightarrow \forall x(\alpha \vee \beta)$

(1)	1	$\forall x\alpha \lor \forall x\beta$	Ass
(2)	2	$\forall x\alpha$	Ass
(3)	2	α	2, E$\forall$
(4)	2	$\alpha \lor \beta$	3, I$\lor$
(5)	2	$\forall x(\alpha \lor \beta)$	4, I$\forall$
(6)	6	$\forall x\beta$	Ass
(7)	6	β	6, E$\forall$
(8)	6	$\alpha \lor \beta$	7, I$\lor$
(9)	6	$\forall x(\alpha \lor \beta)$	8, I$\forall$
(10)	1	$\forall x(\alpha \lor \beta)$	1, 2, 5, 6, 9, E$\lor$
(11)		$\forall x\alpha \lor \forall x\beta \to \forall x(\alpha \lor \beta)$	1, 10, I$\to$

Non vale invece l'implicazione inversa: il fatto che tutti i numeri sono o pari o dispari non implica che tutti i numeri siano pari o tutti i numeri siano dispari. Anche qui, si può osservare come siano rispettate le restrizioni all'applicabilità di (I$\forall$) (ai passi n. 5 e n. 9, dove le premesse dell'applicazione della regola dipendono da assunzioni in cui x non compare libera).

Sui rapporti fra i quantificatori e $\to$, citiamo solo i due schemi intuitivi:

$\forall x(\alpha \to \beta) \vdash \forall x\alpha \to \forall x\beta$
$\exists x\alpha \to \exists x\beta \vdash \exists x(\alpha \to \beta)$.

Dimostriamo la validità del primo dei due:

(1)	1	$\forall x(\alpha \to \beta)$	Ass
(2)	2	$\forall x\alpha$	Ass
(3)	1	$\alpha \to \beta$	1, E$\forall$
(4)	2	α	2, E$\forall$
(5)	1, 2	β	1, 2, E$\to$
(6)	1, 2	$\forall x\beta$	5, I$\forall$
(7)	1	$\forall x\alpha \to \forall x\beta$	2, 6, I$\to$

3.4. Il calcolo dei predicati con identità, o quasielementare

Mediante le regole finora introdotte non possiamo giustificare la correttezza del seguente ragionamento intuitivamente valido:

(P1) Ratzinger è Benedetto XVI;
(P2) Ratzinger è tedesco;
quindi,
(C) Benedetto XVI è tedesco.

Ciò è dovuto al fatto che (P1) è un enunciato d'identità, e la bontà di quest'inferenza si fonda sulle *particolari* proprietà della relazione d'identità. Per trattare questo genere di argomenti occorrono altre due regole d'inferenza, che stabiliscono il comportamento dell'identità nel calcolo e ne catturano alcune caratteristiche fondamentali. L'estensione del sistema formale così ottenuta viene detta *calcolo dei predicati con identità*, o anche calcolo *quasielementare* (si noti che il segno d'identità = non era stato introdotto come un simbolo *logico* del nostro linguaggio formale, non essendo né un connettivo né un quantificatore, bensì come un particolare predicato a due posti; tuttavia, nel calcolo esteso viene governato da regole logiche d'inferenza).

3.4.1. *Eliminazione dell'identità*

La regola di *eliminazione dell'identità* (a volte detta anche *regola di sostitutività*), abbreviata in «E=», dice che, data l'identità fra t e s, da $\alpha[x/t]$ si ricava $\alpha[x/s]$ (e viceversa):

$$\frac{t = s,\ \alpha[x/t]}{\alpha[x/s]} \qquad \frac{t = s,\ \alpha[x/s]}{\alpha[x/t]} \quad \text{(E=)}$$

(dove le lettere t e s sono, al solito, metavariabili per termini individuali: stanno dunque per termini qualsiasi che esprimono individui). (E=) si basa su un'essenziale caratteristica della relazione d'identità, il cui senso generale è espresso nel principio di *indiscernibilità degli identici*, di ascendenza leibniziana: se t è (è *identico a*) s, allora ogni proprietà di t è anche una proprietà di s e viceversa. L'identità, cioè, implica la *congruenza* degli identici rispetto a tutte le proprietà. In particolare, per l'appunto: se Ratzinger *è* Benedetto XVI, ossia se si tratta della stessa persona, e Ratzinger è tedesco, allora anche Benedetto XVI è tedesco.

Tuttavia, nel nostro linguaggio predicativo-elementare non possiamo *quantificare su* proprietà, ossia dire cose come «tutte le proprietà» o «qualche proprietà» e simili (l'esempio del capitolo 2 era: non possiamo dire cose come «Gigi ha qualità che a Piero mancano»). Come sappiamo ormai bene, disponiamo, oltre che di costanti individuali, di variabili individuali quantificabili, dunque possiamo quantificare *su*, e parlare in generale di, *individui*; non disponiamo invece di *variabili predicative* che varino su proprietà e siano quantificabili, dunque non possiamo parlare in generale di proprietà. Linguaggi che consentono la quantificazione su proprietà si chiamano di solito *del secondo ordine* (mentre il nostro linguaggio elementare, come si è già accennato, viene perciò detto anche *del primo ordine*); ma di essi non ci occupiamo nel nostro libro. Il massimo che possiamo avere al livello elementare è dunque il seguente teorema (al solito, in forma schematica con metavariabili):

⊢ $t = s \to (\alpha[x/t] \to \alpha[x/s])$ [*Legge di Leibniz, o di indiscernibilità elementare degli identici*]

(1)	1	$t = s$	Ass
(2)	2	$\alpha[x/t]$	Ass
(3)	1, 2	$\alpha[x/s]$	1, 2, E=
(4)	1	$\alpha[x/t] \to \alpha[x/s]$	2, 3, I→
(5)		$t = s \to (\alpha[x/t] \to \alpha[x/s])$	1, 4, I→

Si tratta dunque di uno schema, il quale ci mostra che l'identità implica la congruenza rispetto a tutto ciò che è *esprimibile* nel nostro linguaggio, ovvero rispetto alle proprietà e relazioni che possiamo attribuire coi mezzi linguistici di cui disponiamo.

3.4.2. *Introduzione dell'identità*

La regola di *introduzione dell'identità*, abbreviata in «I=», consente semplicemente di introdurre l'identità $t = t$ per un qualsiasi termine t come un *teorema*, ossia senza dipendenza da alcuna assunzione (l'idea è che dovrebbe trattarsi di una verità logicamente autoevidente). Abbiamo così una regola di derivazione senza premesse:

$$\frac{}{t = t} \quad (\text{I=}).$$

L'identità è una relazione *riflessiva*, e si ha il semplicissimo teorema:

⊢ $\forall x(x = x)$ [*Legge di identità*]

(1) $x = x$ I=
(2) $\forall x(x = x)$ 1, I$\forall$

«Ogni cosa è identica a se stessa» (l'applicazione di (I$\forall$) è ovviamente legittima perché la formula $x = x$, non dipendendo da nulla, non dipende da assunzioni in cui x compare libera). Utilizzando (I=) e/o (E=) possiamo dimostrare altri teoremi che esprimono proprietà fondamentali della relazione d'identità. Anzitutto, è una relazione di *equivalenza*, ossia oltre a essere riflessiva, è *simmetrica* e *transitiva*. Usando le metavariabili per termini, per la simmetria abbiamo:

⊢ $t = s \to s = t$.

(E=) si applica nella prova prendendo come $\alpha[x]$ la formula $x = t$:

(1) 1 $t = s$ Ass
(2) $t = t$ I=
(3) 1 $s = t$ 1, 2, E=
(4) $t = s \to s = t$ 1, 3, I$\to$

Per la transitività abbiamo:

⊢ $t = s \land s = r \to t = r$.

(E=) si applica prendendo come $\alpha[x]$ la formula $x = r$:

(1) 1 $t = s \land s = r$ Ass
(2) 1 $t = s$ 1, E$\land$
(3) 1 $s = r$ 1, E$\land$
(4) 1 $t = r$ 2, 3, E=
(5) $t = s \land s = r \to t = r$ 1, 4, I$\to$

Si dice anche che l'identità è *euclidea*, ossia tale che due cose identiche a una terza sono identiche fra loro:

3. Deduzioni... naturali 139

⊢ $t = r \land s = r \to t = s$.

Un esempio di argomento la cui validità è dimostrabile solo usando (E=) è il seguente:

(P1) George Bush è il padre di George W. Bush;
(P2) Nessuno è padre di se stesso;
quindi,
(C) George Bush non è George W. Bush.

Usando i nomi propri *g* per George e *w* per George W., e la lettera di predicazione *P* per la relazione di paternità, abbiamo:

$P(g, w), \forall x \neg P(x, x)$ ⊢ $g \neq w$.

(E=) si applica nella prova prendendo come $\alpha[x]$ la formula $P(g, x)$, come termine *t* il nome proprio *g*, e come termine *s* il nome proprio *w*. Abbiamo allora:

(1) 1 $P(g, w)$ Ass
(2) 2 $\forall x \neg P(x, x)$ Ass
(3) 2 $\neg P(g, g)$ 2, E∀
(4) 4 $g = w$ Ass
(5) 1, 4 $P(g, g)$ 1, 4, E=
(6) 2, 4 $g = w \land \neg P(g, g)$ 3, 4, I∧
(7) 2, 4 $\neg P(g, g)$ 6, E∧
(8) 1, 2 $g \neq w$ 4, 5, 7, I¬

Per finire, ecco un esempio di ragionamento un po' più complicato, dovuto a Quine ed Edward J. Lemmon, la cui correttezza è dimostrabile solo nel calcolo dei predicati con identità (è il tipo di deduzione che potrebbe essere formulata da Sherlock Holmes):

(P1) Solo Paolo e la guardia conoscevano la parola d'ordine;
(P2) Il ladro è qualcuno che conosceva la parola d'ordine;
quindi,
(C) Il ladro è Paolo o la guardia.

Usando *C* per la proprietà di conoscere la parola d'ordine, *L* per quella di essere il ladro, *p* per Paolo e *g* per la guardia, avremo:

$\forall x(C(x) \rightarrow x = p \vee x = g), \exists x(C(x) \wedge L(x)) \vdash L(p) \vee L(g)$

(1)	1	$\forall x(C(x) \rightarrow x = p \vee x = g)$	Ass
(2)	2	$\exists x(C(x) \wedge L(x))$	Ass
(3)	3	$C(x) \wedge L(x)$	Ass
(4)	3	$C(x)$	3, E$\wedge$
(5)	3	$L(x)$	3, E$\wedge$
(6)	1	$C(x) \rightarrow x = p \vee x = g$	1, E$\forall$
(7)	1, 3	$x = p \vee x = g$	4, 6, E$\rightarrow$
(8)	8	$x = p$	Ass
(9)	3, 8	$L(p)$	5, 8, E=
(10)	3, 8	$L(p) \vee L(g)$	9, I$\vee$
(11)	11	$x = g$	Ass
(12)	3, 11	$L(g)$	5, 11, E=
(13)	3, 11	$L(p) \vee L(g)$	12, I$\vee$
(14)	1, 3	$L(p) \vee L(g)$	7, 8, 10, 11, 13, E$\vee$
(15)	1, 2	$L(p) \vee L(g)$	2, 3, 14, E$\exists$

3.5. Considerazioni conclusive sulla deduzione naturale

Si è detto che il calcolo mediante le tavole di verità è un procedimento effettivo o meccanico. In primo luogo, ciò vuol dire che, dato un qualsiasi argomento la cui forma logica è adeguatamente esprimibile nel linguaggio enunciativo (ossia, soltanto mediante variabili enunciative e connettivi), possiamo stabilire in un numero finito di passi se è valido o invalido. La totalità degli schemi d'argomento enunciativi è naturalmente suddivisa in due insiemi separati: (a) l'insieme degli schemi validi e (b) quello degli schemi invalidi. Ora, data una qualsiasi forma d'argomento enunciativa, costruendone la tavola di verità possiamo sempre rispondere in un numero finito di passi alla domanda: in quale dei due insiemi si trova? (a) o (b)?

In secondo luogo, data una qualunque formula enunciativa, possiamo stabilire in un numero finito di passi se è o meno una tautologia, ossia una legge logico-enunciativa. Anche la totalità delle formule del linguaggio enunciativo è suddivisa in due insiemi separati: (a) l'insieme delle formule tautologiche, e (b) l'insieme di quelle non tautologiche (incoerenti o contingenti). E data una qualsiasi formula enunciativa, costruendone la tavola possiamo sempre rispondere

3. Deduzioni... naturali

in un numero finito di passi alla domanda: si trova nell'insieme (a) delle tautologie o in quello (b) delle non-tautologie? Nel complesso questa situazione viene riassunta, come già si accennava nel capitolo 1, dicendo che l'insieme delle inferenze logico-enunciative valide (rispettivamente, quello delle tautologie o leggi logico-enunciative) è *decidibile*. Le tavole di verità costituiscono appunto una *procedura di decisione* per tali insiemi, ovvero un test algoritmico per la validità e la legalità enunciative.

Le procedure con cui dimostriamo un teorema, o la validità di una forma d'argomento, nel calcolo della deduzione naturale, sembrano molto differenti da tutto ciò. Mentre la costruzione di una tavola di verità, una volta comprese le matrici dei connettivi, diventa in breve tempo del tutto automatica, la costruzione di una dimostrazione formale in deduzione naturale può richiedere una cospicua riflessione anche dopo che si è fatta molta pratica. Questo è dovuto al fatto che *il calcolo della deduzione naturale*, a differenza delle tavole, *non ha un carattere meccanico* ovvero non è una procedura effettiva. In particolare, con le tavole possiamo ottenere sia risultati «positivi» che «negativi»: possiamo stabilire, come si è detto, sia la correttezza, sia la *non* correttezza degli schemi d'argomento enunciativi. Ora, se ci viene presentata una forma d'argomento che, a nostra insaputa, è invalida, in deduzione naturale non riusciremo mai a trovarne una dimostrazione formale (in virtù della *correttezza* del calcolo, di cui si dirà al capitolo 5). Possiamo tentare di invalidare la forma d'argomento con la strategia intuitiva di ipotizzare un controesempio: nel caso, possiamo provare a «rimpolpare» le formule dello schema assegnando loro un contenuto che renda vere tutte le premesse, ma falsa la conclusione. Tuttavia, potremmo non riuscire a distinguere il caso in cui l'argomento è invalido da quello in cui è valido, ma costruirne la dimostrazione è al di là della nostra abilità.

In questo senso, se ci limitiamo alle regole del calcolo enunciativo non solo, come già anticipato, non siamo in grado di far più di quanto non facessimo con le tavole di verità; ma abbiamo anche in un certo senso un regresso, perdendo la meccanicità della procedura. D'altra parte nel calcolo dei predicati, ossia nel sistema pienamente dispiegato della deduzione naturale, possiamo trattare anche argomenti in cui occorre operare con i quantificatori. A questo livello, il metodo delle tavole non funziona più. E il carattere non effettivo del calcolo dei predicati *non è* una limitazione che affligge solo l'approccio alla logica dei predicati sviluppato in deduzione naturale: avremmo la stessa limitazione anche se costruissimo un sistema di logica dei predicati di tipo assiomatico, o d'altro genere. Un essenziale risultato della logica contemporanea, dovuto ad Alonzo Church, stabilisce infatti che *l'insieme delle inferenze logico-predicative valide* (rispettivamente, *delle leggi logico-predicative*) *non è decidibile* (anche se lo è un suo sottoinsieme: quello in cui compaiono solo formule con costanti predicative a un posto; si dice quindi che la logica dei predicati *monadica* è decidibile). Dunque, non vi è un sistema di principi, assiomi e/o regole d'inferenza della logica dei predicati che possa costituire un algoritmo per la validità, o la legalità logica, a livello predicativo. Quando abbiamo a che fare con argomenti del nostro linguaggio ordinario che raggiungono un certo grado di complessità – tipicamente: tali da dover essere tradotti in linguaggio predicativo, se se ne vuole catturare la forma logica rilevante – non esiste per essi un test algoritmico di validità.

La ricerca di dimostrazioni e derivazioni nella logica dei predicati diviene così una procedura in certa misura creativa, come accade del resto anche in matematica (questo anche se, *una volta che* una prova è stata costruita, controllare *che* è corretta, ossia che non vi sono errori nell'applicazione delle regole del calcolo, è un fatto meccanico). Spesso occorre una buona dose di ingegno per stabilire quali regole usare, e come farlo, per arrivare alle conclusioni volute. In vari casi sono possibili strategie inferenziali alternative per derivare la conclusione – è per questo che a volte, presentando le nostre dimostrazioni formali, abbiamo detto cose come: «la correttezza dello schema d'argomento è dimostrabile, *ad esempio*, così».

Esercizi

1. Dimostra in deduzione naturale la validità dei seguenti schemi d'argomento:
  a) $P \to (P \to Q), P \vdash Q$
  b) $P \to (Q \to R) \vdash Q \to (P \to R)$
  c) $P \to (Q \to R) \vdash (P \to Q) \to (P \to R)$
  d) $P \to (Q \to R) \vdash P \to ((P \to Q) \to R)$

e) $P \to (Q \to R), P, \neg R \vdash \neg Q$
f) $P \land Q \vdash P \lor Q$
g) $P \lor Q, Q \to R \vdash P \lor R$
h) $\neg P \lor Q \vdash P \to Q$
i) $P \vdash \neg\neg P$
j) $\vdash P \to (\neg Q \to \neg(P \to Q))$
k) $P \lor (Q \lor R) \vdash Q \lor (P \lor R)$
l) $\vdash (P \to Q) \lor (Q \to P)$

2. Perché la seguente derivazione non è corretta?

(1) 1 Q Ass
(2) 2 P Ass
(3) 2 $Q \to P$ 1, 2, I$\to$
(4) $P \to (Q \to P)$ 2, 3, I$\to$

3. Dimostra in deduzione naturale la validità dei seguenti schemi d'argomento:

a) $\vdash \forall x(F(x) \lor \neg F(x))$
b) $\forall x(F(x) \to G(x)), \exists x F(x) \vdash \exists x G(x)$
c) $\forall x(F(x) \to G(x)), \forall x F(x) \vdash \exists x G(x)$
d) $\forall x(F(x) \to G(x)), \exists x(H(x) \land F(x)) \vdash \exists x(H(x) \land G(x))$
e) $\forall x(F(x) \to \neg G(x)), \exists x G(x) \vdash \exists x \neg F(x)$
f) $\forall x F(x) \land \forall x G(x) \vdash \forall x(F(x) \land G(x))$
g) $\forall x(G(x) \lor H(x)), \exists x F(x) \vdash \exists x(F(x) \land G(x)) \lor \exists x(F(x) \land H(x))$
h) $\vdash \forall x \neg(F(x) \land \neg F(x))$
i) $\forall x(F(x) \to \neg G(x)) \vdash \forall x \neg(F(x) \land G(x))$
j) $\exists x(F(x) \lor \neg F(x)) \vdash \exists x F(x) \lor \exists x \neg F(x)$
k) $\forall x(F(x) \to G(x)) \vdash \forall x(\exists y(F(y) \land R(x, y)) \to \exists y(G(y) \land R(x, y)))$
l) $\forall x \exists y \forall z R(x, y, z) \vdash \forall x \forall z \exists y R(x, y, z)$
m) $F(m) \vdash \exists x(x = m \land F(x))$
n) $\exists x(x = m \land F(x)) \vdash F(m)$
o) $\vdash \exists x(x = m)$
p) $\forall x(F(x) \to G(x)), F(m), m = n \vdash G(n)$

4.
La semantica logica

> Vera, infatti, una proposizione è
> se le cose stanno così come noi
> diciamo mediante essa.
> *Ludwig Wittgenstein*

Nei capitoli che precedono ci siamo spesso mossi prevalentemente sul piano della *morfologia* e della *sintassi* logica. Abbiamo dapprima presentato due linguaggi formali, dei quali uno (quello predicativo-elementare) può essere visto come un'estensione dell'altro (quello enunciativo); ne abbiamo indicato i simboli di base e le regole di formazione, e ne abbiamo studiato le capacità espressive. Su tali linguaggi abbiamo poi impiantato nel capitolo 3 un sistema formale, ovvero un sistema di calcolo deduttivo, che ci ha consentito di costruire dimostrazioni formali della validità di vari schemi d'argomento. Secondo una definizione tradizionale, la *sintassi* dei linguaggi e sistemi formali concerne le mere *manipolazioni di, e relazioni formali fra, simboli, senza riguardo al loro significato*. Da un lato, riguarda il modo in cui i simboli di base di un linguaggio formale possono essere legittimamente concatenati, in base alle regole di formazione, per ottenere formule ben formate (questo è l'aspetto più propriamente *morfologico* della sintassi). Dall'altro, riguarda i modi in cui possiamo trasformare formule, e cioè sequenze finite di simboli, in altre formule, o derivare formule da formule, mediante le regole di derivazione del calcolo.

Ora, è vero che la giustificazione dei nostri calcoli logici nel capitolo 3 spesso faceva intuitivamente appello al *significato* e alle proprietà delle «parole logiche», di connettivi e quantificatori. Ad esempio: la giustificazione dell'idea che la regola di eliminazione della congiunzione sia una buona regola d'inferenza faceva appello al fatto che, se una congiunzione è vera, certamente lo sono i singoli congiunti. Perciò, la conclusione di ogni applicazione di (E∧) è una conseguenza logica della premessa. E questo veniva visto come un aspetto del significato della congiunzione. Tuttavia, la nostra indagine in quel capitolo si è svolta su un piano prevalentemente sintattico-calcolistico; gli approcci logici che caratterizzano l'inferenza mettendo in primo piano la sintassi vengono spesso etichettati come approcci in termini di *teoria della dimostrazione*.

Un'altra importante branca della moderna logica, invece, si occupa direttamente della *semantica* dei linguaggi e sistemi formali. In generale, possiamo ascrivere alla semantica tutto ciò che riguarda *il rapporto fra i segni linguistici e le entità che essi possono significare*. La semantica è così strettamente connessa all'*ontologia*, ovvero allo studio dei complessi di enti, cose e fatti di cui possiamo «far parlare» i nostri linguaggi formali. La determinazione del rapporto fra aspetti sintattici e semantici di una teoria logico-deduttiva formalizzata, come vedremo in seguito, è poi un aspetto fondamentale dell'indagine logica.

In questo capitolo studieremo i tratti essenziali della semantica logica elementare standard, ossia della semantica più classica per linguaggi formali elementari o del primo ordine, del tipo di quello da noi introdotto al capitolo 2. A tale scopo, però, dovremo anzitutto dire qualcosa intorno all'ontologia sottostante a questa semantica, la quale è espressa mediante la *teoria degli insiemi*: una dottrina originariamente elaborata per trattare i fondamenti della matematica, e che, nella sua formulazione più semplificata, tutti noi abbiamo studiato alla scuola media.

4.1. *Pillole di teoria degli insiemi*

La teoria è dovuta originariamente al matematico Georg Cantor. È stata poi sviluppata in varie versioni rigorosamente assiomatizzate, anche molto diverse fra loro, in vista della risoluzione di alcuni importanti paradossi emersi dalla sua prima formulazione c.d. «ingenua». Per le nostre esigenze semantiche di base sarà sufficiente un'esposizione discorsiva e informale. Anche il simbolismo utilizzato (che riprende quello del linguaggio predicativo-elementare del capitolo 2, e vi aggiunge una notazione insiemistica) avrà soprattutto lo scopo di favorire una comprensione intuitiva.

4.1.1. *Se stiamo insieme ci sarà un perché*

Possiamo considerare un *insieme* semplicemente come *una qualsiasi collezione di oggetti*. La nozione di insieme risponde così a una delle più naturali operazioni del pensiero: quella di raggruppare oggetti, pensandoli in unità. Spesso si usa il termine «classe» come sinonimo di «insieme»; ma in alcune teorie assiomatiche degli insiemi, insiemi e classi sono considerati come due cose diverse (la distinzione è stata introdotta per evitare i paradossi cui si accennava, e di cui diremo qualcosa fra poco). Noi useremo dunque solo la parola «insieme». Stabiliamo d'ora in poi di adoperare lettere minuscole corsive $x, y, z, \ldots$, come variabili per oggetti, e lettere maiuscole tonde A, B, C, ..., come variabili per insiemi. La relazione fondamentale in gioco nella teoria degli insiemi è quella di *appartenenza* di un oggetto a un insieme. Si indica questa relazione col simbolo «$\in$» (e la non appartenenza con «$\notin$»). Scriveremo allora: «$x \in A$», a significare che l'oggetto x *appartiene all'* (o, come anche si dice: è *membro*, o *elemento*, *dell'*) insieme A.

Un insieme può essere identificato, in prima battuta, fornendo una *lista* completa dei suoi membri o elementi. La lista è data di solito fra parentesi graffe. Ad esempio, volendo indicare l'insieme che ha per unici elementi Socrate, Batman e Isabella Rossellini, possiamo scrivere:

{Socrate, Batman, Isabella Rossellini}.

Si badi che negli insiemi non contano né l'*ordine* di successione, né la *ripetizione* degli elementi. Perciò gli insiemi:

{Isabella Rossellini, Socrate, Batman}
{Isabella Rossellini, Socrate, Socrate, Batman, Isabella Rossellini}

sono sempre l'insieme di cui sopra. In generale, si indica con $\{x_1, \ldots, x_n\}$ l'insieme i cui membri o elementi sono esattamente $x_1, \ldots, x_n$. Questo tipo di specificazione funziona però solo con insiemi *finiti*. Nel caso si considerino insiemi che hanno un numero infinito di elementi (ad esempio, l'insieme dei numeri naturali), non possiamo indicare tutti questi elementi in una lista, che non concluderemmo mai. Perciò gli insiemi vengono spesso indicati stabilendo la *condizione di appartenenza* agli stessi: si indica cioè la caratteristica, o condizione, o proprietà comune, posseduta da tutti e soli gli elementi dell'insieme in questione. Si utilizza di solito la seguente notazione:

$\{x \mid ... x ...\}$,

che si legge: «l'insieme degli x, tali che... x ...». Ad esempio, l'insieme dei numeri dispari sarà: $\{x \mid x$ è un numero dispari$\}$.

In generale (e salvo restrizioni di cui diremo poi), *una qualunque proprietà o condizione F dovrebbe intuitivamente determinare un insieme* $\{x \mid F(x)\}$, ossia l'insieme di tutte e sole le cose che godono di quella proprietà, o soddisfano quella condizione. Questo principio ha tradizionalmente il nome di *principio di comprensione* (o anche, *di astrazione*). Un altro principio essenziale, detto *principio di estensionalità*, stabilisce le condizioni sufficienti per l'identità fra insiemi:

$\forall x (x \in A \leftrightarrow x \in B) \rightarrow A = B$.

Il principio dice che se A e B hanno esattamente gli stessi membri, ossia ogni elemento dell'uno è elemento dell'altro e viceversa, allora A e B sono lo stesso insieme. Ciò vuol dire che un insieme è interamente determinato dalla totalità dei suoi elementi: rileva solo, come si suole dire, l'*estensione*, ossia la totalità degli oggetti che soddisfano la condizione o proprietà. Di conseguenza, proprietà differenti possono dar luogo a uno stesso insieme. Ad esempio, la proprietà di essere un animale dotato di cuore e quella di essere un animale dotato di reni sono intuitivamente diverse (avere un cuore non sembra la stessa cosa che avere i reni). Tuttavia, esse danno luogo a un unico insieme, perché tutti gli animali dotati di cuore sono anche dotati di reni e viceversa, ossia, le loro estensioni coincidono.

Un'interessante conseguenza del principio di estensionalità è che tutti gli insiemi che non contengono alcun elemento sono identici fra loro. Ad esempio, se non esistono maiali alati, tuttavia si può assumere che l'*insieme* dei maiali alati esista, e si tratti di un insieme *vuoto*, ossia appunto privo di elementi. Ora, il principio ci dice che due insiemi A e B sono identici se non vi è alcun membro di uno che non sia membro dell'altro e viceversa, e questo accade sempre se sono insiemi vuoti. In formule:

$$\forall x(x \notin A \land x \notin B) \to \forall x(x \in A \leftrightarrow x \in B);$$

e quindi, per transitività dal principio di estensionalità, abbiamo:

$$\forall x(x \notin A \land x \notin B) \to A = B.$$

Possiamo dunque identificare *l'*(unico) insieme vuoto, che di solito si indica con «∅». Lo si può definire mediante una condizione di appartenenza che nessun oggetto può soddisfare, quale l'esser diverso da sé:

$$\emptyset = \{x \mid x \neq x\}.$$

Siccome in logica, come sappiamo, vale che $\forall x(x = x)$, avremo così che $\forall x(x \notin \emptyset)$. All'estremo opposto dell'insieme vuoto vi è l'*insieme universo*, l'insieme di cui cioè ogni oggetto è membro, che indicheremo con «V» (l'iniziale di «Vero», simbolo introdotto da Peano). Lo si può definire mediante una condizione di appartenenza che ogni oggetto soddisfa, quale l'autoidentità:

$$V = \{x \mid x = x\}.$$

4.1.2. *Relazioni e operazioni insiemistiche*

La prima relazione fra insiemi da considerare è la relazione di *inclusione*, che si indica di solito col simbolo «⊆». Si dice che un insieme A è incluso in un insieme B, ovvero che ne è un *sottoinsieme*, se e solo se ogni elemento di A è anche elemento di B:

$$A \subseteq B \leftrightarrow \forall x(x \in A \to x \in B).$$

Ad esempio, l'insieme dei cavalli è un sottoinsieme dell'insieme dei mammiferi, visto che ogni cavallo è un mammifero.

Occorre evitare di confondere *appartenenza* e *inclusione*. Ad esempio: Furia *appartiene* all'insieme dei cavalli, e poiché tutti i cavalli sono mammiferi, l'insieme dei cavalli è *incluso* nell'insieme dei mammiferi. Invece, l'insieme dei cavalli non *appartiene* all'insieme

4. La semantica logica 149

dei mammiferi, perché esso stesso, essendo un insieme, non è un *mammifero* (l'*insieme* dei cavalli non è un animale che allatta i piccoli, anche se i suoi membri, i cavalli, lo sono). La relazione di appartenenza sussiste fra oggetti e insiemi. La relazione di inclusione sussiste invece fra insiemi. Questo, si badi, non esclude che alcuni insiemi possano contenere altri insiemi *come membri*. Anzi, ciò che rende interessante la teoria degli insiemi dal punto di vista matematico è proprio l'ammissione che gli insiemi possano essere elementi o membri di altri insiemi.

Da tutto ciò segue l'importanza di distinguere fra un oggetto x e il suo *singoletto* $\{x\}$, ossia l'insieme che ha come unico elemento x. Se un oggetto *appartiene* a un insieme, allora il suo singoletto è *incluso* in quell'insieme, e viceversa:

$x \in A \leftrightarrow \{x\} \subseteq A$.

La relazione di inclusione è, naturalmente, *riflessiva* e *transitiva*:

$A \subseteq A$
$A \subseteq B \wedge B \subseteq C \to A \subseteq C$.

Inoltre, poiché un insieme è incluso in un altro se non vi è alcun suo membro che non sia membro di questo, *l'insieme vuoto è incluso in ogni insieme*, visto che non ha alcun membro. Viceversa, l'insieme universo include ogni insieme, ovvero per ogni insieme A si ha:

$\emptyset \subseteq A$
$A \subseteq V$,

e quindi, per transitività:

$\emptyset \subseteq V$.

Menzioniamo alcune rilevanti operazioni su insiemi. Anzitutto, quella di *unione*, che si indica col simbolo «$\cup$»: dati due insiemi A e B, la loro unione $A \cup B$ sarà l'insieme di tutti gli oggetti che appartengono ad A o B, ossia ad almeno uno dei due insiemi di partenza:

$A \cup B =_{df} \{x \mid x \in A \vee x \in B\}$.

Un'altra importante operazione su insiemi è quella di *intersezione*, che si indica col simbolo «∩»: dati due insiemi A e B, la loro intersezione A ∩ B sarà l'insieme di tutti gli oggetti che appartengono ad A e a B, ossia a entrambi gli insiemi:

A ∩ B $=_{df}$ {x | x ∈ A ∧ x ∈ B}.

Vi è poi la *complementazione*, che di solito si indica col simbolo «'». Dato un insieme A, il suo complemento A' sarà l'insieme di tutti e soli gli oggetti che *non* sono membri di A:

A' $=_{df}$ {x | x ∉ A}.

Precisiamo quindi una nozione cui abbiamo fatto riferimento in modo intuitivo fin dal capitolo 2, ossia quella di *n-pla ordinata* (coppia ordinata, tripla ordinata, etc.). In generale, si indica con la grafia <x_1, ..., x_n> una *n*-pla ordinata di oggetti x_1, ..., x_n. La nozione di *n*-pla ordinata è un po' diversa da quella di insieme. A differenza dell'insieme, infatti, una *n*-pla si dice *ordinata* perché l'ordine di successione degli elementi ha rilevanza: se x è diverso da y, <x, y> non è lo stesso che <y, x>; mentre, come sappiamo, l'insieme {x, y} è identico all'insieme {y, x} (per inciso, la nozione di *n*-pla ordinata è peraltro definibile in termini insiemistici grazie a una procedura dovuta a Kazimierz Kuratowski, che però qui non ci interessa).

Disponendo della nozione di *n*-pla ordinata, possiamo definire il *prodotto cartesiano* fra insiemi, indicato col simbolo «×». Dati due insiemi A e B, il loro prodotto cartesiano A × B è l'insieme costituito da tutte e sole le coppie ordinate il cui primo elemento appartiene ad A, e il cui secondo elemento appartiene a B. Più in generale, dati *n* insiemi A_1, ..., A_n, il loro prodotto cartesiano A_1 × ... × A_n è l'insieme di tutte le *n*-ple ordinate <x_1, ..., x_n> tali che x_1 è membro di A_1, x_2 è membro di A_2, ..., etc.:

A_1 × ... × A_n $=_{df}$ {<x_1, ..., x_n> | x_1 ∈ A_1 ∧ ... ∧ x_n ∈ A_n}.

Possiamo anche costruire il prodotto cartesiano di un insieme per se stesso, e in questo caso parleremo di *potenza cartesiana*. Ad esempio, dato un insieme A, il suo quadrato cartesiano A^2 è l'insieme di tutte le coppie ordinate di elementi di A. Più in generale, la *n*-esima

4. La semantica logica 151

potenza cartesiana di A, A^n, è l'insieme di tutte le n-ple ordinate di elementi di A.

Va distinto dalla potenza cartesiana il concetto di *insieme potenza*. Si dice insieme potenza di A (indicato spesso con P(A)) l'insieme di tutti i *sottoinsiemi* di A. Ad esempio, dato l'insieme {Socrate, Platone}, il suo insieme potenza è l'insieme: {{∅}, {Socrate}, {Platone}, {Socrate, Platone}} (si ricordi infatti che (a) l'insieme vuoto è incluso in ogni insieme, e (b) ogni insieme è sottoinsieme di se stesso).

4.1.3. *Come fare ontologia con gli insiemi*

Il motivo per cui l'esposizione della semantica logica elementare rende necessario qualche preliminare cenno d'insiemistica, è che mediante la teoria degli insiemi si possono esprimere le strutture ontologiche, che assumeremo come i sistemi di *significati* da attribuire alle espressioni del nostro linguaggio formale. Vediamo di chiarire. L'ontologia logica elementare si fonda su concetti cui abbiamo già fatto ampio ricorso, a livello intuitivo, nei capitoli precedenti: nozioni come quelle di *individuo, proprietà, relazione, operazione* o *funzione*, e *universo*. Ebbene, esse sono variamente esprimibili mediante la teoria degli insiemi. Allorché *interpretiamo* (ossia, diamo un significato a) espressioni dei linguaggi formali della logica, attribuiamo loro un riferimento – fra poco, vedremo in dettaglio come – in strutture ontologiche, che vengono anche dette *universi del discorso*, appunto perché sono i «mondi» di cui possiamo far parlare i nostri linguaggi formali. Normalmente, una struttura è costituita da un *insieme* non vuoto (chiamiamolo U) di individui (che viene detto il *dominio*, o anche il *supporto* della struttura), che godono di certe proprietà, fra cui sussistono certe relazioni e operazioni (si dice allora che tali proprietà, relazioni e operazioni sono «definite su U»). Ora, le nozioni di *proprietà, relazione* e *operazione* o *funzione* possono essere espresse in modo naturale mediante insiemi.

Assumiamo ad esempio che U sia l'insieme degli esseri umani. Una proprietà di esseri umani (poniamo, quella di essere un filosofo) può essere associata all'insieme di individui che ne godono (all'insieme dei filosofi), e che ne costituisce l'*estensione* ontologica. Questo insieme sarà un *sottoinsieme* di U. Una relazione n-aria qualunque è esprimibile insiemisticamente come un sottoinsieme di U^n, ossia della n-esima *potenza cartesiana* di U: come l'insieme delle n-ple ordinate di individui, fra cui la relazione sussiste. Ad esempio, la relazione binaria padre-figlio (la relazione ... *è padre di*...) sarà identificata con un sottoinsieme del quadrato cartesiano di U, ovvero con un sottoinsieme dell'insieme di tutte le coppie ordinate di elementi di U: quello costituito da tutte e sole le coppie ordinate, il cui primo membro è padre del secondo. Una funzione *n*-aria definita su U sarà un'operazione che associa univocamente a una certa *n*-pla di elementi di U un elemento di U. Allora, ad esempio, la funzione unaria *la madre di*... sarà l'operazione, che associa a ciascun individuo di U quell'unico elemento, che ha la proprietà di essere sua madre (a loro volta, le funzioni sono caratterizzabili come un tipo speciale di relazioni, quindi di insiemi, ma di ciò non ci occuperemo).

4.1.4. *Il paradosso di Russell*

Concludiamo questo piccolo *excursus* nella teoria degli insiemi parlando di un famoso *paradosso logico*, ossia di una contraddizione derivabile dalla formulazione «ingenua» della teoria stessa: il *paradosso di Russell*, chiamato così in onore del suo scopritore Bertrand Russell. Le questioni sollevate dal paradosso toccano problemi che eccedono i limiti del nostro libro. Tuttavia, la sua rilevanza nella storia della logica e della filosofia è stata tale che un accenno è opportuno.

Intuitivamente, molti insiemi non appartengono a se stessi, ossia non contengono se stessi come membri. L'insieme degli elefanti, ad esempio, non è *un elefante* (non ha proboscide, zanne, etc.), perciò non appartiene all'insieme degli elefanti. Sempre intuitivamente, sembra però che ci sia anche qualche insieme che *appartiene* a se stesso: l'insieme di tutti gli insiemi con più di un elemento, ad esempio, avendo più di un elemento, appartiene a se stesso. Gli insiemi che non appartengono a se stessi sono spesso detti «normali». Ciò porta naturalmente a definire l'*insieme* degli insiemi normali (sia R):

$R = \{x \mid x \notin x\}$.

Questo insieme *esiste* in virtù del principio di comprensione: in base a questo principio, si è detto, *qualsiasi* condizione o proprietà dovrebbe determinare un insieme. Nel caso ci basta prendere, appunto, la condizione $x \notin x$, ossia appunto la condizione di non appartenere a se stessi. R sarà l'insieme cui appartiene tutto e solo ciò che non appartiene a se stesso:

4. La semantica logica

$\forall x(x \in R \leftrightarrow x \notin x).$

Ora però possiamo chiederci se lo stesso insieme R appartiene o non appartiene a se stesso. E la risposta produce una contraddizione: se R *appartiene* a se stesso, allora è uno degli insiemi che appartengono all'insieme R di tutti gli insiemi che *non* appartengono a se stessi; quindi, R non appartiene a se stesso. Se viceversa R *non appartiene* a se stesso, allora non appartiene all'insieme R di tutti gli insiemi che non appartengono a se stessi; quindi, R appartiene a se stesso! Riunendo le due implicazioni, abbiamo:

$R \in R \leftrightarrow R \notin R,$

da cui, per logica elementare, discende una contraddizione esplicita, ossia R appartiene e non appartiene a se stesso:

$R \in R \wedge R \notin R.$

La contraddizione segue mediante semplici ragionamenti da quello che pare un principio basilare, e del tutto intuitivo, dell'insiemistica, come quello di comprensione. Il paradosso mostra invece che, se il principio viene assunto senza restrizioni, pretendendo che da *qualunque* proprietà o condizione caratterizzante si possa astrarre l'insieme degli oggetti che la soddisfano, la considerazione di certe condizioni – quali appunto quella di non essere elemento di se stesso – porta direttamente a contraddizioni.

La soluzione proposta dallo stesso Russell (ma poi rivista da Frank P. Ramsey, Leon Chwistek e altri) è contenuta nella cosiddetta *teoria dei tipi logici*. Il meccanismo che presiede alle varie formulazioni della teoria consiste, per esprimerci in modo informale e intuitivo, nello sviluppare una rigida gerarchia di tipi di oggetti: individui, insiemi, insiemi di insiemi, insiemi di insiemi di insiemi... Ciò che fa parte di un certo tipo logico può essere membro (o non essere membro) solo di qualcosa che faccia parte del tipo o livello gerarchico immediatamente superiore. La relazione di appartenenza può intercorrere, o non intercorrere, solo fra un oggetto e un insieme; o fra un insieme e un insieme di insiemi; etc. Come risultato di ciò, un insieme può essere composto solo di oggetti *omogenei*, ossia tutti appartenenti allo stesso tipo logico (quello immediatamente inferiore a quello dell'insieme in questione). Espressioni del tipo di «$x \in x$» o «$x \notin x$» sono rifiutate come non ben formate: sono semplicemente prive di senso.

Altre teorie insiemistiche si basano su un principio generale, detto informalmente della *limitazione di grandezza*: si nega l'esistenza di certi insiemi «troppo comprensivi», o «troppo grandi», che danno luogo ai paradossi. Alcune di queste teorie, come quelle sviluppate da John von Neumann e Paul Bernays, hanno introdotto la distinzione, cui sopra si accennava, fra *insieme* e *classe*. Si sostiene che alcune estensioni di predicati, o *classi*, non possono essere trattate come *insiemi*, o come «oggetti» veri e propri, dei quali chiedersi sensatamente se, a loro volta, appartengano ad altri insiemi o ad altre classi. Molte di queste proposte, pur riuscendo efficacemente a evitare le contraddizioni, devono allora rinunciare a insiemi ritenuti intuitivamente plausibili, o filosoficamente importanti: ad esempio, nella maggior parte dei casi non si può più ammettere V, ossia l'insieme universo, perché questo darebbe luogo a un paradosso strutturalmente simile a quello di Russell.

4.2. «Tractatus logico-philosophicus»: una teoria del significato basata sulla verità

In generale, una semantica potrebbe essere pensata come un tentativo di rispondere alla domanda: *che cos'è* il significato? Naturalmente, una teoria generale del significato non si interroga sul significato di questa o quella particolare espressione linguistica, bensì intorno a cosa sia *il* significato come tale. Nella nostra esposizione, muoveremo dalla risposta fornita a questa domanda da Ludwig Wittgenstein nel suo *Tractatus logico-philosophicus*. Anzi, la semantica formale che presenteremo di seguito è fondata su principi che possono essere ricavati commentando la sezione di quel libro che porta il numero 4.024.

(I) Questa, infatti, inizia dicendo: «Comprendere una proposizione è sapere che cosa accade se essa è vera». Ebbene, poiché comprendere un enunciato (qui intenderemo sempre l'espressione «proposizione» usata nel *Tractatus* come sinonimo di «enunciato») vuol dire coglierne il *significato*, questo principio dice che *il significato di un enunciato consiste nelle sue condizioni di verità*. Un enunciato si presenta come la descrizione di un pezzo di realtà e, in base a que-

4. La semantica logica

sta concezione, il suo significato ci è noto quando sappiamo quali sono le condizioni, le circostanze in cui la descrizione che esso fornisce è adeguata: quando sappiamo, insomma, come deve essere fatto il mondo affinché l'enunciato sia vero.

La concezione del significato proposta da Wittgenstein è quindi centrata sulla nozione di *verità*. Abbiamo in precedenza definito la semantica come lo studio del rapporto fra i segni linguistici e ciò che essi possono significare: del rapporto, dunque, fra il livello segnico, puramente simbolico del linguaggio, e il livello ontologico, degli enti, delle cose e dei fatti del mondo di cui si può parlare mediante il linguaggio. Ora, proprio qui si situa la nozione di verità, che è la nozione fondamentale della semantica che presenteremo. Questa, infatti, avrà come obiettivo principale precisamente la determinazione delle condizioni, sotto le quali un enunciato costituisce un'affermazione vera intorno al «mondo», o universo del discorso, in cui lo si interpreta (perciò si parla spesso di semantica *vero-condizionale*).

Questa idea del significato si lega a due assunti generali. (a) Il primo è che *l'enunciato dichiarativo* (che poi, come sappiamo fin dall'introduzione, è l'unico tipo di enunciato di cui si occupa la logica) *è l'unità semantica fondamentale*. Una teoria del significato fondata sulla nozione di verità è anzitutto una teoria del significato *degli enunciati*; essi sono, appunto, quelle configurazioni linguistiche intorno alle quali si può parlare di «condizioni di verità». (b) Il secondo, e conseguente, è che il significato delle espressioni subenunciative (dei termini singolari, predicativi, etc.) consiste nel modo in cui esse contribuiscono al significato degli enunciati in cui compaiono. Questo è forse uno dei modi in cui si può interpretare il controverso *principio di contestualità* o *del contesto*, dovuto a Frege, e che dice: soltanto negli enunciati le parole hanno un significato.

(II) La 4.024 del *Tractatus* continua dicendo: «Dunque, una proposizione la si può comprendere senza sapere se essa sia vera». Conoscere le condizioni di verità di un enunciato non equivale affatto a sapere *che* è vero (o *che* è falso). Questo è reso evidente dal fatto che noi comprendiamo il significato di enunciati, il cui valore di verità ci è del tutto ignoto, ossia di cui non sappiamo affatto se siano veri o falsi (ad es. «Alle 14.20 del 16 giugno del 335 a.C. Aristotele aveva una rana sotto la tunica»). Inoltre le nostre credenze sul valore di verità di un enunciato possono variare, lasciandone inalterato il significato: «La terra è piatta» è stato ritenuto un enunciato vero, mentre oggi lo consideriamo senz'altro falso; eppure, il suo *significato* è invariato, cioè esso parla esattamente dello stesso stato di cose.

(III) In terzo luogo, la sezione 4.024 conclude dicendo: «Una proposizione la si comprende se si comprendono le sue parti costitutive». È questo il (o un aspetto del) principio di *composizionalità del significato*, che può essere formulato nel modo più generale dicendo: il significato di un'espressione linguistica composta dipende funzionalmente dai significati dei suoi costituenti. Questo principio è dovuto a Gottlob Frege, e ha un ruolo cruciale nella spiegazione dell'apprendimento e della comprensione del linguaggio ordinario. Una teoria semantica, infatti, dovrebbe tener conto di come noi comprendiamo potenzialmente infinite espressioni linguistiche che non abbiamo mai sentito o letto prima, purché siano sintatticamente ben formate. Ad esempio, se aprite a caso una pagina di questo libro, probabilmente gli enunciati che non avevate mai letto prima saranno molto più numerosi di quelli che avevate già incontrato da qualche altra parte nel corso della vostra vita. Eppure, non avete (o almeno, lo speriamo...) particolari difficoltà a comprendere questi enunciati inauditi. Come Wittgenstein afferma in altre sezioni del *Tractatus*: «comprendiamo il senso del segno proposizionale senza che quel senso ci sia stato spiegato» (4.02), ed «è nell'essenza della proposizione la possibilità di comunicarci un senso *nuovo*» (4.027). Ora, secondo molti studiosi (fra cui illustri linguisti quali Noam Chomsky), questo fatto può essere spiegato solo come la capacità, da parte di un parlante competente, di effettuare – in modo del tutto automatico – un *calcolo* del valore semantico di ogni espressione composta, a partire da un numero finito di costituenti che devono essere già noti. Conosciamo il significato di un numero finito di parole (di espressioni subenunciative), e abbiamo una specie di algoritmo per computare il significato dei composti sulla base dei componenti. Come afferma il *Tractatus*: «i significati dei segni semplici (delle parole) devono esserci spiegati affinché noi li comprendiamo. Con le proposizioni, tuttavia, noi ci intendiamo» (4.026).

Ma la composizionalità del significato opera non solo a livello di enunciati semplici o elementari e delle espressioni subenunciative che li compongono, bensì anche a livello di enunciati *composti*. «Il senso di una funzione di verità di p – dice ancora Wittgenstein – è una funzione del senso di p» (5.2341). Detto altrimenti: un enunciato composto vero-funzionalmente ha un significato (dunque, condizioni di verità) che dipende dal significato (dalle condizioni di verità) degli enunciati che lo compongono – nonché dal modo della loro composizione. In certa misura, questo aspetto della composizionalità era già stato introdotto al paragrafo 1.2. In effetti, in quel luogo avevamo parlato di valori o stati di verità e non di *significato*, sostenendo che il valore di verità degli enunciati composti mediante i connettivi vero-funzionali dipende interamente da quello degli enunciati che li compongono. Ma poiché abbiamo ora affermato che il significato degli enunciati consiste appunto nelle circostanze che li rendono *veri*, potremmo ritenere che il valore semantico di *ogni* enunciato composto dipenda composizionalmente dal valore semantico degli enunciati che lo compongono. Così formulato, questo principio incontra notevoli difficoltà in alcuni contesti, che vengono chiamati *non estensionali* (ne abbiamo parlato, per l'appunto, al paragrafo 1.2). Di essi però non ci occuperemo nella nostra esposizione.

4.3. Semantica tarskiana

4.3.1. «*Quid est veritas?*» (La convenzione V)

La semantica formale che presenteremo fra poco è dovuta al grande logico polacco Alfred Tarski. Nel *Tractatus* di Wittgenstein l'idea generale che il significato consista nelle condizioni di verità non si strutturava in una teoria sistematicamente sviluppata. Tarski fornì invece gli strumenti per edificare una semantica rigorosa per un ampio gruppo di linguaggi formali. Egli riteneva che il proprio metodo non fosse applicabile al nostro linguaggio ordinario, mentre altri autori (come Richard Montague e Donald Davidson) hanno avuto opinioni contrarie in proposito. Tuttavia, ci disinteressiamo di questo dibattito: il nostro scopo, infatti, è sfruttare i principi generali della concezione vero-condizionale del significato per costruire una semantica per il nostro linguaggio formale elementare.

Al centro della procedura tarskiana sta, in effetti, proprio l'esigenza di fornire una buona *definizione della nozione di verità*. Perciò si parla, a questo proposito, di «teoria della verità» di Tarski. Si badi, però, che non abbiamo a che fare con una descrizione generale, «metafisica», della verità (che anzi, come vedremo poi, è esclusa dalla stessa procedura tarskiana), bensì con una caratterizzazione della nozione di verità che è sempre relativa a *un certo* linguaggio. Ad essa si accompagna un metodo per esplicitare le condizioni di verità degli enunciati di singoli linguaggi logici formalizzati.

Nella teoria tarskiana la verità è considerata come una *proprietà di enunciati*. Propriamente, il predicato «... è vero» si applica al *nome* dell'enunciato a cui la verità è attribuita. Vediamo di chiarire. Anzitutto, si può costruire il nome di un'espressione linguistica qualsiasi semplicemente scrivendola fra virgolette, e questo è ciò che si deve fare quando si attribuisce la verità a un enunciato. Qualcosa di simile accade quando, ad esempio, scriviamo:

(1)   «Cesare» è di sei lettere.

Usiamo le virgolette in (1) per chiarire che è del *nome* di Cesare, e non della persona che lo porta, che si predica la proprietà di esser composto da sei lettere: infatti, nonostante il pervasivo motto postmoderno «tutto è linguaggio», le persone non sono composte di lettere dell'alfabeto. Analogamente, si può attribuire la verità a un enunciato in questo modo:

(2)   «La neve è bianca» è vero.

Possiamo aggiungere che quell'enunciato è vero *in italiano*, visto che è appunto nel contesto della lingua italiana, cui appartiene, che esso ha un determinato significato.

Un inciso sulle virgolette: si noti che spesso queste vengono omesse per non appesantire troppo il testo scritto; per praticità, si adopera come nome di un'espressione l'espressione stessa. Questo uso dei segni linguistici, in cui essi significano se stessi anziché il loro significato abituale (*suppositio materialis*, dicevano i medievali) è detto uso *autonimo*. È stato spesso adottato anche nel nostro libro, come non problematico: normalmente il contesto chiarisce da sé, senza bisogno di virgolette, se una certa espressione linguistica (anche del linguaggio formale) viene usata nel modo normale, o come nome di se stessa. Ad esempio, quando nel capitolo precedente abbiamo scritto cose come: «la conclusione $D(x)$ contiene occorrenze libere di x», è chiaro che intendevamo *menzionare* quella formula e quella variabile. Ciò che intendevamo, usando tutte le virgolette del caso, era dunque: «la conclusione '$D(x)$' contiene occorrenze libere di 'x'».

4. La semantica logica

Ma torniamo alla nostra teoria della verità. Si noti che in (2) l'italiano ha una doppia funzione: è sia il linguaggio cui appartiene l'enunciato al quale si ascrive la verità, sia il linguaggio in cui l'ascrizione stessa viene espressa. Come dicono i logici e i linguisti, in (2) l'italiano funge sia da *linguaggio-oggetto* che da *metalinguaggio*. Nei capitoli precedenti, come si ricorderà, abbiamo già fatto uso dell'espressione «metalinguistico», parlando delle metavariabili per formule e per termini dei linguaggi formali. Vediamo ora di precisare la distinzione: in generale, si chiama di solito *linguaggio-oggetto* il linguaggio *di cui* parliamo, o intorno al quale forniamo una certa teoria o trattazione, perché esso sarà appunto l'oggetto di questa. La stessa trattazione o teoria, però, sarà naturalmente formulata in un qualche linguaggio; e il linguaggio *in cui* è formulata la teoria si chiamerà *metalinguaggio*. Che i due possano essere distinti, è chiaro. Ad esempio, consideriamo altre due attribuzioni di verità:

(2a) «Snow is white» è vero (in inglese)
(2b) «La neve è bianca» is true (in Italian).

Come si vede, in (2a) il linguaggio-oggetto è l'inglese e il metalinguaggio è l'italiano, mentre in (2b) succede l'inverso. Anzi, secondo Tarski linguaggio-oggetto e metalinguaggio devono sempre essere accuratamente distinti in semantica, per evitare certe complicazioni. Ma di queste diremo in seguito; trascuriamole dunque per il momento, e accettiamo di usare provvisoriamente l'italiano sia come linguaggio-oggetto che come metalinguaggio.

Ora, siamo in grado esplicitare una condizione necessaria e sufficiente per la verità di un enunciato come «La neve è bianca» semplicemente così:

(3) «La neve è bianca» è vero (in italiano) se e solo se la neve è bianca.

Sembra banale, ma è tutto. Cosa dice esattamente (3)? Si tratta di un bicondizionale («... se e solo se...»). La sua parte sinistra attribuisce la verità all'enunciato, che dunque apparterrà al linguaggio-oggetto. La parte destra esprime la *traduzione nel metalinguaggio* dell'enunciato stesso, ossia la sua traduzione nel linguaggio *in cui* è formulata la teoria, che caratterizza la verità per il linguaggio-oggetto (chiamarla «traduzione» è un po' strano, quando si tratta dello stesso linguaggio; ma tecnicamente lo è, e la cosa emerge meglio se linguaggio e metalinguaggio sono distinti). Generalizzando, possiamo formulare lo schema:

(V) N è vero (nel linguaggio L) se e solo se T,

dove N è appunto il nome dell'enunciato di L cui si ascrive la verità, e T è la sua traduzione nel metalinguaggio.

In che modo lo schema (V) ci può aiutare a fornire una buona definizione della verità per un linguaggio? Tarski individua (a) una condizione *formale* di adeguatezza per la definizione, consistente nel fatto che questa non deve consentire di dedurre contraddizioni (condizione meno facile da soddisfare di quanto sembri, come si vedrà fra poco); e (b) una condizione *materiale* di adeguatezza, che egli esprime formulando la cosiddetta *convenzione V* (dove la «V» sta per «vero»): la definizione sarà adeguata se potremo dedurne logicamente *tutte* le esemplificazioni dello schema (V); ossia, se per ognuno degli enunciati del linguaggio-oggetto L potremo derivare dalla definizione il corrispondente bicondizionale. Una simile caratterizzazione sarebbe adeguata, perché i bicondizionali della forma di (V), nel loro insieme, determinerebbero l'estensione del predicato di verità per il linguaggio in questione.

Interroghiamoci su quale idea della verità emerga da queste considerazioni. Probabilmente Tarski riteneva che si trattasse della cosiddetta concezione *adeguativa* della verità, risalente già ad Aristotele. La si chiama anche concezione *corrispondentista*, in base a cui cioè un enunciato è vero se e solo se *corrisponde* ai fatti, a come stanno le cose (*veritas est adaequatio intellectus et rei*, affermava Tommaso d'Aquino). In effetti, secondo vari interpreti è dubbio che la teoria di Tarski sia legata alla concezione corrispondentista piuttosto che ad altre. In ogni caso, lo schema (V) ci fornisce un criterio guida generale per specificare le condizioni di verità degli enunciati, senza far ricorso a troppe nozioni metafisicamente o teoreticamente impegnative. Qualunque sia il bagaglio delle nostre convinzioni metafisiche, probabilmente tutti concordiamo intuitivamente sul fatto che se «La neve è bianca» è un enunciato vero, allora la neve è bianca; e viceversa, se la neve è bianca, allora «La neve è bianca» è un enunciato vero. Vediamo ora come queste idee molto generali possono essere sviluppate in relazione al linguaggio predicativo introdotto nel capitolo 2, che d'ora in poi indicheremo con L. Ne sviluppiamo la semantica, adoperando come metalinguaggio l'italiano informale, arricchito di una notazione di tipo insiemistico che spiegheremo un po' alla volta (e che comunque dovrebbe risultare abbastanza intuitiva).

Una prima importante differenza nel modo in cui la questione della semantica si pone per i linguaggi formalizzati rispetto al nostro linguaggio ordinario, è che nel caso dell'italiano abbiamo a che fare con un linguaggio *già interpretato*, le cui espressioni, cioè, ci si presentano come originariamente provviste di significato. Le formule dei linguaggi formali vengono spesso intese dai logici, invece, come pure sequenze di simboli, costruite in base alle regole sintattiche di formazione. Siamo allora interessati a stabilire le condizioni di verità delle formule dei linguaggi formali come L, allorché alle espressioni di L venga *attribuito* un significato in *universi del discorso*, cioè in strutture ontologiche del tipo di quelle delineate nel paragrafo 4.1.3. Si tratta di far sì che il nostro linguaggio formale L *parli di* un certo mondo o universo strutturato di enti; e poi di stabilire sotto quali condizioni una certa formula di L è vera *in* quell'universo di discorso. È chiaro infatti che, in questa prospettiva, parleremo di verità o falsità *in relazione* a un certo universo del discorso, in cui il linguaggio L viene interpretato. Ad esempio, una semplicissima formula del nostro linguaggio predicativo, come $D(s)$, se viene interpretata nell'universo del discorso dei numeri naturali, facendo sì che la costante individuale s significhi il numero sette, e la costante predicativa D significhi la proprietà di essere dispari, sarà un enunciato vero. Se invece viene interpretata nel dominio degli esseri umani, ad esempio facendo sì che s significhi Socrate e D significhi la proprietà di essere una donna, sarà un enunciato falso.

4.3.2. Interpretazioni, assegnazioni

Entra qui in gioco l'ontologia insiemistica del paragrafo 4.1.3. Consideriamo infatti una *struttura ontologica* che ha per *dominio* un insieme non vuoto (sia ancora U) di individui. Diremo che un *modello* $\mathcal{M}$ per il nostro linguaggio formale L è una coppia ordinata $\mathcal{M} =$ <U, i>, dove U è appunto il nostro insieme, e i è una *funzione di interpretazione*. Una funzione di interpretazione è una funzione che *assegna significati* a espressioni del nostro linguaggio formale. Per inciso, si badi che la terminologia logica non è del tutto uniforme: a volte si parla di strutture anziché di modelli, e si afferma che una struttura è *modello di* un enunciato (di una teoria), se e solo se essa rende vero l'enunciato (o gli enunciati che costituiscono la teoria). Noi useremo qui «struttura» e «modello» sostanzialmente come sinonimi.

Ora, una *interpretazione* del nostro linguaggio L è appunto una attribuzione di significato a ogni simbolo descrittivo costante di L mediante la funzione i. Questa assegnerà significati ai simboli come segue.

(1) Per ogni nome proprio o costante individuale k, il significato assegnato a k dalla funzione i nel modello $\mathcal{M}$ (scriveremo: $\mathcal{M}(k)$) sarà un certo *individuo* appartenente all'insieme U, ovvero al dominio della struttura.

(2) Per ogni costante funtoriale n-aria f, il significato $\mathcal{M}(f)$ assegnatole da i in $\mathcal{M}$ sarà una certa *operazione* n-aria definita su U.

(3) Per ogni costante predicativa n-aria P, il significato $\mathcal{M}(P)$ assegnatole da i in $\mathcal{M}$ sarà una certa *proprietà*, oppure una certa *relazione* n-aria, definita su U. Così, i predicati monadici del nostro linguaggio significheranno proprietà, e come sappiamo nella nostra ontologia insiemistica le proprietà sono ricondotte a insiemi, dunque alle loro estensioni ontologiche. I predicati poliadici (binari, ternari, etc.) di L significheranno relazioni fra enti di U, e cioè, come sappiamo, insiemi di n-ple ordinate (coppie, triple, etc.) di elementi di U. In questo modo, noi abbiamo *fissato univocamente* il significato delle costanti descrittive (nomi propri, funtori, predicati) del nostro linguaggio predicativo L: abbiamo fatto sì che ogni simbolo descrittivo costante di L abbia uno e un solo significato in $\mathcal{M}$. La semantica che stiamo costruendo è insomma centrata su un apparato *referenzialista*: assume che il significato delle espressioni subenunciative di L consista nel riferimento a (o, come anche si dice, nella *denotazione di*) oggetti, o insiemi di oggetti, o di n-ple ordinate di oggetti, etc., del dominio U.

Sappiamo però che il nostro linguaggio predicativo non contiene fra i suoi simboli descrittivi soltanto costanti, ma anche variabili individuali. Ora, come abbiamo ripetutamente visto anche prima di sviluppare una semantica rigorosa, le variabili non «significano» – cioè, diremo ora, non denotano individui – allo stesso modo delle costanti individuali. Mentre un nome proprio, in una certa interpretazione, sta per uno e un solo determinato individuo, le variabili hanno valore in certo modo indeterminato (simili ai pronomi, si è detto

4. La semantica logica

più volte): possono stare per individui, o assumere valori, diversi. Si assume di solito che l'interpretazione, dunque, si limiti a fissare, per ogni variabile individuale x di L, un *campo di variazione*, cioè l'insieme dei suoi valori possibili; normalmente questo è lo stesso insieme U degli individui, che fungerà appunto da dominio delle variabili. Tuttavia, ai fini dell'esplicitazione delle condizioni di verità delle formule del nostro linguaggio predicativo, torna utile assegnare un valore determinato anche alle variabili, ossia una sorta di «denotazione temporanea», per così dire. Ciò servirà, come vedremo, per poter valutare anche quelle formule del nostro linguaggio che non sono enunciati, bensì formule aperte – ossia, contenenti variabili libere. Diciamo dunque che una *assegnazione a* relativa a un modello $\mathcal{M}$ è l'attribuzione, a ogni variabile x di L, di un valore determinato $a(x)$ nel suo campo di variazione U.

Occorre distinguere fra questa *assegnazione*, e cioè applicazione delle variabili a un oggetto determinato nel loro dominio, e l'*interpretazione* delle costanti, appunto per non perdere di vista il diverso ruolo semantico di costanti e variabili. Un'assegnazione a è una funzione diversa dalla funzione i di interpretazione delle costanti, perché si suppone che il significato di una costante resti fissato univocamente in un'interpretazione, mentre si possono avere diverse assegnazioni di valore alle variabili entro una stessa interpretazione. Purtroppo, anche in questo caso la terminologia invalsa in logica non è uniforme: talora infatti si parla di «realizzazione» per le costanti, e «interpretazione» (anziché «assegnazione») per le variabili, il che contribuisce a creare un po' di confusione. L'essenziale, comunque, è che le due operazioni semantiche siano tenute concettualmente distinte.

Combinando interpretazione e assegnazione possiamo avere una denotazione determinata per tutti i termini individuali del linguaggio. Scriviamo «$\mathcal{M}^a(t)$» a indicare la denotazione di un termine individuale t, relativa all'interpretazione nel modello $\mathcal{M}$ e all'assegnazione a, e forniamo la seguente definizione per induzione sulla costruzione dei termini individuali di L.

(B) La *base* è data dicendo:

(1) se t è una costante individuale, allora $\mathcal{M}^a(t) =_{df} \mathcal{M}(t)$;
(2) se t è una variabile individuale, allora $\mathcal{M}^a(t) =_{df} a(t)$.

(P) Il *passo* è dato dicendo: se t_1, ..., t_n sono termini individuali, e f è una qualsiasi costante funtoriale n-aria, allora:

$$\mathcal{M}^a(f(t_1, ..., t_n)) =_{df} \mathcal{M}(f)(\mathcal{M}^a(t_1), ..., \mathcal{M}^a(t_n)).$$

Naturalmente, se t non contiene variabili, ossia è o un nome proprio, o comunque un termine chiuso, le assegnazioni di valori alle variabili non fanno differenza per esso, dunque il suo significato è interamente fissato dalla sola interpretazione delle costanti.

4.3.3. La definizione ricorsiva

Finora abbiamo assegnato una denotazione alle espressioni subenunciative (costanti e variabili) del nostro linguaggio, col riferirle a enti, insiemi di enti, etc., in un dominio. Una volta che abbiamo attribuito significati determinati a tutte le sue parti descrittive, ha senso tentare di esplicitare, per ogni formula di L, le condizioni sotto cui essa «dice le cose come stanno», ossia è *vera*, in relazione all'interpretazione effettuata. In particolare, se riusciremo a fornire una definizione che consenta in linea di principio di poter dedurre tutti i bicondizionali della forma di (V) (cfr. il paragrafo 4.3.1), avremo rispettato la convenzione V e fornito una soddisfacente caratterizzazione della verità per il nostro linguaggio formale L. Per far ciò occorre superare tre difficoltà.

(1) Anzitutto, i bicondizionali che esemplificano lo schema (V), nel caso del nostro linguaggio L, sono *infiniti*. Le regole di formazione di L (cfr. il paragrafo 2.5) ci consentono infatti di costruire potenzialmente infinite formule, e per ciascuna dovremmo poter derivare il corrispondente bicondizionale. Vogliamo dunque poter esplicitare le condizioni di verità di un'infinità di formule, ma vogliamo farlo in modo finito, ossia a partire da una definizione che contenga un numero finito di clausole. A venirci in soccorso è ancora una volta la strategia della definizione induttiva. In questo caso, la definizione è per induzione sulla costruzione delle formule di L. Infatti, la nostra semantica intende conformarsi al principio di composizionalità (paragrafo 4.2, punto (III)). Perciò, in particolare noi possiamo pensare di specificare schematicamente le condizioni di verità delle formule atomiche di L come dipendenti dalle denotazioni dei costituenti subenunciativi; e poi indicare in che modo il valore semantico delle formule componenti determina quello dei composti vero-funzionali.

4. La semantica logica

(2) Tuttavia – e qui ci imbattiamo nella seconda difficoltà – formule quantificate di L, come ad esempio $\forall x F(x)$ o $\exists x F(x)$, non sono formule atomiche (infatti contengono la formula atomica $F(x)$ come loro sottoparte); e tuttavia, non sembrano propriamente composti vero-funzionali. Esse potrebbero essere intese, stanti le analogie fra quantificatore universale e congiunzione e quantificatore esistenziale e disgiunzione di cui si è detto nel capitolo precedente, appunto come abbreviazioni di congiunzioni e disgiunzioni. Come sappiamo, tuttavia, se il dominio dell'interpretazione è infinito le congiunzioni e disgiunzioni corrispondenti agli enunciati quantificati dovrebbero contenere infiniti congiunti o disgiunti, e simili formule «infinitarie» sembrano difficilmente ammissibili in generale. Inoltre, intendere ad esempio la formula $\forall x F(x)$ come strettamente equivalente a: $F(a) \wedge F(b) \wedge F(c)$ ..., presuppone che si disponga di nomi (a, b, c, ...), per ciascun individuo del dominio, il che non è sempre desiderabile o anche solo possibile.

(3) La terza difficoltà è che, oltre a consentire la produzione di infinite formule, le regole di formazione per L permettono in particolare di costruire formule aperte, che contengono cioè variabili non vincolate. Ora, fin dal paragrafo 2.3.1 si è detto che le funzioni enunciative con variabili libere non sono propriamente *enunciati*, di cui si possa affermare la vero/falsità in senso stretto. Poiché (e finché) x non denota alcun individuo determinato, non ha senso chiedersi sotto quali condizioni $F(x)$ è vero.

Le due ultime difficoltà sono risolte da Tarski mediante la nozione di *soddisfacimento di una formula, rispetto a una data assegnazione* di un valore alle variabili. Come detto al paragrafo precedente, un'assegnazione consente di ascrivere una denotazione temporanea alle variabili, cosicché anche le formule con variabili libere diventano valutabili. La nozione di soddisfacimento rispetto a un'assegnazione consente di esplicitare anche le condizioni di verità di formule quantificate come $\forall x F(x)$ e $\exists x F(x)$: esse saranno vere se e solo se $F(x)$ è soddisfatta, rispettivamente, da ogni, e da almeno una, assegnazione di valore a x. I quantificatori, in questo modo, vengono visti come una sorta di istruzione per valutare assegnazioni di valori alle variabili che quantificano.

Ragioni tecniche inducono a generalizzare il concetto di soddisfacimento a *tutte* le formule, sia a quelle aperte che agli enunciati (in questo modo, il soddisfacimento si costituisce come la nozione basilare nelle semantiche di tipo tarskiano). Indicando questa nozione col simbolo «⊨», possiamo allora fornire la definizione induttiva che cercavamo. Scriviamo «$\mathcal{M}^a \models \alpha$», a indicare che la formula α di L è soddisfatta, nel modello $\mathcal{M} = <U, i>$ e rispetto all'assegnazione a di un dato valore alle variabili di L entro quella interpretazione. Inoltre, con «$a[x/u]$» indichiamo l'assegnazione (detta a volte *riassegnazione*) identica ad a, tranne per il fatto che assegna come valore alla variabile x l'individuo u del dominio U.

(B) Ora, la *base* della definizione riguarda le formule atomiche, ossia quelle che, come sappiamo, sono fra le formule i «mattoni» di base del linguaggio predicativo:

$\mathcal{M}^a \models P(t_1, ..., t_n)$ se e solo se $<\mathcal{M}^a(t_1), ..., \mathcal{M}^a(t_n)> \in \mathcal{M}(P)$.

Possiamo leggere la clausola così: una qualunque formula atomica $P(t_1, ..., t_n)$ di L è soddisfatta, nell'interpretazione nel modello $\mathcal{M} = <U, i>$ e rispetto all'assegnazione a, se e solo se la n-pla ordinata di individui, denotati dai termini individuali $t_1, ..., t_n$ (in questa interpretazione e rispetto a questa assegnazione) appartiene all'insieme denotato (in questa interpretazione) dal predicato P. Ciò equivale a dire: se e solo se fra gli individui del dominio U, che sono le denotazioni dei termini $t_1, ..., t_n$, sussiste la relazione, che è la denotazione del predicato n-ario P (se si tratta di un predicato a un posto, si potrà dire: se e solo se l'individuo, che è la denotazione dell'unico termine individuale in questione, ha la proprietà..., etc.).

(P) Nel *passo* della definizione, poi, stabiliamo le clausole per il soddisfacimento delle formule composte a partire dal soddisfacimento delle loro componenti. Adoperando le metavariabili per formule di L, avremo:

(1) $\mathcal{M}^a \models \neg\alpha$ se e solo se non $\mathcal{M}^a \models \alpha$

(2) $\mathcal{M}^a \models \alpha \wedge \beta$ se e solo se $\mathcal{M}^a \models \alpha$ e $\mathcal{M}^a \models \beta$

(3) $\mathcal{M}^a \models \alpha \vee \beta$ se e solo se $\mathcal{M}^a \models \alpha$ o $\mathcal{M}^a \models \beta$

(4) $\mathcal{M}^a \models \alpha \rightarrow \beta$ se e solo se non $\mathcal{M}^a \models \alpha$ o $\mathcal{M}^a \models \beta$

(5) $\mathcal{M}^a \models \alpha \leftrightarrow \beta$ se e solo se ($\mathcal{M}^a \models \alpha$ e $\mathcal{M}^a \models \beta$, oppure, non $\mathcal{M}^a \models \alpha$ e non $\mathcal{M}^a \models \beta$)

(6) $\mathcal{M}^a \models \forall x\alpha$ se e solo se per ogni u $\in$ U, $\mathcal{M}^{a[x/u]} \models \alpha$

(7) $\mathcal{M}^a \models \exists x\alpha$ se e solo se per qualche u $\in$ U, $\mathcal{M}^{a[x/u]} \models \alpha$.

4. La semantica logica

La definizione di soddisfacimento nella semantica tarskiana viene strutturata in modo tale che, per il soddisfacimento di una formula α rispetto a un'assegnazione, il valore attribuito da quell'assegnazione a variabili che non compaiono libere in α è irrilevante. In conseguenza di ciò gli enunciati, non contenendo variabili libere, sono sempre soddisfatti rispetto a *tutte* le assegnazioni di valori alle variabili, oppure rispetto a *nessuna*. Allora, si può definire la *verità* di una formula in un'interpretazione come *soddisfacimento rispetto a tutte le assegnazioni*. Per indicare in generale che una formula α è vera nell'interpretazione nel modello $\mathcal{M}$, scriveremo direttamente: $\mathcal{M} \models \alpha$.

La definizione induttiva della relazione di soddisfacimento è, così, pienamente conforme alla convenzione V. Consente infatti di esplicitare le condizioni di verità delle formule più semplici del nostro linguaggio predicativo, ossia delle formule atomiche. Inoltre, consente di esplicitare le condizioni di verità di tutte le formule ottenibili da formule date, mediante i connettivi enunciativi e i quantificatori. Poiché se ne possono dedurre in linea di principio tutti i bicondizionali ottenibili dallo schema (V), essa è dunque in grado di caratterizzare la verità per il nostro linguaggio predicativo L.

Vediamo soltanto un esempio in proposito. Sia la costante predicativa F di L interpretata nel dominio degli esseri umani, come esprimente la proprietà di essere francese; ossia, come denotante l'insieme di tutti e soli gli individui, che sono francesi. Consideriamo l'enunciato: $\exists x F(x)$. Dobbiamo poter dedurre dalla definizione induttiva appena presentata il suo bicondizionale:

«$\exists x F(x)$» è vero (nel linguaggio L) se e solo se qualcuno è francese.

(a) Cominciamo deducendo la prima «metà» del bicondizionale, ossia il condizionale che va da sinistra a destra: assumiamo che $\exists x F(x)$ sia vero in L, e deriviamone che qualcuno è francese. Che $\exists x F(x)$ sia una formula vera, vuol dire che, data una qualsiasi assegnazione a, a la soddisfa. Per la clausola n. 7 del passo (P) della definizione induttiva, a sua volta ciò significa che, data una qualsiasi assegnazione a, $F(x)$ è soddisfatta, per qualche individuo u del dominio, dalla riassegnazione $a[x/u]$ coincidente con a, tranne per il fatto che assegna come denotazione alla variabile x l'individuo u. Per la base (B) della definizione, poi, che l'assegnazione $a[x/u]$ soddisfi la formula atomica $F(x)$ implica che la denotazione di x, ossia appunto u, sia membro dell'insieme denotato dalla costante predicativa F, ossia dell'insieme dei francesi. Dunque, l'insieme dei francesi non è vuoto, ossia qualcuno è francese.

(b) Deduciamo ora la seconda «metà» del bicondizionale, ossia il condizionale che va da destra a sinistra: assumiamo che qualcuno sia francese, e deriviamone che la formula $\exists x F(x)$ è vera in L, ossia che tutte le assegnazioni la soddisfano. Ancora per la clausola n. 7 del passo, un'assegnazione a qualsiasi soddisfa la formula $\exists x F(x)$ se esiste almeno un individuo u del dominio, tale che la riassegnazione $a[x/u]$ soddisfa la corrispondente formula aperta $F(x)$. Ora, abbiamo assunto che qualcuno è francese, ovvero che un qualche individuo u del dominio è francese. Dunque, la denotazione della variabile x nell'assegnazione $a[x/u]$, ossia appunto l'individuo u, appartiene all'insieme che è la denotazione del predicato F, ossia all'insieme dei francesi. Dunque, per la base della definizione, $a[x/u]$ soddisfa la formula $F(x)$.

4.3.4. *Verità logica, conseguenza logica*

La verità degli enunciati di L così caratterizzata è, naturalmente, relativa al modello $\mathcal{M}$ o, che è lo stesso, all'interpretazione prescelta: una formula potrà essere, in generale, vera rispetto a una certa interpretazione, e falsa rispetto a una cert'altra. Per riprendere l'esempio di cui sopra: la nostra formula $D(s)$, se viene interpretata nel dominio dei naturali facendo significare al nome proprio s il numero sette, e alla costante predicativa D la proprietà di esser dispari, è vera. Se invece viene interpretata nel dominio costituito dall'insieme di tutti gli esseri umani, facendo sì che s significhi Socrate e D significhi la proprietà di essere una donna, è falsa.

Consideriamo allora la *totalità* delle interpretazioni possibili. In generale, se una formula è soddisfatta rispetto almeno a un'assegnazione in almeno un'interpretazione, si dice *soddisfacibile*. Se una formula è vera (soddisfatta rispetto a tutte le assegnazioni) in almeno un'interpretazione, si dice *verificabile* (una formula che contiene variabili libere può essere soddisfacibile ma non verificabile: ad esempio, la formula $F(x) \land \neg F(y)$ è soddisfacibile in ogni modello il cui dominio ha almeno due elementi, ma non è verificabile). Soprattutto, si può dare il caso che una formula α sia soddisfatta rispetto a tutte le assegnazioni in tutte le interpretazioni; ossia, che sia vera in tutti i modelli: dato un *qualsiasi* modello $\mathcal{M}$, $\mathcal{M} \models \alpha$. In questo caso, si dice che α è una formula *logicamente vera*, oppure *universalmente valida*, ovvero è una *legge logica*. Indicheremo ciò scrivendo: $\models \alpha$, a intendere che la formula è vera indipendentemente dal particolare modello in considerazione. Per fare qualche esempio:

$\models \forall x F(x) \vee \exists x \neg F(x)$
$\models \forall x \neg (G(x) \wedge \neg G(x))$
$\models \exists x (F(x) \wedge G(x)) \rightarrow \exists x F(x) \wedge \exists x G(x)$,

ossia queste formule sono vere in tutti i modelli, cioè sono leggi logiche. A proposito delle formule *predicative* che sono leggi logiche si parla in particolare, naturalmente, di *leggi logico-predicative*; abbiamo già usato questa espressione nel capitolo precedente. Quel che ci interessa ora è che, attraverso la nostra semantica formale, possiamo dare una caratterizzazione precisa e generale della nozione di legge logica: una legge logica è una formula che resta vera *qualunque significato si assegni ai suoi simboli descrittivi*. Si tratta, in questo senso, di una verità logica: è vera, quali che siano le entità e le operazioni, proprietà e relazioni che si possono pensare denotate dai termini individuali, dai funtori e dai predicati che vi compaiono.

Un'altra essenziale nozione ora caratterizzabile in modo preciso è quella, di cui abbiamo fatto un uso intuitivo fin dall'inizio del libro, di *conseguenza logica*. Abbiamo detto che una formula è conseguenza logica di certe altre formule se e solo se in qualsiasi circostanza o situazione in cui tutte queste formule sono vere, anche quella è vera. Ora, un modello è appunto la rappresentazione formale di una circostanza, o di una situazione. Allora, possiamo dire che una formula β è *conseguenza logica* delle formule α_1, ..., α_n, se e solo se, per ogni modello $\mathcal{M}$, se $\mathcal{M} \models \alpha_1$ e ... e $\mathcal{M} \models \alpha_n$, allora $\mathcal{M} \models \beta$. Il che vuol dire: se e solo se tutti i modelli che rendono vere ciascuna delle α_1, ..., α_n, rendono vera anche β. Con una piccola estensione della nostra notazione, possiamo esprimere in modo abbreviato questo fatto così:

$\alpha_1, ..., \alpha_n \models \beta$.

Un'altra nozione caratterizzabile nella nostra semantica è quella di *equivalenza logica*. Di due formule α e β si dice che sono *logica-*

mente equivalenti se ciascuna delle due è conseguenza logica dell'altra, ossia se tutti i modelli che rendono vera l'una rendono vera anche l'altra, e viceversa.

Si badi ora a non confondere la nozione di *teorema* del calcolo logico e la relazione di *derivabilità*, introdotte nel capitolo 3 e per le quali abbiamo usato il segno di asserzione «⊢», con la nozione di *legge* logica e la relazione di *conseguenza* logica, qui caratterizzate, e per le quali abbiamo usato il simbolo «⊨». È vero che, in quel capitolo, ci eravamo spinti fino a dire che i teoremi del calcolo della deduzione naturale sono *veri* da un punto di vista logico, e meritano dunque il titolo di leggi logiche. Tuttavia, la nozione di *teorema* e quella di *derivabilità* in logica sono considerate come concetti puramente *sintattici*, riguardanti la mera manipolazione delle formule mediante regole d'inferenza, a prescindere dalla loro interpretazione, ossia dai significati assegnati ai simboli. In particolare, un teorema, in questo senso stretto, è solo ciò che la sua definizione ne dice: è una formula che può essere derivata mediante le regole del calcolo, in dipendenza da un insieme vuoto di assunzioni (o, se si tratta di un calcolo di tipo assiomatico: è o un assioma, o una formula derivabile dagli assiomi mediante le regole d'inferenza). Invece, le nozioni di legge logica e conseguenza logica sono nozioni propriamente *semantiche*, perché nella loro caratterizzazione si fa ricorso esplicito alla nozione di verità. *Che* i teoremi del calcolo dei predicati classico *coincidano* con le leggi logiche è senz'altro vero (e perciò lo abbiamo anticipato al capitolo 3), e tuttavia non è scontato: anzi, come accenneremo nel capitolo seguente parlando dei (meta)teoremi di coerenza e completezza, è una delle acquisizioni più importanti della logica classica.

4.3.5. *La verità è inesprimibile (o quasi)*

La condizione formale di adeguatezza di una definizione della verità per un linguaggio, si è affermato, è che non consenta di dedurre contraddizioni. Questa condizione è strettamente legata alla distinzione fra linguaggio-oggetto e metalinguaggio. Abbiamo detto che, nella teoria semantica da noi presentata, la distinzione è essenziale: se infatti i due vengono confusi, lo schema (V) può generare paradossi. Ciò accade in particolare se assumiamo che il predicato di verità *per* un linguaggio sia esprimibile o definibile *nello* stesso linguaggio. I

4. La semantica logica

guai sono dovuti a un paradosso noto fin dall'antichità, e detto *paradosso del mentitore*, la cui versione informale sorge considerando l'enunciato:

(M)   L'enunciato (M) è falso.

(M) è un enunciato *autoreferenziale*: dice qualcosa dell'enunciato (M) (precisamente, gli attribuisce una proprietà semantica: quella di essere falso), inoltre *è* quello stesso enunciato. Chiediamoci ora qual è il valore di verità di (M), e ragioniamo per casi. Supponiamo che sia vero: allora, per ciò che dice, è falso. Viceversa supponiamo che sia falso: questo è proprio ciò che dice di essere, dunque è vero. Se accettiamo il principio di bivalenza ossia, come sappiamo, il principio secondo cui ogni enunciato o è vero o è falso, ciascuna di queste due alternative produce una situazione paradossale: (M) è vero *e* falso insieme!

Ora, mediante una particolare tecnica matematica è possibile costruire enunciati autoreferenziali del tipo di (M) anche all'interno di un linguaggio formale come L, purché la teoria impiantata su L abbia certe capacità espressive (di questo diremo qualcosa nel capitolo seguente). Senza entrare nei dettagli, per il momento osserviamo soltanto che, poiché anche le formule di L sono un insieme di oggetti, esse stesse possono venir prese come dominio di una interpretazione di L. Avremo così un'interpretazione, detta spesso *morfologica*, in cui le formule di L parlano (di proprietà e relazioni) delle stesse formule di L.

In un contesto di questo genere, sotto certe condizioni – su cui qui non ci soffermiamo – è possibile costruire enunciati autoreferenziali mediante una procedura molto nota, detta di *diagonalizzazione*. La procedura consente di associare a ogni formula $\alpha[x]$, contenente libera la variabile x, l'enunciato β che si ottiene sostituendo la variabile libera con il suo nome in quella interpretazione (nome che indicheremo virgolettando la formula: «β» è il nome di β):

$\beta \leftrightarrow \alpha[x/«\beta»]$.

β viene detto un *punto fisso* di $\alpha[x]$. Ora, poniamo che V sia il predicato di verità *per* il nostro linguaggio L, e nello stesso tempo sia esprimibile *nel* medesimo linguaggio L. Allora, partendo dalla formula aperta $V(x)$, in base alla diagonalizzazione sarà facile avere un enunciato µ tale che:

$$\mu \leftrightarrow \neg V(«\mu»).$$

Intuitivamente, µ afferma proprio: «L'enunciato µ è falso», ovvero: «Questo enunciato è falso». Precisamente, ciò che dice è: «Questo enunciato *non è vero*», ma se, come noi assumiamo sempre, la semantica è conforme al principio di bivalenza, è la stessa cosa (falsità e non verità si equivalgono). Perciò, se ciò che dice è vero, è falso, e viceversa, se ciò che dice è falso, è vero, e si riproduce in sede formale il paradosso del mentitore. La conclusione tarskiana è che *il predicato di verità per un linguaggio L non deve essere esprimibile entro lo stesso linguaggio L*; è questa una versione possibile, e piuttosto informale, del *teorema di Tarski di indefinibilità della verità*. Di qui l'importanza che la teoria in cui definiamo la verità per un certo linguaggio L sia sempre formulata in un metalinguaggio, diciamo L_1, distinto dal linguaggio-oggetto L, e nel quale soltanto possiamo parlare dei concetti semantici riguardanti L, come quelli di verità e falsità in L.

Ma che ne è poi della semantica del metalinguaggio L_1, e del predicato di verità per L_1? Per questo occorrerà un metametalinguaggio L_2, nel quale possiamo parlare dei concetti semantici riguardanti L_1, e definire la verità in L_1. A loro volta, i concetti semantici per L_2 saranno inesprimibili in L_2, e occorrerà un metametametalinguaggio L_3, ..., etc. Una conseguenza di questa situazione e di questa gerarchia di metalinguaggi è che una caratterizzazione universale della verità è impossibile. Non possiamo stabilire una definizione che ci dica cos'è *la* verità in generale, nel senso di specificare cosa vuol dire «vero in L» per ogni possibile linguaggio L. Una simile definizione, infatti, dovrebbe riguardare anche il caso in cui L sia il metalinguaggio stesso. È per questo che, sulla base della procedura tarskiana, bisogna limitarsi a definire la verità per un linguaggio alla volta.

Un'altra conseguenza tratta da Tarski, cui abbiamo accennato all'inizio del paragrafo 4.3.1, era che il suo metodo non fosse applicabile al nostro linguaggio ordinario, ma funzionasse solo per i linguaggi formalizzati della logica. Infatti, non sembra che il nostro linguaggio ordinario sia strutturato secondo una gerarchia di metalinguaggi; né sembra che ci possano essere concetti inesprimibili in es-

4. La semantica logica

so: qualsiasi contenuto esprimibile linguisticamente sembra essere esprimibile nel linguaggio naturale! Altri autori, come si è detto, hanno tuttavia avuto opinioni diverse, e oggi molti ritengono che una teoria del significato per il linguaggio ordinario debba mirare proprio a fornire una definizione della verità di tipo tarskiano.

Esercizi

1. Un modo intuitivo per spiegare la semantica di formule con i quantificatori potrebbe essere il seguente. A una formula aperta, poniamo $F(x)$, in un'interpretazione resta associato l'insieme denotato dalla costante predicativa F. $\forall x F(x)$ è vera in una determinata interpretazione se e solo se l'insieme che l'interpretazione assegna a F coincide con il dominio. $\exists x F(x)$ è vera in una determinata interpretazione se e solo se l'insieme che l'interpretazione assegna a F non è vuoto. Ora, c'è un dominio in cui la forma d'argomento:

$\forall x F(x) \vdash \exists x F(x)$

non è valida? Di che dominio si tratta? (Suggerimento: si veda quanto detto al paragrafo 3.3.4).

2. Quali conseguenze puoi ricavare applicando la concezione del significato esposta nel paragrafo 4.2, secondo cui il significato di un enunciato coincide con le sue condizioni di verità, al caso delle *tautologie* (ossia di quelle formule che, come sappiamo, sono vere qualsiasi sia il valore di verità delle variabili enunciative di cui sono composte)?

5.
Cenni di metalogica

> I risultati ottenuti da Gödel
> nella logica moderna [...]
> costituiscono una pietra miliare
> che rimarrà visibile da lontano
> nello spazio e nel tempo.
> *John von Neumann*

5.1. *Che cos'è la metalogica?*

Una volta che ci si trovi di fronte a un linguaggio logico L e a un sistema formale S impiantato su di esso, possiamo decidere di occuparci delle caratteristiche *generali* del sistema in questione, e possiamo confrontarlo con sistemi diversi (ad esempio, possiamo osservare che un certo sistema consente di dimostrare più di un cert'altro, ossia, come si suole dire, è più *forte*, etc.). Quando dalla costruzione di sistemi formali, o dal calcolo logico condotto al loro interno, si passa all'indagine delle loro proprietà generali, si accede al campo detto della *metalogica*. Si capisce il perché di questa denominazione: si tratta infatti di un discorso che verte, appunto, *sui* sistemi logici, indagandone le caratteristiche complessive. Questo passaggio segna l'abbandono del quadro logico di base, che abbiamo cercato di delineare nel nostro libro, e il passaggio a problematiche di livello superiore.

In questo capitolo esporremo, per sommi capi e senza addentrarci nelle dimostrazioni, alcuni risultati esemplari di metalogica. Il lettore così potrà avere almeno un'idea approssimativa di quello che incontrerà, qualora prosegua nei suoi studi in questo campo. Chiameremo spesso per brevità *teoremi* questi risultati. Non vanno però confusi con i teoremi del calcolo assiomatico, o con quelli del calcolo della deduzione naturale, di cui si è detto nel capitolo 3: questi infatti erano conclusioni di dimostrazioni formali condotte *entro* il calcolo logico. I teoremi della metalogica (che perciò vengono chiamati anche *meta*teoremi) invece sono teoremi che vertono *sui* sistemi formali, che esprimono loro proprietà generali.

5.2. Coerenza e completezza, o le virtù di una logica

5.2.1. La proprietà di coerenza dei sistemi formali

In generale, un sistema formale S viene detto *sintatticamente coerente* se per nessuna formula α del linguaggio formale su cui è impiantato si dà il caso che ⊢ α e ⊢ ¬α: ossia, se non consente di dimostrare, o di derivare come teoremi, sia una formula che la sua negazione. Se invece ciò accade, il sistema è detto (sintatticamente) *incoerente* o *contraddittorio*. Come si è visto nel capitolo 3 in riferimento al nostro sistema di deduzione naturale, non c'è nulla di male nel dedurre nel calcolo una contraddizione *da* certe assunzioni: anzi, la derivazione di contraddizioni è funzionale a qualunque dimostrazione mediante *reductio ad absurdum* o (I¬). Tuttavia, se un sistema formale del tipo di quello presentato al capitolo 3 consentisse di derivare anche una sola contraddizione *come teorema*, ossia non in dipendenza da assunzioni particolari, le conseguenze sarebbero disastrose. Per capire il perché, introduciamo anzitutto la nozione di *inconsistenza*. Un sistema formale S viene detto *inconsistente* se consente di dimostrare, o di derivare come teoremi, tutte le formule del linguaggio L su cui è impiantato. Viceversa, se esiste almeno una formula di L che S non dimostra, S viene detto *consistente*.

Ora, in un sistema formale che esprime la logica classica, e in generale in tutti i sistemi dotati o della regola (E¬) da noi vista al paragrafo 3.2.8, o di formulazioni equivalenti della legge dello pseudo-Scoto, *l'incoerenza implica l'inconsistenza*. Quella regola infatti, come sappiamo, dice che da una contraddizione si può dedurre qualunque formula. Quindi, se fosse possibile dedurre anche una sola contraddizione come teorema, il sistema in questione «impazzirebbe» divenendo inconsistente: è chiaro che un sistema inconsistente è deduttivamente inutile, poiché dimostra *tutto* (e quindi anche il contrario di tutto). Di qui l'importanza di fornire dimostrazioni di coerenza, o non contraddittorietà, le quali garantiscano che i principi di un sistema formale sono sicuri: che cioè essi non ci consentiranno mai di dedurre una contraddizione come teorema. Avere una dimostrazione vera e propria è opportuno, in quanto non vogliamo affidarci solo alla plausibilità intuitiva dei principi o delle regole di derivazione. Come abbiamo visto, ad esempio, trattando del paradosso di Russell, nella storia della logica è accaduto che assunzioni apparentemente ovvie e naturali, come il principio di comprensione senza restrizioni della teoria «ingenua» degli insiemi, abbiano portato a contraddizioni inaspettate.

In generale, la dimostrazione della coerenza di un sistema formale avviene però ricorrendo a una nozione un po' diversa dalla coerenza sintattica, e che viene chiamata coerenza (o anche *correttezza*) *semantica* perché è caratterizzata con riferimento alla nozione di verità. Ci interessiamo della coerenza (semantica) o correttezza del *calcolo dei predicati classico*. Di questo, il sistema della deduzione naturale del capitolo 3 è una sistemazione tipica, ma non l'unica possibile: il calcolo dei predicati può anche essere formulato come un sistema di tipo *assiomatico* (magari arricchito in modo da consentire non solo di introdurre nelle dimostrazioni formali assiomi, ma anche assunzioni o ipotesi); o in altre versioni ancora, cui in questo libro non si è accennato. Provare che la logica dei predicati classica è semanticamente corretta o coerente, è provare che *tutti i teoremi del calcolo dei predicati sono veri in ogni interpretazione*, ovvero *in tutti i modelli*:

(1) Se $\vdash \alpha$, allora $\vDash \alpha$.

Questo è detto il *teorema speciale*, o anche *debole, di coerenza* o *correttezza* del calcolo dei predicati, che riguarda il caso a zero premesse. Possiamo darne la formulazione più generale: il *teorema generale*, o *forte, di coerenza* o *correttezza*, il quale dice che *tutte le formule derivabili da un gruppo qualsiasi di premesse nel calcolo dei predicati sono conseguenza logica di quel gruppo di premesse*:

(2) Se $\alpha_1, ..., \alpha_n \vdash \beta$, allora $\alpha_1, ..., \alpha_n \vDash \beta$.

Dovendoci limitare a pochi cenni essenziali, non forniamo qui la dimostrazione di tutto ciò: questa, ancorché non difficile, è di solito un po' lunga e laboriosa – anche se lo è più per certe sistemazioni della logica dei predicati, che per altre; in generale, ha luogo per induzione sulla costruzione delle dimostrazioni formali (ne troveremo un esempio semplificato nell'esercizio n. 1 alla fine di questo capitolo). Soffermiamoci invece sul valore di queste affermazioni. La (1) ci dice che le varie versioni del calcolo dei predicati consentono di dimostrare, ossia di derivare come teoremi, solo formule vere in ogni interpretazione, cioè solo leggi logiche. Da questa correttezza o coerenza semantica deriva anche la coerenza sintattica. Se infatti si possono derivare come teoremi *solo* leggi logiche, ossia formule logicamente vere, in particolare non si potrà mai derivare come teorema una contraddizione, perché una contraddizione, naturalmente, non è affatto una legge logica: non è vera, anzi, in alcuna interpretazione. La (2) generalizza deduzioni in cui l'insieme delle assunzioni non è vuoto. Ci dice infatti che se è possibile derivare una formula β da un gruppo di premesse $\alpha_1, ..., \alpha_n$, allora β è una conseguenza logica di $\alpha_1, ..., \alpha_n$. In altre parole, (2) ci dice che i principi e le regole d'inferenza delle varie versioni del calcolo dei predicati consentono di dedurre *solo* conseguenze logiche delle premesse che assumiamo.

Ora, si ricorderà che la nozione di *conseguenza logica* da noi definita nel capitolo precedente cattura, a livello di semantica formale, ciò che fin dall'inizio del nostro libro abbiamo espresso come *criterio di correttezza logica* dei ragionamenti: un ragionamento è corretto, come ben sappiamo, se non vi è alcuna possibilità che tutte le sue premesse $\alpha_1, ..., \alpha_n$ siano vere ma la conclusione β falsa – e cioè, se in tutte le situazioni o circostanze in cui le premesse sono tutte vere, la conclusione è vera. Ma a ciò corrisponde, appunto, l'essere *conseguenza logica* di $\alpha_1, ..., \alpha_n$, da parte di β: β è vera in tutti i modelli in cui sono vere $\alpha_1, ..., \alpha_n$. Dunque ciò che la (2) assicura è che il calcolo dei predicati nelle sue varie formulazioni fa (una parte di) quello che ci attendevamo che facesse: esso consente di costruire dimostrazioni formali soltanto per ragionamenti effettivamente validi, e non consentirà mai di derivare una conclusione falsa da premesse tutte vere.

5.2.2. La proprietà di completezza dei sistemi formali

Ci interessiamo ora della proprietà «inversa» a quella di coerenza o correttezza, ossia la *completezza*. In quel caso, ci interessava garantire che le varie versioni del calcolo dei predicati classico non dimostrano troppo, e che perciò i loro principi e le loro regole d'inferenza sono affidabili. In questo caso, ci interessa assicurare che non dimostrano troppo poco, anzi dimostrano «il più possibile». Al grande matematico Kurt Gödel si deve la dimostrazione della *completezza della logica dei predicati classica*. Anche di questa possiamo dare una formulazione speciale e una generale, che sono, appunto, le inverse dei teoremi generale e speciale di coerenza forniti sopra. Il *teorema speciale, o debole, di completezza* afferma che *tutte le formule vere in ogni interpretazione, ovvero in tutti i modelli, sono teoremi del calcolo dei predicati*:

(3) Se $\models \alpha$, allora $\vdash \alpha$.

Questo ci dice che nel calcolo dei predicati si possono dimostrare, ossia derivare come teoremi, *tutte* le leggi logiche. Ora, se riuniamo (1) e (3), ossia i teoremi speciali di coerenza e completezza, avremo il seguente bicondizionale:

(4) $\vdash \alpha$ se e solo se $\models \alpha$.

E (4) dice che, nel caso della logica dei predicati classica, accade precisamente ciò che avevamo anticipato al paragrafo 4.3.4. Il concetto di *teorema* del calcolo logico e quello di *legge logica* sono nozioni definite in modo indipendente: la prima è una nozione *sintattica* («formula derivabile dagli assiomi del sistema formale mediante le regole d'inferenza»; oppure, «formula derivabile mediante le regole, in dipendenza da un insieme vuoto di assunzioni»; etc.); la seconda è una nozione *semantica* («formula vera in ogni interpretazione»). Tuttavia, esse individuano lo stesso insieme di formule.

La formulazione *generale*, o *forte*, del teorema di completezza dice che *tutte le conseguenze logiche di un gruppo qualsiasi di premesse sono derivabili da quel gruppo di premesse nel calcolo dei predicati*:

(5) Se $\alpha_1, ..., \alpha_n \models \beta$, allora $\alpha_1, ..., \alpha_n \vdash \beta$.

La (5) assicura, in altre parole, che nel calcolo dei predicati si possono costruire dimostrazioni formali per tutti i ragionamenti effettivamente validi, cioè tali che la conclusione è conseguenza logica delle premesse.

5. Cenni di metalogica

In generale, la struttura e la complessità delle prove di coerenza e completezza variano a seconda del tipo di sistemi per cui queste proprietà vengono dimostrate – sistemi assiomatici, o del tipo della nostra deduzione naturale, o d'altro genere (ad esempio, nel caso specifico del sistema della deduzione naturale da noi studiato al capitolo 3, ci sarebbero complicazioni dovute alle caratteristiche delle regole d'inferenza; occorrerebbero alcuni aggiustamenti tecnici, a causa delle restrizioni sull'applicabilità delle regole per i quantificatori; ma sorvoleremo su questi dettagli). Inoltre, la completezza non è una proprietà essenziale alla sopravvivenza di un sistema formale: ci sono sistemi formali essenzialmente incompleti – ne parleremo fra poco – e tuttavia interessanti. Ma la completezza della logica elementare classica ci garantisce che questa è, in un'accezione importante, non arbitraria: le inferenze dimostrabili, caratterizzate a livello sintattico, coincidono con quelle individuate come corrette dal punto di vista semantico. Inoltre, i vari sistemi formali che esprimono la logica elementare (deduzione naturale, calcolo assiomatico, etc.) sono in un certo senso equivalenti fra loro, appunto in quanto coerenti e completi: anche se le dimostrazioni formali si svolgono con strategie e modalità differenti, le formule derivabili come teoremi e, rispettivamente, le forme d'argomento la cui correttezza è dimostrabile, sono le stesse.

5.3. *Teoremi limitativi*

Quanto abbiamo detto finora può apparirci molto rassicurante. Fin dall'inizio di questo libro ci siamo occupati di ragionamenti, allo scopo di stabilirne le condizioni di validità; e abbiamo edificato procedure formali per poter determinare in modo oggettivo, senza dover ricorrere a competenze particolari o alla sola intuizione, quali inferenze sono corrette e quali no. Il risultato di Church sull'indecidibilità della logica dei predicati, di cui si è detto alla fine del capitolo 3, ci mostra che già al livello elementare c'è un limite alla possibilità di ricondurre le procedure inferenziali a un calcolo puramente meccanico. Tuttavia, sulla base dei risultati di coerenza e completezza, le diverse versioni del calcolo dei predicati sono in grado di costruire dimostrazioni formali per tutti e soli i ragionamenti corretti, la cui forma logica sia adeguatamente esprimibile nel linguaggio su cui è impiantato; inoltre, derivano come teoremi tutte e sole le verità logiche.

Eppure, i risultati metalogici di maggior rilevanza filosofica non sono dimostrazioni di completezza, bensì di *in*completezza: sono (meta)teoremi che sanciscono alcuni limiti decisivi nelle possibilità deduttive dei sistemi formali. Parleremo solo dei due più noti fra questi teoremi, che sono dovuti al genio di Kurt Gödel.

5.3.1. *L'incompletezza dell'aritmetica*

Anzitutto, Gödel mostrò che in un qualsiasi sistema formale S che soddisfi certe condizioni si può parlare di alcune proprietà e relazioni sintattiche che riguardano S stesso. Una simile teoria può parlare della propria sintassi nel senso che, ad esempio, la proprietà sintattica di essere *dimostrabile in S* può essere espressa all'interno della teoria stessa. Per ottenere ciò occorre anzitutto la cosiddetta *gödelizzazione*. L'idea è semplice. Quando studiamo un qualunque linguaggio formalizzato L, e un sistema S su di esso impiantato, abbiamo a che fare con un insieme numerabile di oggetti: simboli di base (connettivi, predicati, variabili, etc.), formule ben formate, ossia sequenze finite di simboli costruite in base a precise regole di formazione, e sequenze finite di queste formule (le dimostrazioni formali). Allora, possiamo rappresentare tutti questi oggetti associandoli univocamente a numeri naturali con un'opportuna codifica. La gödelizzazione è sostanzialmente basata su questa associazione univoca di ogni simbolo, formula e sequenza di formule di L a un numero naturale. Essa è poi costruita in modo che (a) data un'espressione di L, si può stabilire qual è il numero che le corrisponde (e che è detto il suo *numero di Gödel*, o brevemente il suo *gödeliano*); e viceversa (b) dato un numero naturale, si può stabilire se è il numero di Gödel di qualche espressione di L e, in questo caso, di quale.

Se ora il sistema ha certe capacità espressive, riconducibili in sostanza al fatto che contiene una certa quantità di *aritmetica* formale (ossia di teoria formalizzata dei numeri naturali), è possibile che enunciati del sistema parlino di proprietà di, e relazioni fra, enunciati del sistema stesso. I numeri naturali svolgono qui una doppia funzione: sono gli oggetti di cui gli enunciati aritmetici della teoria «ufficialmente» parlano; ma sono anche codici univocamente associati, mediante la gödelizzazione, a espressioni del linguaggio della teoria stessa. Allora, certe affermazioni *su* S sono rispecchiate *in* S

5. Cenni di metalogica

come affermazioni su (operazioni e relazioni aritmetiche fra) numeri. E usando la procedura di diagonalizzazione, di cui si è detto alla fine del capitolo precedente, possiamo costruire enunciati che parlano di se stessi, nel senso che si riferiscono al numero naturale cui sono essi stessi associati, al *proprio* numero di Gödel.

Prima che Tarski sfruttasse questa situazione per stabilire il proprio teorema di indefinibilità della verità, Gödel l'aveva utilizzata per costruire, all'interno di un sistema formale S cosiffatto, un enunciato – sia γ – che dice di se stesso non di essere *falso*, bensì di essere *indimostrabile* (in S):

$$\gamma \leftrightarrow \neg Dim(\text{«}\gamma\text{»}).$$

In luogo del predicato di verità V, abbiamo qui un predicato di *dimostrabilità* (per il quale adoperiamo, per comodità mnemonica, non una singola lettera di predicazione ma la sigla «*Dim*»). La formula aperta $Dim(x)$ è in effetti una formula aritmetica, che però raffigura *nel* sistema la proprietà sintattica di formule *del* sistema di essere dimostrabile in S, ovvero di essere un teorema di S. Dunque, intuitivamente γ afferma, per l'appunto: «Questo enunciato è indimostrabile»; o ancora: «Io *non sono un teorema*».

Ebbene, a differenza del predicato tarskiano di verità, il predicato di dimostrabilità *è esprimibile* (i logici, precisamente, dicono che è soltanto *semi-esprimibile* o *ricorsivamente enumerabile*, ma sorvoleremo su queste distinzioni) in S (aver illustrato ciò nei dettagli, fra l'altro, è uno dei grandi meriti di Gödel). L'enunciato del «mentitore» dà luogo a un paradosso: come sappiamo, se è vero, per ciò che dice è falso, e viceversa. Invece, l'enunciato gödeliano γ che dice di essere indimostrabile non dà luogo a paradossi, ma produce la seguente strana situazione. Anzitutto, per un qualsiasi sistema formale S che soddisfi le condizioni ora abbozzate, abbiamo che:

(1)   Se S è coerente, allora non ⊢ γ,

dove qui la coerenza va intesa nel senso che S *dimostra solo verità* (e, nel caso, verità aritmetiche). Infatti, se γ fosse dimostrabile, allora per ciò che dice sarebbe *falso*, visto che dice di *non* essere dimostrabile. Dunque, il sistema consentirebbe di derivare enunciati *falsi* come teoremi, contro l'ipotesi che S sia coerente. Se, come dice (1), γ non è dimostrabile, allora γ è quel che dice di essere, ossia è un enunciato *vero*. Ne segue che:

(2) Se S è coerente, allora non ⊢ ¬γ.

Infatti, se γ è vero allora la sua negazione formale ¬γ sarà falsa. E poiché il nostro sistema S è coerente, nel senso che consente di derivare come teoremi solo formule aritmeticamente vere, ¬γ, che è falso, non sarà un teorema di S. La congiunzione di (1) e (2) costituisce una versione «semantica» informale del cosiddetto *primo teorema di incompletezza di Gödel* (per inciso, in realtà Gödel non dimostrò propriamente il teorema in questa veste; adoperò invece, fra l'altro, una nozione di «coerenza aritmetica», detta ω-*coerenza*, un po' diversa e di cui non ci occuperemo. In seguito Barkley Rosser ridimostrò il teorema facendo a meno della ω-coerenza e modificando la formula gödeliana. I dettagli tecnici, tuttavia, in questa sede non ci interessano: l'essenziale è farci un'idea approssimativa e abbastanza generale della strategia di Gödel).

Il primo teorema ci dice, anzitutto, che *qualunque sistema formale coerente S*, in grado di esprimere l'aritmetica elementare, *è incompleto*: si possono formulare nel suo linguaggio enunciati aritmetici veri, ma che S non può derivare come teoremi. Inoltre, l'enunciato γ è *indecidibile* per S; con ciò si intende che S non può dimostrarlo né refutarlo, ossia non può dimostrare né l'enunciato stesso, né la sua negazione ¬γ. Infine, anche se aggiungessimo esplicitamente a S la formula γ (poniamo, direttamente come un assioma), nel sistema S_1 (= $S + γ$) risultante sarebbe possibile costruire daccapo una formula $γ_1$, diversa da γ e indecidibile in S_1. Se poi estendessimo similmente S_1 in S_2 (= $S_1 + γ_1$), nel sistema così risultante potremmo ancora costruire una nuova formula $γ_2$ indecidibile in S_2..., etc. (in generale, qualsiasi tentativo, anche più sofisticato, di rafforzare S non rimedierà a questa essenziale incompletezza).

5.3.2. *Incompletezza e prove di coerenza*

Abbiamo provato che, se S è coerente, allora γ non è dimostrabile. Si può esprimere questa idea *nel* nostro sistema formale? Per farlo, ci occorre una «affermazione di coerenza» (sia: «*Coer*») per S. Possiamo qui renderla mediante il nostro predicato di dimostrabilità:

5. Cenni di metalogica

$Coer =_{df} \neg Dim(\text{«}\kappa\text{»})$.

Dire che S è coerente è come dire che S non dimostra κ, dove κ potrebbe stare per una qualsiasi falsità logica o aritmetica. Possiamo quindi esprimere il fatto che, se S è coerente, allora γ non è dimostrabile, scrivendo:

(1) $\neg Dim(\text{«}\kappa\text{»}) \to \neg Dim(\text{«}\gamma\text{»})$.

Ma il conseguente di (1), $\neg Dim(\text{«}\gamma\text{»})$, non è altro che γ stessa. Dunque (1) equivale a:

(2) $Coer \to \gamma$,

e si può mostrare che (2) (e quindi (1)) è a sua volta dimostrabile in S. Ne segue che:

(3)   Se S è coerente, allora non ⊢ *Coer*.

Supponiamo infatti di poter dimostrare l'antecedente di (1) (o di (2)), ossia che la formula esprimente la coerenza di S sia un teorema *del* sistema stesso. Allora, mediante (E→) o *modus ponens* potremmo dimostrare anche γ. Avremo cioè una prova di questa forma:

(1) $Coer \to \gamma$ IT
(2) $Coer$ IT ?
(3) γ 1, 2, E→

Ma questo è appunto ciò che è escluso dal primo teorema di incompletezza, il quale ci dice che γ *non* è dimostrabile in S, se S è coerente. L'affermazione (3) esprime il cosiddetto *secondo teorema di incompletezza di Gödel*, che dunque è un corollario del primo. Questo ci dice che se S è coerente, allora non è in grado di dimostrare l'asserzione *Coer* del linguaggio formale su cui è impiantato, la quale esprime la coerenza di S: S non è in grado di dimostrare la *propria* coerenza!

5.3.3. «La logica è trascendentale»

Queste acquisizioni di Gödel hanno avuto un'enorme risonanza in matematica e in filosofia. Anzitutto, si ritiene che illustrino una discrepanza decisiva fra *dimostrabilità* in un sistema formale e *verità*: nessun sistema formale può catturare completamente le verità aritmetiche; se dimostra *solo* cose vere, non può dimostrarle *tutte*. In secondo luogo, mostrano che nessun sistema coerente che soddisfi le condizioni di applicabilità dei teoremi è autosufficiente, nel senso di: capace di dimostrare, per così dire, «con le sue sole forze», di essere coerente.

Si badi: ciò che qui si afferma non è che la coerenza dei sistemi formali in generale debba essere assunta come una fede. Nessuno ha dubitato mai seriamente della coerenza dell'aritmetica e, in effetti, prove di coerenza per sistemi esprimenti l'aritmetica sono state fornite – fra l'altro anche da Gentzen, l'inventore del metodo della deduzione naturale da noi sfruttato nel capitolo 3. Tutte le prove di coerenza esibite, però, hanno la caratteristica di utilizzare strumenti deduttivi non disponibili all'interno dei formalismi stessi di cui provano la coerenza: questa è accertata solo «dall'esterno», con metodi che non fanno parte del sistema. Si noti inoltre che il contrasto fra i risultati di completezza del paragrafo 5.2.2, e quelli di incompletezza appena descritti ci dice, visto che la logica dei predicati classica *è* pur sempre completa, che l'incompletezza va attribuita al fatto di costruire un sistema che incorpora l'aritmetica. Come anche si dice, l'incompletezza non è dovuta ai principi *logici* elementari, ma ai principi *specifici* dell'aritmetica.

Stabilire le conseguenze generali di tutto ciò è molto difficile. Secondo alcuni, una delle lezioni da trarre è che le nostre capacità razionali e, in generale, le risorse del pensiero umano, non si lasciano completamente racchiudere da un sistema formale. D'altra parte, queste limitazioni dei sistemi formali sono state stabilite proprio da una (meravigliosa) procedura logico-matematica, sicché il trascendimento della logica formale potrebbe essere una specie di «autotrascendimento». Il che ci consentirebbe di dare un senso inatteso alla sezione n. 6.13 del *Tractatus* di Wittgenstein, in cui si afferma: «La logica è trascendentale».

5. Cenni di metalogica

Esercizi

1. Per familiarizzarci con le dimostrazioni di coerenza possiamo provare a costruirne una molto semplice. Consideriamo un sistema assiomatico enunciativo non troppo dissimile da quello cui si è accennato al paragrafo 3.1.1. Il suo linguaggio è sostanzialmente quello enunciativo presentato nel capitolo 1, ma i connettivi sono limitati a condizionale e negazione. I suoi tre assiomi sono:

a) $P \to (Q \to P)$
b) $(P \to (Q \to R)) \to ((P \to Q) \to (P \to R))$
c) $(\neg P \to \neg Q) \to (Q \to P)$

L'unica regola d'inferenza è il *modus ponens*:

$$\frac{\alpha \to \beta, \alpha}{\beta}$$

Ora, come si potrebbe mostrare che per questo piccolo sistema assiomatico vale il teorema (speciale) di coerenza, ovvero che, data una qualsiasi sua formula α, se $\vdash \alpha$, allora $\models \alpha$? Ricorda: «$\vdash \alpha$», ossia «α è un teorema», qui indica che α è l'ultima di una sequenza di formule tale che ciascuna di esse o è un assioma del sistema, o è ricavata da formule precedenti per mezzo della regola di derivazione.

2. Perché, se aggiungessimo come teoremi a un sistema di calcolo dei predicati classico una qualsiasi formula α e la sua negazione $\neg \alpha$, otterremmo un sistema per cui vale il (meta)teorema speciale di completezza? Quale (meta)teorema, invece, non varrebbe per tale sistema? Quale regola d'inferenza è sufficiente a ottenere un sistema completo, disponendo sia di una formula α che della sua negazione $\neg \alpha$ tra i teoremi?

3. Questo esercizio (ripreso da Smullyan [1992]) costituisce un'utile analogia per capire il primo teorema di incompletezza di Gödel: invece di parlare di *sistemi formali* e formule *dimostrabili*, parliamo di *stampanti* e formule *stampabili*. Consideriamo una macchina dotata di stampante che stampi espressioni composte solo di questi cinque simboli: «$\neg$», «S», «N», «(», «)». Per *formula* intendiamo una sequenza finita di questi simboli. Una formula X è detta *stampabile* se la stampante può stamparla. Si assume che la macchina sia programmata in modo tale da stampare, prima o poi, ogni formula che sia stampabile. Per *norma* di una formula X, si intende la formula X(X) – per esempio la norma di $S\neg$ è: $S\neg(S\neg)$. Per enunciato intendiamo un'espressione che abbia una delle quattro forme seguenti (dove X è una formula qualsiasi):

1) $S(X)$
2) $SN(X)$
3) $\neg S(X)$
4) $\neg SN(X)$.

L'interpretazione intuitiva dei simboli è che S stia per «stampabile», N stia per «la norma di», e $\neg$ stia per «non». Possiamo allora dire che una formula della forma $S(X)$ è vera se e solo se la formula X è stampabile; una formula della forma $SN(X)$ è vera se e solo se la norma di X è stampabile; una formula della forma $\neg S(X)$ è vera se e solo se X non è stampabile; e una della forma $\neg SN(X)$ è vera se e solo se la norma di X non è stampabile.

Abbiamo quindi dato una definizione di cosa significa per un enunciato essere vero, e possiamo interpretare la situazione come un caso di sistema «autoreferenziale»: la macchina stampa vari enunciati riguardanti quello che la macchina stessa può o non può stampare, e così facendo può descrivere il *proprio* comportamento. Ora, assumiamo che la macchina stampi solo enunciati veri (naturalmente, una macchina cosiffatta è il corrispettivo di un sistema formale corretto o coerente, ossia che dimostra solo enunciati veri). Quindi, per esempio, se stampa qualcosa della forma di $S(X)$, allora la formula X è davvero stampabile, cioè verrà stampata prima o poi. E se $SN(X)$ è stampabile, allora lo è anche X(X), ossia la norma di X.

Ora, se X è una formula stampabile, segue che sia stampabile anche $S(X)$? Non necessariamente. Se X è stampabile, $S(X)$ è certamente vero, ma non abbiamo assunto che la macchina sia in grado di stampare *tutti* gli enunciati veri, bensì solo che non ne stampa mai di falsi. È possibile per la macchina stampare tutti gli enunciati veri? La risposta è *no*, e il problema è questo: trovate un enunciato vero che non può essere stampato dalla stampante.

Bibliografia

Mentre l'unica storia completa della logica è in pratica Kneale-Kneale [1962] (ma ricordo anche Celluprica [1978] sulla logica antica e Mangione-Bozzi [1993] su quella moderna), i testi generali sulle problematiche logiche, anche di taglio strettamente filosofico, abbondano (dai classici Quine [1970] e Haack [1978] a Cellucci [1998]), e così i buoni manuali di logica. Fra questi, cito Mendelson [1964], l'agevole Bencivenga [1986], Agazzi [1990], Abrusci [1992], Bellissima-Pagli [1993], Mondadori-D'Agostino [1997] e Palladino [2002], che eccelle per chiarezza espositiva. Classico è Kleene [1952], esemplare e rigoroso Kalish-Montague [1964], che però sono piuttosto ostici per chi non abbia competenze matematiche avanzate. Invece, Hodges [1977] e Copi-Cohen [1994] sono utili a chi è allergico alle formalizzazioni. Il secondo in particolare è ricco di esempi di ragionamento presi dal linguaggio naturale e contiene anche una sezione di logica induttiva. Per un'ottima introduzione, del tutto informale, alla teoria dell'argomentazione sia deduttiva che induttiva, si può vedere Iacona [2005].

Su tematiche fondazionali e rapporti fra le «leggi logiche», si veda Galvan [1997]. Per un approccio al calcolo della deduzione naturale, ricordo Lemmon [1965], nonché Fitch [1974], Borga [1995], Guttenplan [1997]. Basati sull'approccio assiomatico sono invece, ad esempio, lo storico Hilbert-Ackermann [1928], Church [1956], Prior [1962], Casari [1997], quest'ultimo assai completo e ricco di approfondimenti sul piano della metalogica. Per un'esposizione di diversi sistemi deduttivi, si veda Sundholm [1983].

La logica elementare presentata in questo libro può essere estesa in numerosi sensi. Anzitutto, sono di interesse filosofico le espansioni in direzione della logica modale, per le quali è d'obbligo il riferimento a uno degli Hughes-Cresswell, [1968], [1984], [1996], e a Chellas [1980] (ma si veda anche Bull-Segerberg [1984], poi Garson [1984] per l'interazione fra modalità e quantificazione). Per la logica con operatori temporali, Burgess [1984] e Thomason [1984]. Un ottimo testo sulle logiche con operatori intensionali è Galvan [1991], un'introduzione generale e rapida è Anderson [1984]. L'estensione della logica del primo ordine, da noi studiata, agli ordini superiori (ad es. van Benthem-Doets [1983], i già citati Hilbert-Ackermann [1928] e Church [1956], etc.) determina una fluida linea di confine fra logica e teoria degli insiemi. Su quest'ultima, si vedano i testi raccolti in Rigamonti [1992]; poi, Bernays-Fraenkel [1958], Suppes [1960], Halmos [1960], Quine [1963], Casari [1964], Fraenkel-Bar Hillel-Levy [1973], Lolli [1974], Potter [2004], Casalegno e Mariani [2004].

Mi sono occupato quasi solo del calcolo classico, ma l'offerta sul piano delle logiche alternative (o «devianti», come dice chi non le ama) è vastissima. Si può vedere Priest [2001], ma forse la miglior introduzione è il terzo volume di Gabbay-Guenthner [1983-1989], soprattutto: i saggi di Urquhart sulle logiche polivalenti, ossia con più di due valori di verità, oggi molto utilizzate per trattare fenomeni come la vaghezza semantica (si veda anche il classico Marsonet [1976]); di Dunn sulle logiche della rilevanza e dell'implicitazione (ove peraltro il riferimento essenziale è Anderson-Belnap [1975] e Anderson-Belnap-Dunn [1982]; da vedere anche Pizzi [1987], Read [1988]); di van Dalen sulla logica intuizionistica (ricordo la raccolta di scritti del padre dell'intuizionismo, Brouwer [1975], poi Heyting [1956] e, per una prospettiva filosofica, Dummett [1977]); di Bencivenga sulle cosiddette logiche libere, ossia che ammettono termini non denotanti e domini vuoti (da vedere la raccolta Bencivenga [1976]). Per una prospettiva sulle logiche *paraconsistenti*, in cui vengono meno varie versioni della legge di Scoto, e quindi in particolare una contraddizione non implica qualsiasi cosa, cfr. Bremer [2005], Berto [2006].

Su questioni di semantica e filosofia del linguaggio, un'esposizione estremamente chiara, breve ma completa, è Marconi [1999]; più corposo Casalegno [1997]. Ricordo poi Santambrogio [1992], e la classica antologia di testi Bonomi [1973]. Un'ottima e agile introduzione al *Tractatus logico-philosophicus* di Wittgenstein è la prima parte di Perissinotto [1997]; più ampio e dettagliato Frascolla [2000]; da vedere anche Valent [1989], Mounce [2000], e il prezioso commentario al *Tractatus* di Soleri [2003]. Molti scritti di Tarski sono raccolti in Tarski [1956], che contiene saggi fondamentali per tutta la logica moderna. Un testo molto bello sui paradossi semantici è Usberti [1980]; sui paradossi in generale, Sainsbury [1995], Berto [2006], capp. 2 e 3.

Su tematiche metalogiche: in questo campo le questioni filosoficamente più interessanti sono legate ai problemi di completezza e incompletezza e, quindi, ai teoremi di Gödel. Un'introduzione molto semplice ad essi è Nagel-Newman [1958], da vedere poi lo storico Agazzi [1961], la raccolta Shanker [1988], Smullyan [1988], [1992] e [1993], Lolli [1994]. Per le questioni di decidibilità e computabilità, si vedano Bellotti-Moriconi-Tesconi [2001], Frixione-Palladino [2004].

Quasi tutti i testi che hanno fatto la storia della moderna logica matematica sono raccolti in varie antologie, fra cui spiccano Benacerraf-Putnam [1964], van Heijenoort [1967], Cellucci [1967], Hintikka [1969] e Casari [1979].

Abrusci M. [1992], *Logica matematica. Corso introduttivo*, Fratelli Laterza, Bari.
Agazzi E. [1961], *Introduzione ai problemi dell'assiomatica*, Vita e Pensiero, Milano.
Agazzi E. [1990], *La logica simbolica*, La Scuola, Brescia.
Anderson A.R., Belnap N.D. [1975], *Entailment. The Logic of Relevance and Necessity*, vol. I, Princeton University Press, Princeton.
Anderson A.R., Belnap N.D., Dunn J.M. [1982], *Entailment. The Logic of Relevance and Necessity*, vol. II, Princeton University Press, Princeton.
Anderson C.A. [1984], *General Intensional Logic*, in Gabbay-Guenthner [1983-1989], vol. II, pp. 355-386.
Aristotele, *Organon*, a cura di G. Colli, Einaudi, Torino 1955.
Aristotele, *Metafisica*, a cura di G. Reale, Rusconi, Milano 1993.
A.S.L. [1995], *Guidelines for Logic Education*, by the Association for Symbolic Logic Committee on Logic and Education, «The Bulletin of Symbolic Logic», I, 1, pp. 4-7.
Barwise J. [1977] (a cura di), *Handbook of Mathematical Logic*, North-Holland, Amsterdam.
Bellissima F., Pagli P. [1993], *La verità trasmessa. La logica attraverso le dimostrazioni matematiche*, Sansoni, Firenze.
Bellotti L., Moriconi E., Tesconi L. [2001], *Computabilità. Lambda-definibilità, ricorsività, indecidibilità*, Carocci, Roma.
Benacerraf P., Putnam H. [1964], *Philosophy of Mathematics – Selected Readings*, Prentice-Hall, Englewood Cliffs (N.J.).
Bencivenga E. [1976] (a cura di), *Le logiche libere*, Boringhieri, Torino.
Bencivenga E. [1984], *Free Logics*, in Gabbay-Guenthner [1983-1989], vol. III, pp. 373-426.
Bencivenga E. [1986], *Il primo libro di logica*, Boringhieri, Torino.
Benthem J. van, Doets K. [1983], *Higher Order Logic*, in Gabbay-Guenthner [1983-1989], vol. I, pp. 275-330.

Bernays P., Fraenkel A. [1958], *Axiomatic Set Theory*, North-Holland, Amsterdam.
Berto F. [2006], *Teorie dell'assurdo. I rivali del Principio di Non-Contraddizione*, Carocci, Roma.
Beth E.W. [1965], *Mathematical Thought*, Reidel, Dordrecht.
Boniolo G., Vidali P. [1999], *Filosofia della scienza*, Bruno Mondadori, Milano.
Boniolo G., Vidali P. [2002], *Strumenti per ragionare*, Bruno Mondadori, Milano.
Bonomi A. [1973] (a cura di), *La struttura logica del linguaggio*, Bompiani, Milano.
Boolos G., Jeffrey R. [1974], *Computability and Logic*, Cambridge University Press, Cambridge.
Borga M. [1995], *Fondamenti di logica*, Franco Angeli, Milano.
Bottani A., Penco C. [1991] (a cura di), *Significato e teorie del linguaggio*, Franco Angeli, Milano.
Bremer M. [2005], *An Introduction to Paraconsistent Logics*, Peter Lang, Frankfurt a.M.
Brouwer J.L.E. [1975], *Collected Works*, a cura di A. Heyting, vol. I, North-Holland, Amsterdam.
Bull R.A., Segerberg K. [1984], *Basic Modal Logic*, in Gabbay-Guenthner [1983-1989], vol. II, pp. 1-88.
Burgess J.P. [1984], *Basic Tense Logic*, in Gabbay-Guenthner [1983-1989], vol. II, pp. 89-133.
Cagnoni D. [1981] (a cura di), *Teoria della dimostrazione*, Feltrinelli, Milano.
Carnap R. [1937], *The Logical Syntax of Language*, trad. it. *La sintassi logica del linguaggio*, Silva, Genova 1966.
Carnap R. [1947], *Meaning and Necessity*, trad. it. *Significato e necessità*, La Nuova Italia, Firenze 1976.
Casalegno P. [1997], *Filosofia del linguaggio. Un'introduzione*, La Nuova Italia Scientifica, Roma.
Casalegno P., Mariani M. [2004], *Teoria degli insiemi. Un'introduzione*, Carocci, Roma.
Casari E. [1964], *Questioni di filosofia della matematica*, Feltrinelli, Milano.
Casari E. [1979] (a cura di), *Dalla logica alla metalogica. Scritti fondamentali di logica matematica*, Sansoni, Firenze.
Casari E. [1997], *Introduzione alla logica*, Utet, Torino.
Cecchetto C. [1996], *Grammatica e sintassi della forma logica*, Unipress, Padova.
Cellucci C. [1967] (a cura di), *La filosofia della matematica*, Laterza, Bari.

Cellucci C. [1978], *Teoria della dimostrazione*, Boringhieri, Torino.
Cellucci C. [1998], *Le ragioni della logica*, Laterza, Roma-Bari.
Celluprica V. [1978], *La logica antica*, Loescher, Torino.
Chellas B.F. [1980], *Modal Logic: An Introduction*, Cambridge University Press, Cambridge.
Chierchia G., Mc Connell-Ginet S. [1993], *Significato e grammatica*, Muzzio, Padova.
Church A. [1956], *Introduction to Mathematical Logic*, Princeton University Press, Princeton (N.J.).
Cohen P.J. [1966], *Set Theory and the Continuum Hypothesis*, W.A. Benjamin, New York.
Copi I.M., Cohen C. [1994], *Introduction to Logic*, trad. it. *Introduzione alla logica*, Il Mulino, Bologna 1999.
Cozzo C. [1994], *Teoria del significato e filosofia della logica*, Clueb, Bologna.
Dalen D. van [1986], *Intuitionistic Logic*, in Gabbay-Guenthner [1983-1989], vol. III, pp. 225-339.
Davis M. [1965] (a cura di), *The Undecidable*, The Raven Press, New York.
Dummett M. [1977], *Elements of Intuitionism*, Clarendon Press, Oxford.
Dunn J.M. [1986], *Relevance Logic and Entailment*, in Gabbay-Guenthner [1983-1989], vol. III, pp. 117-224.
Fitch F. [1974], *Elements of Combinatory Logic*, Yale University Press, New Haven-London.
Forbes G. [1994], *Modern Logic. A Text in Elementary Symbolic Logic*, Oxford University Press, New York-Oxford.
Fraassen B. van [1971], *Formal Semantics and Logic*, The Macmillan Company, New York.
Fraenkel A., Bar Hillel Y., Levy A. [1973], *Foundations of Set Theory*, North-Holland, Amsterdam.
Frascolla P. [2000], *Il «Tractatus logico-philosophicus» di Wittgenstein. Introduzione alla lettura*, Carocci, Roma.
Frege G. [1879], *Begriffschrift*, trad. it. *Ideografia*, in *Logica e aritmetica*, a cura di C. Mangione, Boringhieri, Torino 1965.
Frege G. [1892], *Über Sinn und Bedeutung*, trad. it. *Senso e denotazione*, in Bonomi [1973], pp. 9-32.
Frege G. [1903], *Grundgesetze der Arithmetik*, trad. it. *I principi dell'aritmetica*, Boringhieri, Torino 1965.
Frixione M., Palladino D. [2004], *Funzioni, macchine, algoritmi. Introduzione alla teoria della computabilità*, Carocci, Roma.
Gabbay D., Guenthner F. [1983-1989] (a cura di), *Handbook of Philosophical Logic*, voll. I-IV, Reidel, Dordrecht.
Gallier J.H. [1986], *Logic for Computer Science*, Harper & Row, New York.

Galvan S. [1991], *Logiche intensionali. Sistemi proposizionali di logica modale, deontica, epistemica*, Franco Angeli, Milano.
Galvan S. [1997], *Non contraddizione e terzo escluso. Le regole della negazione nella logica classica, intuizionistica e minimale*, Franco Angeli, Milano.
Gamut L.T.F. [1991], *Logic, Language and Meaning*, vol. I *Introduction to Logic*, The University of Chicago Press, Chicago.
Garson J.W. [1984], *Quantification in Modal Logic*, in Gabbay e Guenthner [1983-1989], vol. II, pp. 249-308.
Gödel K. [1930], *Die Vollständigkeit der Axiome des logischen Funktionenkalküls*, trad. it. *La completezza degli assiomi del calcolo logico funzionale*, in Casari [1979], pp. 137-150.
Gödel K. [1931], *Über formal unentscheidbare Sätze der «Principia mathematica» und verwandter Systeme I*, trad. it. *Sulle proposizioni formalmente indecidibili dei Principia Matematica e di sistemi affini I*, in Shanker [1988], pp. 21-62.
Guttenplan S. [1997], *The Languages of Logic. An Introduction to Formal Logic*, Blackwell, Oxford.
Haack S. [1978], *Philosophy of Logics*, Cambridge University Press, Cambridge.
Halmos P.R. [1960], *Naïve Set Theory*, van Nostrand, Princeton (N.J.).
Heijenoort J. van [1967] (a cura di), *From Frege to Gödel. A Source Book in Mathematical Logic*, Harvard University Press, Harvard.
Heyting A. [1956], *Intuitionism*, North-Holland, Amsterdam.
Hilbert D., Ackermann W. [1928], *Grundzüge der theoretischen Logik*, trad. ingl. *Principles of Mathematical Logic*, Chelsea Publishing Company, New York.
Hintikka J. [1969] (a cura di), *The Philosophy of Mathematics*, Oxford University Press, Oxford.
Hodges W. [1977], *Logic*, trad. it. *Logica*, Garzanti, Milano 1986.
Hodges W. [1983], *Elementary Predicate Logic*, in Gabbay-Guenthner [1983-1989], vol. I, pp. 1-132.
Hughes G.E., Cresswell M.J. [1968], *An Introduction to Modal Logic*, trad. it. *Introduzione alla logica modale*, Il Saggiatore, Milano 1973.
Hughes G.E., Cresswell M.J. [1984], *A Companion to Modal Logic*, trad. it. *Guida alla logica modale*, Clueb, Bologna 1990.
Hughes G.E., Cresswell M.J. [1996], *A New Introduction to Modal Logic*, Routledge, London.
Iacona A. [2005], *L'argomentazione*, Einaudi, Torino.
Jeffrey R. [1967], *Formal Logic. Its Scope and Limits*, McGraw-Hill, New York.

Kalish D., Montague R. [1964], *Logic: Techniques of Formal Reasoning*, Harcourt, New York.
Kirkham R.L. [1992], *Theories of Truth. A Critical Introduction*, MIT Press, Cambridge (Mass.).
Kleene S. [1952], *Introduction to Metamathematics*, North-Holland, Amsterdam.
Kleene S. [1967], *Mathematical Logic*, Wiley, New York.
Kleene S. [1976], *The work of Kurt Gödel*, «Journal of Symbolic Logic», 41, trad. it. *L'opera di Kurt Gödel*, in Shanker [1988], pp. 63-91.
Kneale W., Kneale M. [1962], *The Development of Logic*, trad. it. *Storia della logica*, Einaudi, Torino 1972.
Kripke S. [1971], *Identity and Necessity*, trad. it. *Identità e necessità*, in Bonomi [1973], pp. 259-294.
Kripke S. [1972], *Naming and Necessity*, trad. it. *Nome e necessità*, Boringhieri, Torino 1982.
Lemmon E.J. [1965], *Beginning Logic*, trad. it. *Elementi di logica*, Laterza, Roma-Bari 1975.
Lolli G. [1974], *Teoria assiomatica degli insiemi*, Boringhieri, Torino.
Lolli G. [1991], *Introduzione alla logica formale*, Il Mulino, Bologna.
Lolli G. [1994], *Incompletezza. Saggio su Kurt Gödel*, Il Mulino, Bologna.
Mangione C., Bozzi S. [1993], *Storia della logica da Boole ai nostri giorni*, Garzanti, Milano.
Marconi D. [1987], *L'eredità di Wittgenstein*, Laterza, Roma-Bari.
Marconi D. [1999], *La filosofia del linguaggio. Da Frege ai giorni nostri*, Utet, Torino.
Mariani M. [1994], *Introduzione a Frege*, Laterza, Roma-Bari.
Marsonet M. [1976], *Introduzione alle logiche polivalenti*, Edizioni Abete, Roma.
Mendelson E. [1964], *Introduction to Mathematical Logic*, trad. it. *Introduzione alla logica matematica*, Boringhieri, Torino 1972.
Mondadori M., D'Agostino M. [1997], *Logica*, Bruno Mondadori, Milano.
Montague R. [1974], *Formal Philosophy*, Yale University Press, New Haven.
Moriconi E. [1993], *Dimostrazioni e significato*, Franco Angeli, Milano.
Mounce H.O. [2000], *Introduzione al «Tractatus» di Wittgenstein*, Marietti, Genova.
Nagel E., Newman J.R. [1958], *Gödel's Proof*, trad. it. *La prova di Gödel*, Boringhieri, Torino 1974.
Negri M. [1994], *Elementi di logica*, Edizioni Universitarie di Lettere Economia e Diritto, Milano.
Noto A. [1975], *Le logiche non classiche*, Bulzoni, Roma.

Palladino D. [2002], *Corso di logica. Introduzione elementare al calcolo dei predicati*, Carocci, Roma.
Palladino D., Palladino C. [2005], *Breve dizionario di logica*, Carocci, Roma.
Perissinotto L. [1997], *Wittgenstein. Una guida*, Feltrinelli, Milano.
Picardi E. [1992], *Linguaggio e analisi filosofica*, Patron, Bologna.
Pizzi C. [1974] (a cura di), *La logica del tempo*, Boringhieri, Torino.
Pizzi C. [1987], *Dalla logica della rilevanza alla logica condizionale*, Euroma, Roma.
Potter M. [2004], *Set Theory and Its Philosophy*, Oxford University Press, Oxford-New York.
Prawitz D. [1965], *Natural Deduction. A Proof-Theoretical Study*, Almqvist & Wilksell, Uppsala.
Priest G. [2001], *An Introduction to Non-Classical Logic*, Cambridge University Press, Cambridge.
Prior A.N. [1962], *Formal Logic*, Oxford University Press, Oxford.
Quine W.V.O. [1953], *From a Logical Point of View*, trad. it. *Da un punto di vista logico*, Cortina, Milano 2004.
Quine W.V.O. [1960], *Word and Object*, trad. it. *Parola e oggetto*, Il Saggiatore, Milano 1970.
Quine W.V.O. [1961], *Mathematical Logic*, Harvard University Press, Cambridge (Mass.).
Quine W.V.O. [1963], *Set Theory and its Logic*, Harvard University Press, Cambridge (Mass.).
Quine W.V.O. [1970], *Philosophy of Logic*, trad. it. *Logica e grammatica*, Il Saggiatore, Milano 1981.
Read S. [1988], *Relevant Logic*, Blackwell, Oxford.
Rigamonti G. [1992] (a cura di), *La formazione della teoria degli insiemi. Saggi di Georg Cantor 1872-1883 con note di Ernst Zermelo*, Sansoni, Firenze.
Robbins J.W. [1969], *Mathematical Logic, a First Course*, W.A. Benjamin, New York.
Russell B. [1903], *The Principles of Mathematics*, trad. it. *I principi della matematica*, Longanesi, Milano 1988.
Russell B. [1905], *On Denoting*, trad. it. *Sulla denotazione*, in Bonomi [1973], pp. 179-195.
Russell B. [1919], *Introduction to Mathematical Philosophy*, trad. it. *Introduzione alla filosofia matematica*, Newton Compton, Roma 1970.
Russell B., Whitehead A.N. [1910-1913], *Principia Mathematica*, trad. it. parz. *Introduzione ai «principia mathematica»*, La Nuova Italia, Firenze 1977.
Sainsbury M. [1995], *Paradoxes*, Cambridge University Press, Cambridge.

Santambrogio M. [1992] (a cura di), *Introduzione alla filosofia analitica del linguaggio*, Laterza, Roma-Bari.
Shanker S.G. [1988] (a cura di), *Gödel's Theorem in Focus*, trad. it. *Il teorema di Gödel*, Muzzio, Padova 1991.
Smullyan R. [1968], *First Order Logic*, Sprinter-Verlag, Berlin-New York.
Smullyan R. [1988], *Forever undecided. A puzzle guide to Gödel*, Oxford University Press, Oxford.
Smullyan R. [1992], *Gödel's Incompleteness Theorems*, Oxford University Press, Oxford.
Smullyan R. [1993], *Recursion Theory for Metamathematics*, Oxford University Press, Oxford.
Soleri S. [2003], *Note al «Tractatus logico-philosophicus» di Wittgenstein*, Bibliopolis, Napoli.
Sundholm G. [1983], *Systems of Deduction*, in Gabbay-Guenthner [1983-1989], vol. I, pp. 133-188.
Suppes P. [1960], *Axiomatic Set Theory*, van Nostrand, Princeton (N.J.).
Szabo M.E. [1969] (a cura di), *The Collected Papers of G. Gentzen*, North-Holland, Amsterdam.
Tarca L.V. [1993], *Élenchos. Ragione e paradosso nella filosofia contemporanea*, Marietti, Genova.
Tarski A. [1956], *Logic, Semantics, Metamathematics. Papers from 1923 to 1938*, Oxford University Press, Oxford.
Thomason R.H. [1984], *Combinations of Tense and Modality*, in Gabbay-Guenthner [1983-1989], vol. II, pp. 135-166.
Troelstra A.S., Dalen D. van [1988], *Constructivism in Mathematics: An Introduction*, voll. I-II, North-Holland, Amsterdam.
Urquhart A. [1986], *Many-Valued Logic*, in Gabbay-Guenthner [1983-1989], vol. III, pp. 71-116.
Usberti G. [1980], *Logica, verità e paradosso*, Feltrinelli, Milano.
Valent I. [1989], *Invito al pensiero di Wittgenstein*, Mursia, Milano.
Wittgenstein L. [1921], *Tractatus logico-philosophicus*, trad. it. Einaudi, Torino 1989.
Wittgenstein L. [1953], *Philosophische Untersuchungen*, trad. it. *Ricerche filosofiche*, Einaudi, Torino 1967.

Soluzioni degli esercizi

Introduzione

1. Sono ragionamenti: a) Premessa: «Ho freddo»; conclusione: «Mi copro». d) Premessa: «Cogito»; conclusione: «Sum». f) Premessa: «Piove»; conclusione: «O piove o non piove». g) Premessa: «La borsa sta crollando»; conclusione: «È meglio vendere le azioni». h) Premesse: «Se è domenica, c'è la messa», «Oggi è domenica»; conclusione: «C'è la messa». i) Premesse: «Se esce pari, è palla nostra», «È uscito dispari»; conclusione: «È palla vostra». j) Premesse: «L'imputato si trovava a casa della Signora G il giorno dell'omicidio», «La vittima non è stata uccisa a casa della Signora G»; conclusione: «L'imputato non poteva essere nel luogo del delitto quando è stato compiuto». k) Premessa: «Il paziente presenta tutti i sintomi di un'*angina pectoris*»; conclusione: «Un intervento è opportuno». l) Premesse: «3 + 1 = 4», «3 = 2 + 1», «2 = 1 + 1»; conclusione: «2 + 2 = 4». m) Premesse: «Se mi prendi, ti sposo», «Tu non mi prendi»; conclusione: «Gli unicorni esistono».

2. Sono enunciati dichiarativi: a), c), g), j), k), l), m).

3. Primo gruppo: a), i), k). Secondo gruppo: b), h). Terzo gruppo: c), d), e). Quarto gruppo: f), g). Quinto gruppo: j), l), m).

4. Sono ragionamenti scorretti: a), e), i), k), m), o).

5. a): deduttivo; b): induttivo; c): induttivo; d): induttivo; e): deduttivo.

Capitolo 1

1. a), b), f), i), j), k) sono enunciati semplici. c) è un enunciato composto: contiene «Piove»; d) è un enunciato composto: contiene «Piove», «Fa freddo», «Ti copri bene»; e) è un enunciato composto: contiene «Esiste cattivo tempo», «(Esiste) cattivo equipaggiamento»; g) è un enunciato composto: contiene «Il colpevole sei tu»; h) è un enunciato composto: contiene «L'esame è andato bene».

2. Il principio di vero-funzionalità vale per b), c), g). Non vale per a), d), e), f); queste contengono tutte espressioni che danno origine a contesti non vero-funzionali, come: «è possibile che...», «è necessario che...», «non so se...», «voglio che...».

3. Sono formule ben formate le seguenti.

   d): per la base (B) della definizione induttiva di formula ben formata, P è una formula ben formata. In base alla prima clausola del passo (P), sostituendo la metavariabile α con la formula P, la formula $\neg P$ è ben formata. Per la stessa clausola, sostituendo questa volta la metavariabile α con la formula $\neg P$, $\neg\neg P$ risulta essere una formula ben formata. Per successive applicazioni della stessa clausola si giunge al risultato desiderato.

   e): per la base (B) della definizione induttiva P è una formula ben formata e Q è una formula ben formata. In base alla clausola n. 4 del passo (P), sostituendo alle metavariabili α e β le formule P e Q, $(P \to Q)$ e $(Q \to P)$ risultano formule ben formate. Applicando la stessa clausola a $(P \to Q)$ e $(Q \to P)$ risulta che $((P \to Q) \to (Q \to P))$ è una formula ben formata.

   g): per la base della definizione induttiva e per le clausole n. 2 e n. 4 del passo.

   h): per la base della definizione induttiva e le clausole n. 4, 2 e 3 del passo.

4. a) Il campo della prima occorrenza di «∧» è $(P \wedge \neg Q)$, il campo della prima occorrenza di «¬» è $\neg Q$, il campo di «→» è $((P \wedge \neg Q) \to \neg(\neg P \wedge \neg Q))$, il campo della seconda occorrenza di «¬» è $\neg(\neg P \wedge \neg Q)$, il campo della terza occorrenza di «¬» è $\neg P$, il campo della seconda occorrenza di «∧» è $(\neg P \wedge \neg Q)$, il campo della quarta occorrenza di «¬» è $\neg Q$.

   b) Il campo di «∨» è $(P \vee Q)$, il campo di «→» è $((P \vee Q) \to Q)$.

   c) Il campo di «∨» è $(P \vee (Q \to Q))$, il campo di «→» è $(Q \to Q)$.

   d) Il campo di «∧» è $(P \wedge \neg Q)$, il campo della prima occorrenza di «¬» è $\neg Q$, il campo della prima occorrenza di «→» è $((P \wedge \neg Q) \to \neg(P \to Q))$, il campo della seconda occorrenza di «¬» è $\neg(P \to Q)$, il campo della seconda occorrenza di «→» è $(P \to Q)$.

   e) Il campo della prima occorrenza di «→» è $(P \to Q)$, il campo di «∧» è $((P \to Q) \wedge P)$, il campo della seconda occorrenza di «→» è $(((P \to Q) \wedge P) \to P)$.

   f) Il campo della prima occorrenza di «→» è $(P \to (Q \wedge P))$, il campo di «∧» è $(Q \wedge P)$, il campo della seconda occorrenza di «→» è $((P \to (Q \wedge P)) \to P)$.

5. a) diventa anzitutto:

$(P \land \neg Q) \rightarrow \neg(\neg P \land \neg Q)$,

per eliminazione delle parentesi esterne. Dal momento poi che «∧» lega più fortemente di «→», abbiamo:

$P \land \neg Q \rightarrow \neg(\neg P \land \neg Q)$.

La riduzione si ferma qui, perché se tentando di procedere oltre scrivessimo:

$P \land \neg Q \rightarrow \neg\neg P \land \neg Q$,

dal momento che per le nostre convenzioni di lettura la negazione lega più fortemente di ogni altro connettivo, il campo della prima occorrenza di «¬» risulterebbe essere $\neg\neg P$; e il campo della seconda occorrenza di «∧» risulterebbe essere $\neg\neg P \land \neg Q$, e non $(\neg P \land \neg Q)$, com'era nella formula originaria.

b) diventa:

$P \lor Q \rightarrow Q$.

c) diventa:

$P \lor (Q \rightarrow Q)$,

ma non:

$P \lor Q \rightarrow Q$,

altrimenti il campo di «→» risulterebbe essere l'intera formula e non $(Q \rightarrow Q)$, com'era nella formula originaria.

d) diventa anzitutto:

$(P \land \neg Q) \rightarrow \neg(P \rightarrow Q)$

per eliminazione delle parentesi esterne, e poi:

$P \land \neg Q \rightarrow \neg(P \rightarrow Q)$.

Qui però ci si deve fermare; se eliminassimo le ultime parentesi, il campo di «¬» risulterebbe essere $\neg P$ e non $\neg(P \rightarrow Q)$ e di conseguenza il campo della seconda occorrenza di «→» risulterebbe essere $-P \rightarrow Q$, e non $(P \rightarrow Q)$.

e) diventa anzitutto:

$((P \rightarrow Q) \land P) \rightarrow P$,

per eliminazione delle parentesi esterne, e poi:

$(P \rightarrow Q) \land P \rightarrow P$.

f) diventa anzitutto:

$(P \rightarrow (Q \land P)) \rightarrow P$,

per eliminazione delle parentesi esterne, e poi:

$(P \to Q \land P) \to P$.

6. $P \to Q$ è equivalente a:

(1) $\neg(P \land \neg Q)$,

o a:

(2) $\neg P \lor Q$.

Per convincersene, basta osservare che le tavole di verità per le formule (1) e (2) danno valori (evidenziati in grassetto) corrispondenti a quelli della matrice del condizionale materiale:

P	Q	$\neg$ $(P \land \neg Q)$	$\neg P \lor Q$
V	V	**V** V F F V	F V **V** V
V	F	**F** V V V F	F V **F** F
F	V	**V** F F F V	V F **V** V
F	F	**V** F F V F	V F **V** F

Ciò significa che *il segno del condizionale in logica classica è sempre, in linea di principio, eliminabile*: ogni volta che abbiamo un condizionale, possiamo esprimerlo usando solo congiunzione e negazione, come in (1), oppure disgiunzione e negazione, come in (2).

7. La disgiunzione esclusiva può essere espressa come:

$(P \lor Q) \land \neg(P \land Q)$.

Per convincersene, basta costruire la tavola di verità per questa formula, e osservare che dà valori corrispondenti a quelli della matrice di $P \underline{\lor} Q$.

8. a) il ragionamento è scorretto:

P	Q	R	$P \to Q$	R	/	$\neg Q$
V	V	V	V	V	!	F
V	V	F	V	F		F
V	F	V	F	V		V
V	F	F	F	F		V
F	V	V	V	V	!	F
F	V	F	V	F		F
F	F	V	V	V		V
F	F	F	V	F		V

Soluzioni degli esercizi

b) il ragionamento è scorretto:

P	Q	P→Q	Q	/	P
V	V	V	V		V
V	F	F	F		V
F	V	V	V	!	F
F	F	V	F		F

c) il ragionamento è corretto:

P	Q	P→Q	P	/	Q
V	V	V	V		V
V	F	F	V		F
F	V	V	F		V
F	F	V	F		F

d) il ragionamento è scorretto:

P	Q	R	(P∨Q)→R	¬P	/	¬R
V	V	V	V V	F		F
V	V	F	V F	F		V
V	F	V	V V	F		F
V	F	F	V F	F		V
F	V	V	V **V**	**V**	!	F
F	V	F	V F	V		V
F	F	V	F **V**	**V**	!	F
F	F	F	F V	V		V

9. a) è una tautologia:

P	P → P
V	V **V** V
F	F **V** F

b) è una incoerenza:

P	¬ (P → P)
V	**F** V V V
F	**F** F V F

c) è una tautologia:

P	(¬ P → P) → P
V	F V V V **V** V
F	V F F F **V** F

d) è una tautologia:

P	¬ ¬ P → P
V	V F V **V** V
F	F V F **V** F

e) è una tautologia:

P	P → ¬ ¬ P
V	V **V** V F V
F	F **V** F V F

f) è una tautologia:

P	Q	(¬ P ∨ ¬ Q) → (P → ¬ Q)
V	V	F V F F V **V** V F F V
V	F	F V V V F **V** V V V F
F	V	V F V F V **V** F V F V
F	F	V F V V F **V** F V V F

g) è una tautologia:

P	Q	(P ∧ Q) → (P → Q)
V	V	V V V **V** V V V
V	F	V F F **V** V F F
F	V	F F V **V** F V V
F	F	F F F **V** F V F

Soluzioni degli esercizi   205

h) è una contingenza:

P	Q	(P ∨ Q) → (P → Q)
V	V	V V V **V** V V V
V	F	V V F **F** V F F
F	V	F V V **V** F V V
F	F	F F F **V** F V F

10.

a)

P	Q	P ∧ Q ↔ ¬ (¬ P ∨ ¬ Q)
V	V	V V V **V** V F V F F V
V	F	V F F **V** F F V V V F
F	V	F F V **V** F V F V F V
F	F	F F F **V** F V F V V F

b)

P	Q	P ∨ Q ↔ ¬ (¬ P ∧ ¬ Q)
V	V	V V V **V** V F V F F V
V	F	V V F **V** V F V F V F
F	V	F V V **V** V V F F F V
F	F	F F F **V** F V F V V F

Capitolo 2

1. È esprimibile e trattabile con la logica enunciativa il solo caso c), per il quale si può costruire la seguente tavola:

P	P	/	¬ ¬P
V	V		V F
F	F		F V

2. a) $U(p)$.
   b) $K(g, r)$.
   c) $\exists x K(x, r)$.

d) $R(a, b, c, d, e)$.
e) $B(x)$.
f) $\forall x B(x)$.
g) $B(x) \wedge H(x)$.
h) $A(x, y)$.
i) $A(x, x)$.
j) $\forall x(B(x) \to H(x))$.
k) $\neg \forall x(L(x) \to O(x))$.
l) $\neg \forall x(O(x) \to L(x))$.
m) $\forall x W(x, x)$.
n) $\forall x \exists y W(y, x)$.
o) $\exists x \forall y W(x, y)$
p) $W(a, p(g))$.
q) $\exists x(C(x) \wedge I(x))$.
r) $\exists x(I(x) \wedge \neg C(x))$.
s) $W(t, c) \wedge W(c, s) \to W(t, s)$.
t) $b = n(j)$.
u) $\neg \exists x F(x, y)$.
v) $A(x, y) \wedge \exists z(A(y, z) \wedge x \neq z)$.
w) $\exists x(A(p, x) \wedge \forall y(A(p, y) \to y = x) \wedge H(x) \wedge B(x) \wedge O(x))$.

Capitolo 3

1.

a) $P \to (P \to Q), P \vdash Q$

	(1)	1	$P \to (P \to Q)$	Ass
	(2)	2	P	Ass
	(3)	1, 2	$P \to Q$	1, 2, E$\to$
	(4)	1, 2	Q	2, 3, E$\to$

b) $P \to (Q \to R) \vdash Q \to (P \to R)$

	(1)	1	$P \to (Q \to R)$	Ass
	(2)	2	Q	Ass
	(3)	3	P	Ass
	(4)	1, 3	$Q \to R$	1, 3, E$\to$
	(5)	1, 2, 3	R	2, 4, E$\to$
	(6)	1, 2	$P \to R$	3, 5, I$\to$
	(7)	1	$Q \to (P \to R)$	2, 6, I$\to$

c) $P \to (Q \to R) \vdash (P \to Q) \to (P \to R)$

(1)	1	$P \to (Q \to R)$	Ass
(2)	2	$P \to Q$	Ass
(3)	3	P	Ass
(4)	1, 3	$Q \to R$	1, 3, E$\to$
(5)	2, 3	Q	2, 3, E$\to$
(6)	1, 2, 3	R	4, 5, E$\to$
(7)	1, 2	$P \to R$	3, 6, I$\to$
(8)	1	$(P \to Q) \to (P \to R)$	2, 7, I$\to$

d) $P \to (Q \to R) \vdash P \to ((P \to Q) \to R)$

(1)	1	$P \to (Q \to R)$	Ass
(2)	2	P	Ass
(3)	3	$P \to Q$	Ass
(4)	1, 2	$Q \to R$	1, 2, E$\to$
(5)	2, 3	Q	2, 3, E$\to$
(6)	1, 2, 3	R	4, 5, E$\to$
(7)	1, 2	$(P \to Q) \to R$	3, 6, I$\to$
(8)	1	$P \to ((P \to Q) \to R)$	2, 7, I$\to$

e) $P \to (Q \to R), P, \neg R \vdash \neg Q$

(1)	1	$P \to (Q \to R)$	Ass
(2)	2	P	Ass
(3)	3	$\neg R$	Ass
(4)	1,2	$Q \to R$	1, 2, E$\to$
(5)		$(Q \to R) \to (\neg R \to \neg Q)$	$\Pi(\alpha \to \beta) \to (\neg \beta \to \neg \alpha)$, con $\alpha = Q, \beta = R$
(6)	1,2	$\neg R \to \neg Q$	4, 5, E$\to$
(7)	1,2,3	$\neg Q$	3, 6, E$\to$

f) $P \wedge Q \vdash P \vee Q$

(1)	1	$P \wedge Q$	Ass
(2)	1	P	1, E$\wedge$
(3)	1	$P \vee Q$	2, I$\vee$

g) $P \vee Q, Q \to R \vdash P \vee R$

(1)	1	$P \vee Q$	Ass
(2)	2	$Q \to R$	Ass
(3)	3	P	Ass
(4)	3	$P \vee R$	3, I$\vee$

(5) 5 Q Ass
(6) 2, 5 R 2, 5, E$\to$
(7) 2, 5 $P \vee R$ 6, I$\vee$
(8) 1, 2 $P \vee R$ 1, 3, 4, 5, 7, E$\vee$

h) $\neg P \vee Q \vdash P \to Q$

(1) 1 $\neg P \vee Q$ Ass
(2) 2 $\neg P$ Ass
(3) $\neg P \to (P \to Q)$ $\Pi\ \neg\alpha \to (\alpha \to \beta)$, con $\alpha = P$ e $\beta = Q$
(4) 2 $P \to Q$ 2, 3, E$\to$
(5) 5 Q Ass
(6) $Q \to (P \to Q)$ $\Pi\ \alpha \to (\beta \to \alpha)$, con $\alpha = Q$ e $\beta = P$
(7) 5 $P \to Q$ 5, 6, E$\to$
(8) 1 $P \to Q$ 1, 2, 4, 5, 7, E$\vee$

i) $P \vdash \neg\neg P$

(1) 1 P Ass
(2) 2 $\neg P$ Ass
(3) 1, 2 $P \wedge \neg P$ 1, 2, I$\wedge$
(4) 1, 2 P 3, E$\wedge$
(5) 1 $\neg\neg P$ 2, 2, 4 I$\neg$

j) $\vdash P \to (\neg Q \to \neg(P \to Q))$

(1) 1 P Ass
(2) 2 $\neg Q$ Ass
(3) 3 $P \to Q$ Ass
(4) 1, 3 Q 1, 3, E$\to$
(5) 2, 3 $\neg Q \wedge (P \to Q)$ 2, 3, I$\wedge$
(6) 2, 3 $\neg Q$ 5, E$\wedge$
(7) 1, 2 $\neg(P \to Q)$ 3, 4, 6, I$\neg$
(8) 1 $\neg Q \to \neg(P \to Q)$ 2, 7, I$\to$
(9) $P \to (\neg Q \to \neg(P \to Q))$ 1, 8, I$\to$

k) $P \vee (Q \vee R) \vdash Q \vee (P \vee R)$

(1) 1 $P \vee (Q \vee R)$ Ass
(2) 2 P Ass
(3) 2 $P \vee R$ 2, I$\vee$
(4) 2 $Q \vee (P \vee R)$ 3, I$\vee$
(5) 5 $Q \vee R$ Ass
(6) 6 Q Ass

Soluzioni degli esercizi 209

(7)	6	$Q \vee (P \vee R)$	6, I$\vee$
(8)	8	R	Ass
(9)	8	$P \vee R$	8, I$\vee$
(10)	8	$Q \vee (P \vee R)$	9, I$\vee$
(11)	5	$Q \vee (P \vee R)$	5, 6, 7, 8, 10, E$\vee$
(12)	1	$Q \vee (P \vee R)$	1, 2, 4, 5, 11, E$\vee$

l) $\vdash (P \to Q) \vee (Q \to P)$

(1)		$Q \vee \neg Q$	TT $\alpha \vee \neg \alpha$, con $\alpha = Q$
(2)	2	Q	Ass
(3)		$Q \to (P \to Q)$	TT $\alpha \to (\beta \to \alpha)$, con $\alpha = Q$ e $\beta = P$
(4)	2	$P \to Q$	2, 3, E$\to$
(5)	2	$(P \to Q) \vee (Q \to P)$	4, I$\vee$
(6)	6	$\neg Q$	Ass
(7)		$\neg Q \to (Q \to P)$	TT $\neg \alpha \to (\alpha \to \beta)$, con $\alpha = P$ e $\beta = Q$
(8)	6	$Q \to P$	6, 7, E$\to$
(9)	6	$(P \to Q) \vee (Q \to P)$	8, I$\vee$
(10)		$(P \to Q) \vee (Q \to P)$	1, 2, 5, 6, 9, E$\vee$

2. L'applicazione della regola di introduzione del condizionale alla riga (3) è scorretta, perché la formula della riga (1) non compare tra le assunzioni da cui dipende quella della riga (2). Per una derivazione corretta dello stesso teorema in forma schematica, si veda il paragrafo 3.2.5.

3.

a) $\vdash \forall x(F(x) \vee \neg F(x))$

(1)		$F(x) \vee \neg F(x)$	TT $\alpha \vee \neg \alpha$, con $\alpha = F(x)$
(2)		$\forall x(F(x) \vee \neg F(x))$	1, I$\forall$

b) $\forall x(F(x) \to G(x)), \exists xF(x) \vdash \exists xG(x)$

(1)	1	$\forall x(F(x) \to G(x))$	Ass
(2)	2	$\exists xF(x)$	Ass
(3)	3	$F(x)$	Ass
(4)	1	$F(x) \to G(x)$	1, E$\forall$
(5)	1, 3	$G(x)$	3, 4, E$\to$
(6)	1, 3	$\exists xG(x)$	5, I$\exists$
(7)	1, 2	$\exists xG(x)$	2, 3, 6, E$\exists$

c) $\forall x(F(x) \to G(x)), \forall xF(x) \vdash \exists xG(x)$

(1)	1	$\forall x(F(x) \to G(x))$	Ass

(2)	2	$\forall x F(x)$	Ass
(3)	2	$F(x)$	2, E$\forall$
(4)	1	$F(x) \to G(x)$	1, E$\forall$
(5)	1, 2	$G(x)$	3, 4, E$\to$
(6)	1, 2	$\exists x G(x)$	5, I$\exists$

d) $\forall x(F(x) \to G(x)), \exists x(H(x) \land F(x)) \vdash \exists x(H(x) \land G(x))$

(1)	1	$\forall x(F(x) \to G(x))$	Ass
(2)	2	$\exists x(H(x) \land F(x))$	Ass
(3)	3	$H(x) \land F(x)$	Ass
(4)	3	$H(x)$	3, E$\land$
(5)	3	$F(x)$	3, E$\land$
(6)	1	$F(x) \to G(x)$	1, E$\forall$
(7)	1, 3	$G(x)$	5, 6, E$\to$
(8)	1, 3	$H(x) \land G(x)$	4, 7, I$\land$
(9)	1, 3	$\exists x(H(x) \land G(x))$	8, I$\exists$
(10)	1, 2	$\exists x(H(x) \land G(x))$	2, 3, 9, E$\exists$

e) $\forall x(F(x) \to \neg G(x)), \exists x G(x) \vdash \exists x \neg F(x)$

(1)	1	$\forall x(F(x) \to \neg G(x))$	Ass
(2)	2	$\exists x G(x)$	Ass
(3)	3	$G(x)$	Ass
(4)	1	$F(x) \to \neg G(x)$	1, E$\forall$
(5)	5	$F(x)$	Ass
(6)	1, 5	$\neg G(x)$	4, 5, E$\to$
(7)	3, 5	$F(x) \land G(x)$	3, 5, I$\land$
(8)	3, 5	$G(x)$	7, E$\land$
(9)	1, 3	$\neg F(x)$	5, 6, 8, I$\neg$
(10)	1, 3	$\exists x \neg F(x)$	9, I$\exists$
(11)	1, 2	$\exists x \neg F(x)$	2, 3, 10, E$\exists$

f) $\forall x F(x) \land \forall x G(x) \vdash \forall x(F(x) \land G(x))$

(1)	1	$\forall x F(x) \land \forall x G(x)$	Ass
(2)	1	$\forall x F(x)$	1, E$\land$
(3)	1	$\forall x G(x)$	1, E$\land$
(4)	1	$F(x)$	2, E$\forall$
(5)	1	$G(x)$	3, E$\forall$
(6)	1	$F(x) \land G(x)$	4, 5, I$\land$
(7)	1	$\forall x(F(x) \land G(x))$	6, I$\forall$

g) $\forall x(G(x) \lor H(x)), \exists xF(x) \vdash \exists x(F(x) \land G(x)) \lor \exists x(F(x) \land H(x))$

(1)	1	$\forall x(G(x) \lor H(x))$	Ass
(2)	2	$\exists xF(x)$	Ass
(3)	3	$F(x)$	Ass
(4)	1	$G(x) \lor H(x)$	1, E$\forall$
(5)	5	$G(x)$	Ass
(6)	3, 5	$F(x) \land G(x)$	3, 5, I$\land$
(7)	3, 5	$\exists x(F(x) \land G(x))$	6, I$\exists$
(8)	3, 5	$\exists x(F(x) \land G(x)) \lor \exists x(F(x) \land H(x))$	7, I$\lor$
(9)	9	$H(x)$	Ass
(10)	3, 9	$F(x) \land H(x)$	3, 9, I$\land$
(11)	3, 9	$\exists x(F(x) \land H(x))$	10, I$\exists$
(12)	3, 9	$\exists x(F(x) \land G(x)) \lor \exists x(F(x) \land H(x))$	11, I$\lor$
(13)	1, 3	$\exists x(F(x) \land G(x)) \lor \exists x(F(x) \land H(x))$	4, 5, 8, 9, 12, E$\lor$
(14)	1, 2	$\exists x(F(x) \land G(x)) \lor \exists x(F(x) \land H(x))$	2, 3, 13, E$\exists$

h) $\vdash \forall x \neg (F(x) \land \neg F(x))$

(1)	1	$F(x) \land \neg F(x)$	Ass
(2)	1	$F(x)$	1, E$\land$
(3)	1	$\neg F(x)$	1, E$\land$
(4)		$\neg(F(x) \land \neg F(x))$	1, 2, 3, I$\neg$
(5)		$\forall x \neg (F(x) \land \neg F(x))$	4, I$\forall$

i) $\forall x(F(x) \to \neg G(x)) \vdash \forall x \neg(F(x) \land G(x))$

(1)	1	$\forall x(F(x) \to \neg G(x))$	Ass
(2)	2	$F(x) \land G(x)$	Ass
(3)	2	$F(x)$	2, E$\land$
(4)	1	$F(x) \to \neg G(x)$	1, E$\forall$
(5)	1, 2	$\neg G(x)$	3, 4, E$\to$
(6)	2	$G(x)$	2, E$\land$
(7)	1	$\neg(F(x) \land G(x))$	2, 5, 6, I$\neg$
(8)	1	$\forall x \neg(F(x) \land G(x))$	7, I$\forall$

j) $\exists x(F(x) \lor \neg F(x)) \vdash \exists xF(x) \lor \exists x \neg F(x)$

(1)	1	$\exists x(F(x) \lor \neg F(x))$	Ass
(2)	2	$F(x) \lor \neg F(x)$	Ass
(3)	3	$F(x)$	Ass
(4)	3	$\exists xF(x)$	3, I$\exists$

(5)	3	$\exists x F(x) \vee \exists x \neg F(x)$	4, I$\vee$
(6)	6	$\neg F(x)$	Ass
(7)	6	$\exists x \neg F(x)$	6, I$\exists$
(8)	6	$\exists x F(x) \vee \exists x \neg F(x)$	7, I$\vee$
(9)	2	$\exists x F(x) \vee \exists x \neg F(x)$	2, 3, 5, 6, 8, E$\vee$
(10)	1	$\exists x F(x) \vee \exists x \neg F(x)$	1, 2, 9, E$\exists$

k) $\forall x(F(x) \rightarrow G(x)) \vdash \forall x(\exists y(F(y) \wedge R(x, y)) \rightarrow \exists y(G(y) \wedge R(x, y)))$

(1)	1	$\forall x(F(x) \rightarrow G(x))$	Ass
(2)	2	$\exists y(F(y) \wedge R(x, y))$	Ass
(3)	3	$F(y) \wedge R(x, y)$	Ass
(4)	1	$F(y) \rightarrow G(y)$	1, E$\forall$
(5)	3	$F(y)$	3, E$\wedge$
(6)	1, 3	$G(y)$	4, 5, E$\rightarrow$
(7)	3	$R(x, y)$	3, E$\wedge$
(8)	1, 3	$G(y) \wedge R(x, y)$	6, 7, I$\wedge$
(9)	1, 3	$\exists y(G(y) \wedge R(x, y))$	8, I$\exists$
(10)	1, 2	$\exists y(G(y) \wedge R(x, y))$	2, 3, 9, E$\exists$
(11)	1	$\exists y(F(y) \wedge R(x, y)) \rightarrow \exists y(G(y) \wedge R(x, y))$	2, 10, I$\rightarrow$
(12)	1	$\forall x(\exists y(F(y) \wedge R(x, y)) \rightarrow \exists y(G(y) \wedge R(x, y)))$	11, I$\forall$

l) $\forall x \exists y \forall z R(x, y, z) \vdash \forall x \forall z \exists y R(x, y, z)$

(1)	1	$\forall x \exists y \forall z R(x, y, z)$	Ass
(2)	1	$\exists y \forall z R(x, y, z)$	1, E$\forall$
(3)	3	$\forall z R(x, y, z)$	Ass
(4)	3	$R(x, y, z)$	3, E$\forall$
(5)	3	$\exists y R(x, y, z)$	4, I$\exists$
(6)	1	$\exists y R(x, y, z)$	2, 3, 5, E$\exists$
(7)	1	$\forall z \exists y R(x, y, z)$	6, I$\forall$
(8)	1	$\forall x \forall z \exists y R(x, y, z)$	7, I$\forall$

m) $F(m) \vdash \exists x(x = m \wedge F(x))$

(1)	1	$F(m)$	Ass
(2)		$m = m$	I=
(3)	1	$m = m \wedge F(m)$	1, 2, I$\wedge$
(4)	1	$\exists x(x = m \wedge F(x))$	3, I$\exists$

n) $\exists x(x = m \wedge F(x)) \vdash F(m)$

(1)	1	$\exists x(x = m \wedge F(x))$	Ass
(2)	2	$x = m \wedge F(x)$	Ass

	(3)	2	$x = m$	2, E∧
	(4)	2	$F(x)$	2, E∧
	(5)	2	$F(m)$	3, 4, E=
	(6)	1	$F(m)$	1, 2, 5, E∃

o) ⊢ ∃$x(x = m)$

	(1)		$m = m$	I=
	(2)		∃$x(x = m)$	1, I∃

p) ∀$x(F(x) \rightarrow G(x))$, $F(m)$, $m = n$ ⊢ $G(n)$

	(1)	1	∀$x(F(x) \rightarrow G(x))$	Ass
	(2)	2	$F(m)$	Ass
	(3)	3	$m = n$	Ass
	(4)	1	$F(m) \rightarrow G(m)$	1, E∀
	(5)	1, 2	$G(m)$	2, 4, E→
	(6)	1, 2, 3	$G(n)$	3, 5, E=

Capitolo 4

1. L'inferenza ∀$xF(x)$⊢ ∃$xF(x)$ non è valida in qualsiasi interpretazione in cui il dominio U è un insieme *vuoto*. Infatti, in questo caso l'interpretazione associa a ogni costante predicativa *F* un insieme che *coincide* con U. Quindi ∀$xF(x)$ è vera, ma per la stessa ragione non è vera ∃$xF(x)$, visto che U è vuoto. Un ragionamento che tragga ∃$xF(x)$ come conclusione, assumendo ∀$xF(x)$ come premessa, passerebbe da una premessa vera a una conclusione falsa e sarebbe dunque scorretto. In generale, come abbiamo visto al capitolo 3, lo schema:

$$\forall x\alpha \vdash \exists x\alpha$$

rappresenta un'inferenza dimostrabile in deduzione naturale. Perciò, in quel capitolo abbiamo detto che il nostro sistema formale presuppone che esista qualcosa, ossia appunto che l'universo del discorso non sia vuoto; e nel capitolo 4 abbiamo sempre assunto che il dominio dell'interpretazione per il linguaggio predicativo L sia un insieme non vuoto.

2. Tutte le tautologie hanno *lo stesso significato*, dal momento che hanno tutte le stesse condizioni di verità: sono vere sotto *qualsiasi* condizione. Nel paragrafo 1.5.2 abbiamo già accennato a una conclusione trattane da Wittgenstein nel *Tractatus*: le tautologie *non dicono nulla*, ossia non sono informative sulla realtà. Ad esempio, se *P* è l'enunciato «Piove», dicendo: $P \vee \neg P$, «O piove o non piove», non abbiamo fornito alcuna informazione sul tempo, o su qualsiasi altra cosa.

Capitolo 5

1. La dimostrazione procede per induzione.

   (B) La *base* della dimostrazione consiste nel mostrare che i tre assiomi (a)-(c) del nostro sistema sono tutti *tautologie*, formule *vere* per qualsiasi valore di verità associato alle variabili enunciative: dunque, leggi logiche. Questo si può facilmente constatare costruendo le relative tavole di verità.

   (P) Il *passo* della dimostrazione consiste nel rilevare che il *modus ponens*, ossia l'unica regola d'inferenza del sistema, *conserva la tautologicità*. Ciò vuol dire che, se α è una tautologia e $\alpha \to \beta$ è una tautologia, anche β deve essere una tautologia. Dimostriamolo per assurdo: se β non fosse una tautologia mentre α e $\alpha \to \beta$ lo sono, ci sarebbe un'assegnazione di valori di verità alle variabili enunciative che renderebbe falsa β e vera $\alpha \to \beta$. Questa assegnazione di valori di verità alle variabili, per il significato verofunzionale di $\to$, renderebbe falsa anche α, ma ciò viola l'ipotesi che α sia una tautologia. Ora, dato che ogni formula che compare in ciascun passo di una dimostrazione nel nostro piccolo sistema assiomatico o è un assioma, o è una formula derivata dagli assiomi attraverso un numero finito di applicazioni del *modus ponens*, abbiamo dimostrato che *tutte le formule derivabili in questo sistema sono tautologie*: e cioè, che tutti i teoremi, ossia le formule con cui si concluderanno le derivazioni, sono formule tautologiche. Dunque il sistema è corretto.

2. Nel calcolo dei predicati classico vale una qualche versione della regola di eliminazione della negazione. Perciò, se una qualsiasi formula α e la sua negazione $\neg\alpha$ fossero entrambe teoremi del calcolo, da esse mediante (E$\neg$) sarebbe derivabile qualsiasi formula. Quindi, *a fortiori* sarebbe derivabile qualsiasi legge logica. Per un tale sistema varrebbe quindi il teorema speciale di completezza (tutte le leggi logiche sarebbero derivabili come teoremi); ma naturalmente non varrebbe quello di coerenza. Non tutte le formule, infatti, sono leggi logiche, ma tutte le formule sono derivabili in qualunque sistema che ospiti una contraddizione come teorema, e disponga di (E$\neg$) o di principi analoghi, riconducibili alla legge di Scoto.

3. L'enunciato in questione è:

   (1) $\neg SN(\neg SN)$.

   Questo è un enunciato che afferma la propria non stampabilità. In base alla definizione di verità che abbiamo dato, infatti, (1) è vero se e solo se la norma di $\neg SN$ non è stampabile. Ma la norma di $\neg SN$ è proprio l'enunciato (1). Quindi, (1) è vero se e solo se non è stampabile, il che significa che o è vero e non stampabile, o è falso e stampabile. La seconda alternativa è esclusa dalla clausola che la stampante stampi *solo* enunciati veri. Quindi l'enunciato deve essere vero e la stampante non può stamparlo. Naturalmente, (1) è il corrispettivo per la nostra stampante di quel che, per un sistema formale coerente e sufficientemente potente, è il suo proprio enunciato gödeliano.

Indice

Prefazione   VII

Introduzione   3
1. Che cos'è la logica?, p. 3 - 2. Enunciati dichiarativi e altri pezzi di linguaggio, p. 5 - 3. Essere corretti, essere veridici, p. 7 - 4. Induzione e deduzione, p. 9 - 5. Il tabernacolo: la nozione di forma logica, p. 12 - 6. Logica e scienze particolari, p. 16 - 7. Parole logiche, p. 16 - *Esercizi*, p. 18

1. Connettivi logici e tavole di verità   22
1.1. Simbolizzare è chiarificare, p. 22 - 1.2. Determinatezza, bivalenza, vero-funzionalità, p. 23 - 1.3. I connettivi logici, p. 28 - 1.3.1. Congiunzione, p. 29 - 1.3.2. Disgiunzione, p. 32 - 1.3.3. Negazione, p. 33 - 1.3.4. Condizionale materiale, p. 35 - 1.3.5. Bicondizionale, p. 37 - 1.3.6. Non equivochiamo, p. 39 - 1.4. Regole per mettere in campo una buona formazione, p. 39 - 1.4.1. Simboli, p. 39 - 1.4.2. Formule ben formate, p. 40 - 1.4.3. Come catturare un infinito in modo finito, p. 42 - 1.4.4. Metavariabili e regole di formazione, p. 42 - 1.4.5. Campo, subordinazione di connettivi, e tutto il resto all'occorrenza, p. 45 - 1.5. Prepariamo la tavola (di verità), p. 48 - 1.5.1. Valutare i ragionamenti con le tavole di verità, p. 48 - 1.5.2. «Leggi del pensiero», tautologie, incoerenze, contingenze, p. 52 - 1.5.3. La forma condizionale corrispondente, p. 61 - *Esercizi*, p. 63

2. Predicazione e quantificazione   67
2.1. Dal linguaggio enunciativo a quello predicativo, p. 67 - 2.2. Enunciati singolari, p. 68 - 2.2.1. Chi predica bene, razzola bene, p. 68 - 2.2.2. Descrizioni definite ed espressioni funtoriali, p. 71 - 2.3. Parliamo in generale, p. 74 - 2.3.1. Funzioni enunciative, p. 75 - 2.3.2. I quantificatori, p. 76 - 2.4. L'identità, p. 82 - 2.5. Altre regole per mettere in campo una buona formazione, p. 85 - 2.5.1. Simboli, p. 85 - 2.5.2. Termini e formule, p. 86 - 2.6. Variabili in libertà, variabili vincolate, sostituzioni, p. 90 - *Esercizi*, p. 93

3. Deduzioni... naturali 95
3.1. La nozione di dimostrazione formale, p. 95 - 3.1.1. L'assiomatica, p. 96 - 3.2. Il calcolo enunciativo, p. 100 - 3.2.1. Assunzioni a tempo indeterminato, p. 101 - 3.2.2. «Modus ponens», o eliminazione del condizionale, p. 103 - 3.2.3. Introduzione del condizionale e assunzioni a tempo determinato, p. 105 - 3.2.4. Eliminazione della congiunzione, p. 109 - 3.2.5. Introduzione della congiunzione, p. 110 - 3.2.6. Eliminazione della disgiunzione, p. 112 - 3.2.7. Introduzione della disgiunzione, p. 114 - 3.2.8. Eliminazione della negazione, «ex falso quodlibet», p. 115 - 3.2.9. Introduzione della negazione, «reductio ad absurdum», p. 117 - 3.2.10. «Due negazioni fanno un'affermazione», p. 119 - 3.2.11. L'introduzione di teorema, p. 122 - 3.3. Il calcolo elementare, o dei predicati, p. 124 - 3.3.1. Eliminazione dell'universale, p. 124 - 3.3.2. Introduzione dell'universale, p. 126 - 3.3.3. Eliminazione dell'esistenziale, p. 129 - 3.3.4. Introduzione dell'esistenziale, p. 131 - 3.3.5. Proprietà dei quantificatori, p. 133 - 3.4. Il calcolo dei predicati con identità, o quasielementare, p. 135 - 3.4.1. Eliminazione dell'identità, p. 136 - 3.4.2. Introduzione dell'identità, p. 137 - 3.5. Considerazioni conclusive sulla deduzione naturale, p. 140 - *Esercizi*, p. 142

4. La semantica logica 144
4.1. Pillole di teoria degli insiemi, p. 145 - 4.1.1. Se stiamo insieme ci sarà un perché, p. 146 - 4.1.2. Relazioni e operazioni insiemistiche, p. 148 - 4.1.3. Come fare ontologia con gli insiemi, p. 151 - 4.1.4. Il paradosso di Russell, p. 152 - 4.2. «Tractatus logico-philosophicus»: una teoria del significato basata sulla verità, p. 154 - 4.3. Semantica tarskiana, p. 157 - 4.3.1. «Quid est veritas?» (La convenzione V), p. 157 - 4.3.2. Interpretazioni, assegnazioni, p. 161 - 4.3.3. La definizione ricorsiva, p. 164 - 4.3.4. Verità logica, conseguenza logica, p. 168 - 4.3.5. La verità è inesprimibile (o quasi), p. 170 - *Esercizi*, p. 173

5. Cenni di metalogica 174
5.1. Che cos'è la metalogica?, p. 174 - 5.2. Coerenza e completezza, o le virtù di una logica, p. 175 - 5.2.1. La proprietà di coerenza dei sistemi formali, p. 175 - 5.2.2. La proprietà di completezza dei sistemi formali, p. 177 - 5.3. Teoremi limitativi, p. 179 - 5.3.1. L'incompletezza dell'aritmetica, p. 180 - 5.3.2. Incompletezza e prove di coerenza, p. 182 - 5.3.3. «La logica è trascendentale», p. 184 - *Esercizi*, p. 185

Bibliografia 187

Soluzioni degli esercizi 197

Annotazioni

Annotazioni

Annotazioni

Annotazioni

Annotazioni

Annotazioni

Annotazioni

Annotazioni

Annotazioni

Annotazioni